ANDREAS BOCK

DAS SPIEL IST AUS

FUSSBALL & VERBRECHEN

VERLAG DIE WERKSTATT

Andreas Bock, geboren 1977, ist Mitglied der Chefredaktion von 11 Freunde. Er hat für das Dummy Magazin und Die Zeit geschrieben. Mit einer Reportage über indonesische Ultras war er für den Deutschen Reporterpreis nominiert, mit einer anderen über Amateurfans auf Europatour gewann er den Großen VDS-Preis in Bronze. Er hat (bislang) keine Spiele verschoben und keine WM verkauft. Nur einmal hat er etwas geklaut, und zwar die Hörspielkassette »Der Superpapagei« von den Drei Fragezeichen. 1985 bei Karstadt in Hamburg-Eppendorf war das. Seitdem hat er dort Hausverbot. Mutmaßlich.

Bibliografische Information der Deutschen Nationalbibliothek:
Die Deutsche Nationalbibliothek verzeichnet diese Publikation in der Deutschen Nationalbibliografie; detaillierte bibliografische Daten sind im Internet über http://dnb.d-nb.de abrufbar.

Auch als E-Book erhältlich: 978-3-7307-0648-0

1. Auflage

Siekerwall 21, D-33602 Bielefeld
www.werkstatt-verlag.de

Coverabbildung: IMAGO / Sebastian Wells
Satz und Gestaltung: Die Werkstatt Medien-Produktion GmbH, Göttingen

ISBN 978-3-7307-0647-3

INHALT

EINLEITUNG

DER FUSSBALL, DAS VERBRECHEN UND ICH

Im Frühjahr 1990 verlor der Fußball seine Unschuld. Na klar, er hatte vorher schon seine dunklen Seiten gehabt, er war durch Skandale erschüttert worden, er hatte Korruption, Manipulationen und Klüngeleien erlebt, Entführungen, Überfälle, Erpressungen, sogar Mord. Aber all das wusste ich damals noch nicht. Anfang 1990 war ich zwölf Jahre alt, und Fußballer waren für mich Magier. Ich hatte gesehen, wie Maradona übers Spielfeld schwebte und ein Tor mit Gottes Fuß und eines mit Gottes Hand erzielte. Ich saß staunend vor dem Fernseher, als Marco van Basten die Grenzen der Physik überwinden konnte. Und ich hatte mich gewundert, dass Sócrates »Doktor« genannt wurde und seine Elfmeter aus dem Stand schoss. Die meisten Fußballer sahen außerdem blendend aus, sie hatten stabile Oberlippenbärte und feste Waden. Sie sprangen, gut in Form und noch besser geföhnt, in ihre türkisfarbenen Kastencabrios, ohne dabei die Türen zu öffnen, und dann fuhren sie runter nach Mailand oder Rimini, um an einer Eisdiele zwei Kugeln Stracciatella mit Sahne zu bestellen.

Auch mein D-Jugendtrainer war so ein Typ. Er spielte zwar nur in der Hamburger Verbandsliga, aber er war immer drauf und dran, zu einem größeren Klub zu wechseln, zu Real Madrid, zu Juventus Turin oder zumindest zur zweiten Mannschaft des FC St. Pauli. Er hieß Christian, aber alle nannten ihn Zippen-Chrischi, denn er rauchte ununterbrochen; selbst wenn er Liegestütze machte oder die Abseitsfalle erklärte, klemmte eine Zigarette hinter seinem Ohr, immer bereit für den nächsten Zug. In meiner Erinnerung sah er auch exakt so aus wie Typen, die Zippen-Chrischi heißen. Seine Frisur kannte ich von Modern-Talking-Plattencovern. Sein Hemd war stets halb geöffnet, er trug keine Goldkette, aber er hätte eine tragen können. Er ging außerdem immer ein bisschen nach vorne gebeugt, als wollte er schon mal schauen, wie die Taktik der Zukunft aussieht. Er war, keine Frage, ein guter Trainer. Er nannte uns »Männer«, und er sagte, dass ich ein guter Libero sei.

Aber als ich eines Nachmittags zum Training kam, war Zippen-Chrischi nicht da. Die Kabinen waren abgeschlossen, und der Platzwart sagte, das Training fiele aus. Haste nicht gehört? Zippen-Chrischi hat die Vereinskasse leergeräumt! Die Bullen waren da! Ich weiß nicht, was Zippen-Chrischi damals angetrieben hat, vielleicht wollte er sich ein türkisfarbenes Kastencabrio kaufen und damit nach Mailand fahren, vielleicht hatte er Schulden, steckte tief in der Scheiße, was weiß ich. Etwas in mir brach damals zusammen. Es war das erste Mal, dass die Welt außerhalb meines Kinderzimmers feindlich auf mich wirkte, und der Fußball, der bis dahin so leicht ausgesehen hatte, war auf einmal schwer und düster geworden.

Ich sah den Platzwart an, nahm meinen Turnbeutel und ging nach Hause. Ich kam nie wieder.

Über 35 Jahre später, Anfang Dezember 2016, stand ich an einem Kiosk in Berlin-Neukölln und kaufte mir den neuesten »Spiegel«. Es war die »Football Leaks«-Ausgabe, vom Cover starrte mich Cristiano Ronaldo an. In einer beeindruckenden Recherche zeigten die Reporter auf, wie die besten und reichsten Fußballer der Welt ihre Millioneneinnahmen am Fiskus vorbeischleusten. Es ging um geheime Hinterzimmerdeals und Off-Shore-Firmen in der Karibik, und die Story zeigte, wie gierig und skrupellos der moderne Fußball geworden war. Der passende Untertitel lautete: »Die schmutzigen Geschäfte der Fußball-Superstars«. Ich blickte in die Augen von CR7, Schwarzgeld-Crischi, und dann dachte ich: Hatte wirklich jemand etwas anderes erwartet?

Ich glaube, es ging vielen so wie mir. Die Reportage, so gut sie war, stieß jedenfalls auf ein eher verhaltenes Echo, am Kiosk verkaufte sich die Ausgabe schlechter als andere. Offenbar hatten wir uns schon zu sehr an die Verkommenheit des Fußballs gewöhnt. Wir waren durch nichts mehr zu schocken.

Seitdem sind wieder sieben Jahre vergangen. Und es scheint noch schlimmer geworden zu sein, der heutige Fußball wirkt in einigen Ecken schmutziger als je zuvor. Alle paar Tage poppt ein neuer Skandal auf. Funktionäre, die für viel Geld Turniere und ihre Seelen verschachern. Vereine, die sich von Sonnenkönigen und Schurken lenken lassen. Spieler mit Gottkomplex, die ihre Macht missbrauchen.

Einige Fans stehen noch dagegen auf, sie protestieren Woche für Woche mit einer bemerkenswerten Ausdauer. Trotzdem macht sich in vielen Stadien, man kann es nicht anders sagen, eine gewisse Ohnmacht, Lethargie und auch Resignation breit. Es wirkt bei einigen so, als sei eh alles zu spät, der Zug mit der Moral schon vor Jahren abgefahren. Und wenn das so ist, kann man die Kohle ja auch mitnehmen. Der moderne Fußball hat den modernen Fußballfan mürbe gemacht.

2021 stieg der Staatsfond von Saudi-Arabien als neuer Eigentümer bei Newcastle United ein. Der Deal war ein neuer Sündenfall im Fußball, denn er verschob die rote Linie nicht, er wischte sie einfach weg. 2018 wurde der saudische Journalist Jamal Kashoggi ermordet, mutmaßlich im Auftrag des Kronprinzen Mohammed bin Salman. In dem Land steht außerdem Homosexualität unter Strafe, eine freie Presse gibt es nicht, einige Frauenrechtlerinnen sitzen für 40 Jahre im Gefängnis.

Wie also passt dieser Eigentümer zu einem britischen Traditionsklub aus einer nordenglischen Arbeiterstadt? Wie kann ein Land wie Saudi-Arabien in einem Sport mitmischen, der sich immer wieder Anti-Rassismus und Anti-Homophobie auf die Fahnen schreibt?

Ich war ein Jahr nach der Übernahme in Newcastle, um mit den Fans darüber zu sprechen. Aber vor Ort merkte ich schnell, dass die wenigsten Anhänger Interesse an dem Thema hatten. Bei ihnen herrschte große Freude über den neuen Eigentümer vor. Kritik konterten sie mit dem Fingerzeig auf andere. Schau mal zu Manchester City oder PSG, die bekommen doch auch Geld aus einem autokratischen Staat! Schau dir, verdammt noch mal, die britische Regierung an, die seit Jahren Waffen nach Saudi-Arabien liefert! Schau dir die korrupte WM-Vergaben an! Schau dir all die Superstars an, die ihre Steuern hinterziehen! Schau dir die Manipulationen im Fußball an! Überall Verbrecher, überall Verbrechen! Und jetzt sagst du uns, dass Newcastle United das ultimative Böse ist? Fuck you!

Man könnte entgegnen, stimmt alles, macht es die Sache aber irgendwie besser? Man könnte auch sagen, geht auf die Straße, boykottiert die Spiele, schafft doch wenigstens ein Bewusstsein für diese fragwürdige Allianz. Aber ein bisschen verstehe ich diese Fans mit ihrem Whataboutism sogar, denn wenn sich niemand an die Regeln hält, warum sollten sie es dann tun?

Als Karim Benzema Ende 2022 den Ballon d'or gewann, schrieben zahlreiche Medien, dass 2007 zuletzt ein nicht vorbestrafter Spieler Weltfußballer geworden war. Benzema, zur Erinnerung, wurde wegen Beihilfe zur versuchten Erpressung seines Nationalmannschaftskollegen Mathieu Valbuena verurteilt. Ein Jahr Haft auf Bewährung gab es. In den 15 Jahren zuvor holten sich im Wechsel Ronaldo und Messi die Trophäe, zwischendrin gewann einmal Luka Modrić. Alle drei haben sich illegal Geld in die Taschen gesteckt, aber ich will Sie nicht mit Details langweilen. Der eine stand außerdem wegen eines Vergewaltigungsvorwurfs vor Gericht. Mehr dazu später im Buch.

Jedenfalls, ich kam kurz ins Grübeln, als ich die Meldungen in der Presse las: War 2007 wirklich das letzte Jahr, in dem ein echter Sportsmann ohne Vorstrafenregister den Ballon d'Or gewinnen konnte? Nun, der Sieger hieß damals Kaká, und der Vollständigkeit halber sollte man erwähnen, dass die Justiz später auch gegen ihn ermittelte. 2008 wurde bekannt, dass er mehrere Millionen Euro an die damals inhaftierten Führer der evangelikalen Kirche »Igreja Renascer em Cristo« überwiesen hatte. Gehen wir also noch weiter zurück, vor Kaká waren Fabio Cannavaro und Ronaldinho Weltfußballer. Ersterer wurde einst des Dopings verdächtigt, aber freigesprochen. Ein anderes Mal ermittelten die Behörden wegen Steuerhinterziehung. Im Zuge dessen beschlagnahmten sie seine Villa, in die er kurz darauf einbrach. Er wurde zu zehn Monaten Haft verurteilt. Ronaldinho wiederum wurde 2020 mit einem gefälschten Pass bei der Einreise nach Paraguay verhaftet und saß einen Monat in Untersuchungshaft. Der Pass war ihm übrigens in seiner Heimat Brasilien entzogen worden, weil er Strafzahlungen in Höhe von 2,2 Millionen Euro nicht geleistet hatte. Er hatte mit seinem Bruder bei der Bebauung eines Grundstücks in Porto Alegre massive Umweltschäden verursacht.

Ich könnte ewig so weitermachen. Machen Sie sich selbst mal die Mühe und googeln Sie einen beliebigen Topfußballer und ergänzen den Suchbegriff »Gefängnis« oder »Strafe«. Fast jeder saß zumindest schon mal auf einer Anklagebank. (Außer Philipp Lahm.)

Was ist nur los? Macht der heutige Fußball die Welt gar nicht zu einem besseren Ort, wie Gianni Infantino uns stets weismachen will, sondern zu einem schlechteren? Verlieren Männer – ja, nur

Männer unter den Tätern[1] – in dieser glitzernden Megaindustrie, die sie auf Podeste hebt und zu unverwundbaren Superhelden stilisiert, irgendwann das Gespür für Richtig und Falsch? Oder konnte ihnen gar nie jemand die richtigen Werte vermitteln, weil sie schon mit neun oder zehn Jahren in von der Realität abgeschotteten Jugendakademien zu Superathleten geformt wurden? Und was bedeutet das dann eigentlich für die alte Weisheit von Albert Camus? Sie müsste heute eher heißen: »Nichts, was ich über Moral und Verpflichtungen weiß, verdanke ich dem Fußball.«

Wo viel Geld ist, ist Verbrechen nicht fern, das gilt für jeden Wirtschaftszweig. Vor allem der milliardenschwere Fußball bietet einen idealen Nährboden für Kriminelle jeder Art, heute mehr denn je. Doch auch früher war der Fußball nie nur das schöne Spiel. Die WM 1934 fand im faschistischen Italien statt und wurde von Mussolini zu Propagandazwecken missbraucht. Ähnlich war es 1978 in Argentinien, als die Militärjunta unweit der WM-Stadien Oppositionelle ermordete. Auch in den Siebzigern hinterzogen Superstars Steuern, auch in den Achtzigern machten Funktionäre krumme Geschäfte. Vielleicht konnte sich der Fußball früher nur besser tarnen, ziemlich sicher wurde er medial weniger ausgeleuchtet. Und wenn doch mal die Sprache auf Themen abseits des Spiels kam, relativierten die Akteure oder suchten Ausflüchte. »Argentinien ist ein Land, in dem Recht und Ordnung herrscht«, sagte etwa Berti Vogts nach der WM 1978. Alles stand unter der Prämisse, die heile Fußballwelt und die heile Fußballfamilie zu schützen. Der Soundtrack zu

1 Okay, kleine Korrektur, ich bin auf zwei Fußballerinnen gestoßen, die sich bislang vor Gericht verantworten mussten. Zwei! Die eine Spielerin ist die ehemalige US-Nationaltorhüterin Hope Solo, die 2022 wegen Alkohol am Steuer zu einer 30-tägigen Haftstrafe sowie zu 24 Monaten auf Bewährung verurteilt wurde. Die andere ist Aminata Diallo von PSG, die unter Verdacht steht, einen gewalttätigen Angriff gegen ihre Mitspielerin Kheira Hamraoui in Auftrag gegeben zu haben. Sie wurde wenige Tage vor Beendigung dieses Buchs zum zweiten Mal verhaftet.

dieser Ära kam von den Spielern selbst. »Bin i Radi, bin i König, was andere Leute sagen, ist mir gleich, gleich, gleich«, sang 1860-Keeper Petar Radenković, und Bayerns Franz Beckenbauer säuselte: »Gute Freunde kann niemand trennen.« Vor allem dann nicht, wenn ihre Portemonnaies gut gefüllt sind.

Dieses Buch erzählt Geschichten vom Rand des Fußballidylls. Von Präsidenten, die den Fußball ausnahmen wie eine Weihnachtsgans. Von Superstars, die ihre Macht missbrauchten. Von einem Nationalmannschaftskapitän, der sich den Nazis anschloss, und einem anderen, der Osama bin Laden folgte. Aber es erzählt auch von all den strauchelnden Kickern, die ohne die ordnenden Linien des Spielfeldes den Halt im Leben verloren. Von kleinen Trickbetrügern, die nach ihren Karrieren ein paar Mark dazuverdienen wollten. Von Spielern, die Banken oder Tabakläden überfielen, weil sie Schulden plagten.

Und natürlich erzählt das Buch auch von den großen Tragödien und Opfern der Fußballgeschichte. Von der Entführung des Barça-Stürmers Quini, von der Ermordung des Kolumbianers Andrés Escobar oder von dem bis heute ungeklärten Tod des DDR-Nationalspielers Lutz Eigendorf. Ungeklärt? Ja, denn der finale Beweis für einen Mordkomplott der Stasi fehlt. Sollten Sie wichtige Informationen diesbezüglich haben, wenden Sie sich bitte an die nächste Polizeidienststelle.

KAPITEL 1

DER FALL DES BARONS

Ralf von Diericke überfiel die Geschäftsstelle seines eigenen Klubs und musste für mehrere Jahre ins Gefängnis. Fußball spielte er weiterhin – als erster Profi durfte er aus dem Knast zu Spielen anreisen.

Es war ein Kinderspiel, in der Theorie. Sie zogen blaue Skimützen mit Sehschlitzen übers Gesicht, einer hielt die Kunden mit der ungeladenen Gaspistole in Schach, »Hände hoch, Geld her!«, dann der schnelle Griff zur Geldkassette, raus und weg. So hatten sie den Überfall im Wohnzimmer geübt. Aber in der Praxis, frei nach Sartre, verkomplizierte sich alles durch die Anwesenheit des Gegners – und die eigene Tollpatschigkeit. Ralf von Diericke musste jedenfalls erkennen, dass er ein ziemlich talentloser Räuber war. Als er am 13. Februar 1985 mit seinem Komplizen in die Spielhalle in Wuppertal-Barnem stürmte, zog er die Skimütze schief auf den Kopf, der Schlitz hing halb über der Wange, halb auf der Stirn. Er sah so gut wie nichts, und so stolperte er bei der Flucht über seine eigenen Beine, die Kassette fiel runter, Scheine und Münzen verteilten sich über den Boden. Auf allen vieren sammelte er das Geld wieder ein. Eine Zeitung schrieb, dass der Überfall an »Drehbuchpassagen aus einer Hallervorden-Klamotte« erinnerte.

Was da noch niemand wusste: Ralf von Diericke, einer der Täter, war eigentlich Fußballprofi. Ein Stürmer, 23 Jahre alt. Er hatte in der Bundesliga für Fortuna Düsseldorf gespielt und lief nun für den Zweitligisten Wuppertaler SV auf. Aber Anfang 1985 war er knapp bei Kasse, und dann kam ihm die Idee, erst diese Spielhalle und dann die Geschäftsstelle des eigenen Klubs zu überfallen. Sechs Jahre gab's dafür. Im Gefängnis spielte er weiter Fußball, erst mit anderen Insassen, dann sogar wieder in der 2. Bundesliga. Er wurde zum ersten Profi, der als Freigänger aus der Zelle zu Spielen anreisen durfte. Aber so richtig kam er nie wieder auf einen grünen Zweig, die Vergangenheit verfolgt ihn bis heute.

Im Mai 2022, mehr als 37 Jahre nach den Überfällen, sitzt Diericke auf dem Balkon seiner Zweizimmerwohnung in Kleve, ein Städtchen an der deutsch-niederländischen Grenze. In der Ferne sieht man die Rheinbrücke Emmerich, die längste Hängebrücke Deutschlands. Was sofort auffällt: Diericke mag es ordentlich. Seine Wohnung besticht durch ein Farbkonzept, überall wiederholt sich die Farbe Rot, vom Tischdeckchen über die Gardinen bis zu den Rosen auf dem Balkon. Er trägt ein weit ausgeschnittenes T-Shirt, eine Jeans, Turnschuhe. Er ist mittlerweile 60, aber wenn man vom lichten Haar und den grauen Strähnen absieht, sieht er immer noch so aus, als könnte er gleich 90 Minuten Bundesliga spielen. Am meisten erstaunt aber, dass er seine Vergangenheit fast minutiös nacherzählen kann, und das tut er ohne Umschweife.

»Mir geht's nicht gut«, muss er zu Beginn des Gesprächs klarstellen. Er habe nicht viel Geld und werde nur wenig Rente bekommen. Sobald er sich auf eine Stelle bewerbe, käme irgendwann die Sprache auf die Überfälle. »Dabei bin ich seit 1985 nicht einmal mehr bei Rot über die Ampel gegangen, aber das interessiert niemanden.« Er hat gerade einen Job in einer Gärtnerei, aber er kann die Tätigkeit wegen eines Bandscheibenvorfalls nicht ausüben. Eigentlich möchte er wieder als Versicherungskaufmann arbeiten, wie früher. Bloß er kommt nicht mehr rein in diese Branche, in der es, zumindest nach außen, um Vertrauen und Seriosität geht. Einige Male hatte er Vorstellungsgespräche, ein Licht am Ende des Tunnels, aber dann war es doch nur eine optische Täuschung. »Das Internet vergisst nicht«, sagt er. Einmal besuchte ihn der Bereichsleiter einer Versicherungsagentur, er hatte Diericke eine Anstellung in Aussicht gestellt. Sie unterhielten sich gut, stundenlang, tranken Kaffee, genossen die Sonne auf dem Balkon. Am Ende sagte der Bereichsleiter: »Einstellen kann ich Sie natürlich nicht. Mit Ihrer Vergangenheit.« Auf Dierickes Frage, warum er dann überhaupt gekommen sei, sagte der Mann: »Ich habe Ihre verrückte Biografie auf Wikipedia gelesen und wollte Sie mal persönlich kennenlernen.« Diericke bat ihn zur Tür und sagte, er sollte sich lieber die Affen im Zoo angucken.

Es ist also ziemlich vertrackt gerade. Aber verstecken möchte Diericke sich auch nicht, sagt er. Sein Name taucht eh ständig in irgendeiner Zeitung auf. Zum Beispiel vor ein paar Jahren bei der Berichterstattung über den ehemaligen Bayern-Spieler Breno, der wegen schwerer Brandstiftung im Gefängnis saß und später als Freigänger im Nachwuchsleistungszentrum des Klubs arbeitete. Damals riefen ihn sogar die Anwälte von Breno an, Diericke war schließlich der Pionier der Fußball-Freigänger. Auch Daniel Keita-Ruel, der ebenfalls für Wuppertal spielte und wegen vier Raubüberfällen ins Gefängnis musste, schloss sich während seines offenen Vollzugs wieder einem Verein an. »Damals berichtete die Sportschau, er sei der erste Fußball spielende Freigänger gewesen. Hab dann sofort bei der Redaktion angerufen, denn das stimmt ja nicht, der Erste war ich«, sagt Diericke. »Und deshalb hängt mir diese Geschichte so nach.«

Diese Geschichte, seine Geschichte, beginnt im Osnabrück der sechziger Jahre. Ralf von Diericke wächst im Arbeiterstadtteil Schinkel auf. Der Vater Maler und Lackierer, die Mutter Justizfachangestellte, ausgerechnet. Der junge Ralf lernt das Fußballspielen, wie die meisten Kinder seiner Generation, auf der Straße. Dort kickt er auch mit den Pistorius-Brüdern. Der eine, Boris Pistorius, wird Bürgermeister von Osnabrück, dann Innenminister von Niedersachsen, und seit Anfang 2023 ist er deutscher Verteidigungsminister. Der andere, Harald Pistorius, macht sich als Sportreporter bei der »Neuen Osnabrücker Zeitung« einen Namen. »Die beiden haben's echt geschafft«, sagt Diericke. »Und sie waren mein erster richtiger Kontakt zum Vereinsfußball.« Denn ihr Vater, Ludwig Pistorius, trainiert damals die Jugend des Stadtteilklubs Schinkel 04. Er überredet den jungen Diericke, mit zum Training zu kommen. Am Anfang steht er im Tor, aber dort langweilt er sich, denn die Mannschaft gewinnt regelmäßig zweistellig, für den Keeper gibt es nichts zu tun. Er wechselt in den Sturm.

Mit 19 dann der erste richtige Vertrag beim VfL Osnabrück, damals zweite Liga. Nebenher beginnt Diericke eine Ausbildung als Großhandelskaufmann, aber er bricht sie ab, als es mit dem Fußball ernster wird. Sein erstes Profispiel macht er am 15. August 1980 gegen Wattenscheid. 12.000 Zuschauer sind an der Bremer Brücke, das Spiel endet 3:3. Trainer Werner Biskup setzt das Nachwuchstalent noch sieben weitere Male in der Saison ein. Ein solider Start für einen Teenager, aber Diericke reicht das nicht, er will spielen, sich für Bundesligaklubs empfehlen. Dafür macht er erst mal einen Schritt zurück und wechselt zum Wuppertaler SV in die drittklassige Oberliga. Dort wird er Torschützenkönig und der Held der Stadt. Der Klub spendiert ihm einen Porsche 924, für ein Fotoshooting lässt er sich mit Frack und Zylinder ablichten. Wegen des adligen »von« im Namen nennen die Fans und Mitspieler ihn »Baron«, und es gefällt ihm. »Ich hob ab, keine Frage«, sagt er. »Es gab Tage, da lag ich mit Zigarre im Whirlpool und goss mir Champagner nach. Und im Autokino fuhr ich mit meinem Porsche einfach an der Schlange vorbei. Ich war doch der Baron.«

Aber sein Plan scheint aufzugehen, er taucht auf dem Radar der Scouts auf. Drei Bundesligateams machen ihm vor der Saison 1983/84 Angebote: Uerdingen, Leverkusen und Düsseldorf. Er entscheidet sich für die Fortuna, die 1983 top besetzt ist. Im Tor steht Wolfgang Kleff, davor dirigiert Gerd Zewe, die

Tore schießen Rudi Bommer und Atli Edvaldsson. In der Hinrunde spielt die Mannschaft furios, sie gewinnt gegen die Bayern und Gladbach jeweils 4:1. Diericke steht aber nur zweimal in der Startelf. Heute gibt er Trainer Willibert Kremer die Schuld: »Der meinte, ich verdiene zu wenig, und er könnte mich keinem Topstar vor die Nase setzen.« Nach der Saison wechselt der Baron zurück nach Wuppertal in die Oberliga – und dann geht die Scheiße los.

»Warten Sie mal«, sagt Ralf von Diericke nun auf seinem Balkon in Kleve. Er verschwindet kurz in seinem Schlafzimmer und kommt mit einem Schuhkarton zurück, darin sein halbes Leben, Briefe, Zeitungsberichte, Fotos, der Haftbefehl, die Anklageschrift, das Urteil. Wahllos zieht er Schriftstücke raus, über einem »Bild«-Artikel steht in großen Buchstaben: »Baron will die Fortuna beklauen.« Daneben ein Foto des damals 39 Jahre alten Diericke, der zu der Zeit als Amateur für den VfB Kleve spielte und im DFB-Pokal das große Los Fortuna Düsseldorf gezogen hatte. Über zehn Jahre war er da schon wieder draußen. Der Artikel schließt mit dem Satz: »Eine Straftat würde der Baron heute noch begehen: Fortuna den Sieg klauen.« In diesem Duktus sind auch die anderen Berichte gehalten: Der Baron, der Ex-Knacki, der Spielhallenräuber a. D. Diericke war nie nur ein Fußballer, er war immer der Bundesligaspieler, der zum Kriminellen wurde. Breaking Bad.

Alles beginnt, so sieht Diericke die Sache, mit einer besonderen Klausel im damaligen DFB-Regelwerk. Sie besagte, dass Spieler, die sich reamateurisieren lassen, für drei Monate gesperrt werden. Geschieht diese Reamateurisierung in beiderseitigem Einvernehmen, musste der Spieler sogar sechs Monate pausieren. Die Oberliga gilt in den Achtzigern als Nettoliga, viel wird unter der Hand gezahlt, die meisten Spieler leben von den Prämien. Weil aber Neu-Amateur Diericke bei seiner Rückkehr nach Wuppertal zunächst nicht spielen darf, bekommt er dieses Extrageld nicht. Er einigt sich mit dem Vorstand daher per Handschlag auf einen speziellen Deal, der drei Zahlungen vorsieht: 10.000 Mark zu Beginn seines Engagements, 15.000 Mark am 1. Januar 1985 und 10.000 Mark am Ende der Saison. Die erste Zahlung erhält Dierícke, aber die zweite Rate bleibt aus, und das ist für den Spieler ein Problem, denn er steckt Anfang Januar 1985 knietief im Dispo. Er ist in den vergangenen Monaten und Jahren nie besonders verantwortungsvoll mit Geld umgegangen. Bauherrenmodelle und ein Parfümgeschäft verbrennen einen Großteil seiner Ersparnisse, in Bars und Edeldiskos verprasst er sein Gehalt. »Im Sam's in Düsseldorf waren schnell mal 400 Mark weg«, sagt er. »Und da warst du nicht mal betrunken.« Nun, Anfang 1985, hat er mehrere Tausend Mark Miese, und jeden Tag werden es mehr. Diericke fordert vom WSV also vehement das versprochene Geld. Aber Klubmäzen Dieter Buchmüller wedelt ihn weg. »Diericke? Hat nicht gespielt, bekommt kein Geld!«, soll er über seine Sekretärin ausgerichtet haben.

Ende Januar, kurz vor seinem ersten Saisoneinsatz, scheint sich doch alles zu klären, ein Anruf vom WSV, das Geld sei nun da. Diericke fährt voller Hoffnung zur Geschäftsstelle – und bekommt von der Sekretärin einen 50-Mark-Schein überreicht. »Damit Sie etwas Warmes zu essen haben und am Wochenende fit sind«, sagt sie. Nun drehen bei Diericke die Sicherungen durch. Er trinkt und flucht und trifft seinen Kumpel Olaf W.

W., so sagt Diericke, sei ein guter Typ gewesen. Herz am rechten Fleck und so weiter. Aber er hat auch eine Vergangenheit, von der Diericke kaum etwas weiß. Mehrmals musste sich W. wegen häuslicher Gewalt vor Gericht verantworten. Diericke lernt ihn im Umfeld des Wuppertaler Stadions am Zoo kennen, W. ist Fan und sitzt oft im Publikum. »Wir waren gerne in Kneipen unterwegs, aber er war auch der beste Kunde in der Spielhalle«, sagt Diericke. W. soll Anfang 1985 ebenfalls Geldprobleme gehabt haben, Wasser und Strom waren ihm bereits abgestellt worden. Und so kommt eines zum anderen, so wird aus einer Schnapsidee ein Plan. Bloß, wen sollen sie überfallen? Wer hat genug Geld im Tresor? Diericke fällt irgendwann die Geschäftsstelle des WSV ein. Er weiß, wann die Gehälter gezahlt werden – am Dienstag, den 19. Februar, natürlich in bar. Er sagt zu W.: »Wenn der Verein mir das versprochene Geld nicht gibt, dann hol ich es mir einfach!« Und wo sie schon dabei sind, können sie doch vorher, an Altweiber, noch eine Spielhalle überfallen. So sind sie flüssig für das bevorstehende Karnevalswochenende.

Auch wenn die Maske schief sitzt und Diericke wie Didi Hallervorden durch die Spielhalle stolpert, scheint der Plan zunächst aufzugehen. Die beiden Männer fliehen in Dierickes BMW 528i, unerkannt, so glauben sie. Die leere Geldkassette werfen sie in die Wupper, zu Hause zählen sie die Beute, 2000 Mark, weniger als erhofft zwar, am Wochenende lassen sie es trotzdem krachen. Wuppertal Helau. Dann kommt der Dienstag, der Tag der Abrechnung. Die beiden Männer fahren zur Geschäftsstelle. W. geht alleine hinein, schlägt die leitende Geschäftsführerin nieder und schließt sie in eine Toilette ein. Dann schnappt er sich die Briefumschläge und rennt raus. Diericke, der im Auto Schmiere stand, drückt aufs Gaspedal. Sie erbeuten 15.000 Mark, gerechnet hatten sie mit 150.000.

Am Nachmittag ist Training. Diericke geht mit flauem Gefühl hin. Das schaffst du, immer locker bleiben! Er macht sich selbst Mut. Auf dem Weg zur Umkleidekabine kommt ihm Stürmer Detlef Szimanek entgegen. »Schon gehört, Baron? Wir wurden ausgeraubt«, sagt der. Diericke lacht und sagt: »Was wollen die sich noch ausdenken, damit sie unsere Gehälter nicht zahlen müssen.« Na also, klappt doch noch mit den flotten Sprüchen! Dann aber steht die Geschäftsführerin vor ihm: »Ach, Herr von Diericke, das hätten Sie erleben müssen. Der Mistkerl hat mich sogar niedergeschlagen!«, sagt sie. Diericke weiß nichts zu sagen und lächelt verlegen, und dann erklärt der Trainer auch noch, dass in den nächsten Tagen die Polizei vorbeikommt und jeden einzelnen Spieler verhören wird. Der oder die Täter, so die einhellige Meinung, müssten aus dem Umfeld des Klubs kommen, denn sie wussten, wann die Gehälter gezahlt werden. Diericke schluckt.

Aber es vergehen Tage, dann Wochen. Niemand taucht auf, keine BKA-Mitarbeiter, kein Kommissar, nicht mal ein Streifenpolizist, und irgendwann atmet Diericke durch, die Sache scheint erledigt. »Ich hatte das alles fast vergessen, als plötzlich, nach einem Monat, zwei Kripo-Beamte am Trainingsplatz standen. Ihre Gesichter habe ich bis heute vor mir«, sagt er. Die Spieler werden nacheinander in einen Raum gebeten, ein bis zwei Minuten dauern die Verhöre, außer das von Ralf von Diericke – das dauert zehn Minuten. Er ahnt: Die haben eine Spur. In den nächsten Wochen verfolgt das Kripo-Duo den Spieler auf Schritt und Tritt. Sogar im Urlaub spazieren die Polizisten auf einmal neben ihm und seiner Freundin her. Der Zugriff erfolgt schließlich in seiner alten Heimat. Diericke hat mit der Bundeswehrnationalmannschaft in Osnabrück gespielt. Nach dem Abpfiff geht die Kabinentür auf – die Kripo-Männer. Olaf Thon und Michael Frontzeck, die neben Diericke sitzen, schauen die Beamten verdutzt an. Auch Diericke tut so, als wüsste er nicht, was vor sich geht. Aber die Polizisten zeigen auf ihn: »Herr von Diericke, man muss einsehen, wenn man ein Spiel verloren hat.« Diericke kontert wie immer erst mal locker: »Wir haben eben 10:0 gewonnen.« In der U-Haft vergeht ihm aber das Lachen, denn es gibt einen Zeugen, der Dierickes Auto zum Tatzeitpunkt in der Nähe der Geschäftsstelle gesehen hat. Das Kennzeichen lässt darauf schließen, dass der oder die Täter tatsächlich Spieler oder Mitarbeiter des Vereins sind: W-SV. Selbst sein Verteidiger wird später sagen: »Das war so blöd, das konnte ich gar nicht glauben.«

Im September 1985 findet der Prozess vor der 3. Großen Strafkammer des Landgerichts Wuppertal statt. Der Saal 105 platzt aus allen Nähten. Diericke wird wegen schweren Raubs zu sechs Jahren

Gefängnis verurteilt; sein Komplize Olaf W. bekommt sechseinhalb Jahre wegen zusätzlicher Körperverletzung und Freiheitsberaubung der Geschäftsführerin. In der Urteilsverkündung heißt es: »Zu Lasten des Angeklagten Ralf von Diericke muss berücksichtigt werden, dass die kriminelle Energie erheblich war.« Diericke selbst glaubt an einen Schauprozess: »Ich war ein prominenter Fußballer, die wollten es mir zeigen, ein Exempel statuieren.«

Das Leben hinter Gittern setzt dem 24 Jahre alten Fußballer zu. In den Nachbarzellen sitzen Mörder, Zuhälter und Schutzgelderpresser. Diericke verharrt ein Jahr in seiner Zelle und nimmt fast 30 Kilo zu. Dann aber rappelt er sich auf, er fängt an zu lesen, ein Job in der Gefängnisbibliothek gibt ihm einen Sinn. Und da ist ja noch der Fußballplatz. Er geht raus und spielt, natürlich ist er der Beste hier. Bei der ersten Platzwahl lernt er eine Größe aus dem Hagener Rotlichtmilieu kennen. »Wenn du mich als Erstes wählst, bekommst du hier keine Probleme, ich besorge dir alles«, sagt der, und Diericke hält sich dran. Die Knastmannschaft spielt auch gegen Teams von draußen, reisen darf sie aber nicht, jedes Spiel ist ein Heimspiel. Eine andere Besonderheit ist der Platz, ein Aschefeld, das 90 mal 45 Meter misst, weshalb die Mannschaften nur mit acht Spielern auflaufen. Aber das Knastteam hat ein gutes Image, es gilt als verbindend und resozialisierend. Der Vollzugleiter Walter Nowak erklärt in einer Tageszeitung die Vorteile einer Gefängnismannschaft: »Wenn Sport ist, herrscht Ruhe im Knast. Mannschaftssport fördert den Gemeinsinn und hilft, Aggressionen abzubauen.« In den Jahren zuvor haben sich ähnliche Teams auch andernorts in Deutschland gegründet, einer der bekannten Knastklubs ist Eintracht Fuhlsbüttel, gegründet 1976 in der Hamburger Justizvollzugsanstalt Fuhlsbüttel, im Volksmund Santa-Fu. Auch die Eintracht tritt nur zu Hause an, spielt außer Konkurrenz und darf nicht aus Kreisklasse aufsteigen.

In der Wuppertaler Justizvollzugsanstalt Simonshöfchen mausert sich Diericke zum Vorzeigehäftling. Anfang 1987 bescheinigt ein psychologisches Gutachten, dass er keinerlei »kriminelle Energie« mehr hat. Diericke wird in den offenen Vollzug der JVA Remscheid verlegt, und am 9. März 1987 vermeldet eine Lokalzeitung: »Oberligist VfB Remscheid betreibt Resozialisierung mit einer spektakulären Verpflichtung.« Seine neuen Mitspieler wissen natürlich längst Bescheid. VfB-Kapitän Jürgen Berghaus sagt vor Dierickes Rückkehr in den Profifußball: »Als Mensch müssen wir ihm die Chance geben, wieder in der Gesellschaft Fuß zu fassen.« Diericke hatte auch angeboten, drei Jahre umsonst beim Wuppertaler SV zu spielen, aber sein alter Klub lehnte ab. Die Wunden seien noch nicht verheilt, viele Spieler, Fans und Mitarbeiter hätten ihm nicht verziehen.

Was das bedeutet, merkt Diericke gleich im ersten Spiel für Remscheid, denn der Gegner heißt Wuppertal. Er ist noch nicht mal auf dem Platz, da pfeifen ihn die WSV-Fans schon aus und rufen dem Linienrichter zu: »Pass auf deine Fahne auf, sonst klaut sie dir der Diericke!« Als der Stadionsprecher die Mannschaftsaufstellung verliest, überspringt er die Nummer 10 – die Nummer von Ralf von Diericke. Aber wie das so ist: Der Fußballgott hat eine witzige Pointe in petto, denn das Tor zum Ausgleich schießt, na klar, Diericke. Nach dem Spiel wird er mit Polizeischutz in die Kabine begleitet.

Diericke hält sich als Fußball-Freigänger an alle Regeln. Er lässt sich nach den Spielen stets direkt zum Gefängnis bringen, er trinkt nicht mal ein Bier mit den Mitspielern. »Wenn die Gefängniswärter Alkohol gerochen hätten, wäre ich sofort wieder in den Geschlossenen gekommen«, sagt er. Die Disziplin zahlt sich aus, 1988 wechselt er zu Union Solingen in die 2. Bundesliga und schult auf Manndecker um. Die Position scheint ihm zu liegen, gegen Saarbrücken meldet er sogar Tony Yeboah ab, gegen Wattenscheid legt er Maurice Banach an die Kette.

Dierickes Story begeistert und empört die Fans gleichermaßen. Als die Sportschau einen Beitrag sendet, bekommt er tonnenweise Fanpost. In Wuppertal ist er aber auch nach seiner Haftzeit eine Persona non grata, in Restaurants kann er auf seinen Namen keinen Tisch bestellen, in Kneipen wird er nicht bedient. Mehrmals schlagen ihn WSV-Fans zusammen. »Wenn Sie eine Frau wären, würde ich Ihnen raten, den Mädchennamen wieder anzunehmen«, sagt sein Anwalt. »Der Mensch wird nicht im Gefängnis gebrochen, sondern erst danach«, sagt Diericke.

In den folgenden Jahren spielt er in verschiedenen Amateurvereinen, unter anderem für Preußen Krefeld oder für den SV Straelen an der Seite von Jos Luhukay. Er trainiert bei einigen Vereinen im Rheinland, auch Jugendmannschaften. Er eröffnet sogar sein eigenes Versicherungsbüro, bis es sein Arbeitgeber schließt. Er hat drei gescheiterte Ehen hinter sich. Eine Privatinsolvenz. Er hat Probleme mit der Schufa. Er macht Hilfsarbeiten, einige Zeit fährt er Taxi. Einmal bewirbt er sich sogar auf eine Stelle in einer Spielhalle. Beim Bewerbungsgespräch wird er gefragt, ob er schon mal in einer war. »Ja, einmal«, sagt er.

Was wäre alles möglich gewesen, Ralf von Diericke? Der Ex-Profi und Ex-Knacki geht durch seine Wohnung. Er zeigt seine Küche. Präsentiert sein Wohnzimmer. Als sei er Kandidat in einer Reality-Show über resozialisierte Straftäter. Schaut doch: Ich habe nichts zu verbergen, ich lebe redlich, ich habe es ordentlich. Oft noch denkt er an die Überfälle, die Spielhalle, die Geschäftsstelle. Wie er so blöd sein konnte. So naiv. Er sagt, er würde gerne seine Eltern besuchen, das Grab in Osnabrück. Aber die Bahnfahrt ist zu teuer, und die Spritpreise steigen täglich. Also bleibt er in Kleve. Fügt in seiner Wohnung hier und da rote Farbtupfer hinzu. Sitzt auf seinem Balkon. Blickt auf die Rheinbrücke Emmerich. Geht raus in die Stadt. Sie kennen ihn alle. Beim Bäcker, beim Frisör, in der Buchhandlung. Sie wissen, was er im Frühjahr 1985 getan hat. Sie sagen, Baron, Schwamm druber.

Wenn's nur so einfach wäre.

KAPITEL 2

DAS SPIEL SEINES LEBENS

Zur WM 1994 reiste Kolumbien als Favorit. Dann schoss Verteidiger Andrés Escobar ein Eigentor – neun Tage später wurde er erschossen.

Sie bekamen keine Luft mehr. Die Angst, so sagten sie später, hätte ihnen die Kehle zugeschnürt. Denn es ging nicht um viel, es ging um alles, um Leben und Tod. Das erste Vorrundenspiel gegen Rumänien hatten sie verloren. Nun mussten sie vor 90.000 Zuschauern den WM-Gastgeber USA schlagen, um noch eine Chance aufs Achtelfinale zu haben. Und dann passierte es. In der 35. Minute schätzte Kolumbiens Verteidiger Andrés Escobar eine Flanke falsch ein und lenkte den Ball ins eigene Tor. Alles brach in diesem Moment auseinander, und in einem Spielfilm würde man zwei Szenen in einem Splitscreen sehen: Auf dem Rasen Escobars Blick ins Leere; irgendwo in Medellín sein Neffe, der vor dem Fernseher saß: »Mama, sie werden ihn töten!« Die Mutter, die antwortete: »Nein, mein Schatz. Leute werden nicht wegen Fehler getötet. Alle Kolumbianer lieben Andrés.«

Zehn Tage später war Andrés Escobar tot. Erschossen auf offener Straße. Der Täter soll sechsmal abgedrückt haben und bei jedem Schuss »Goooool« gerufen haben.

Die Ermordung von Andrés Escobar machte sprachlos und wütend. Warum er, der sich immer ferngehalten hatte vor den Verbrechern und dem Milieu? Sie nannten ihn »El Caballero del Futbol«, den Gentleman des Fußballs. Er hatte wirklich daran geglaubt, dass der Fußball Kolumbien zum Guten verändern könnte. Seine Geschichte, so wird sich zeigen, ist eine tragische Was-wäre-wenn-Story. Sie verläuft entlang von Jahrhundertspielen und der blutigen Spur des kolumbianischen Drogenkriegs. Sie begann vor über 40 Jahren. Und sie ist immer noch nicht zu Ende erzählt.

Andrés Escobar spielte Ende der Achtziger für Atlético Nacional, ein großer Klub aus Medellín, der bis dahin nicht viel gewonnen hatte, vier nationale Meisterschaften seit Vereinsgründung im Jahr 1947, das war's im Grunde. 1989 durfte das Team immerhin als Vizemeister an der Copa Libertadores teilnehmen. Im Viertelfinale kam es zum brisanten Duell gegen Millonarios aus Bogotá. Nach einem 1:0 im Hinspiel schaffte Nacional ein 1:1 im Rückspiel. Noch heute behaupten Fans der Millonarios, der Schiedsrichter sei bestochen gewesen. Zumindest ahnte er wohl, dass man es sich besser nicht mit dem Besitzer von Nacional verscherzen sollte – Pablo Escobar.

In den achtziger Jahren hatten die Drogenkartelle große Macht in Kolumbien gewonnen. Escobars Medellín-Kartell bestimmte das politische, wirtschaftliche und kulturelle Leben, es schmierte wichtige Politiker, Journalisten, Staatsanwälte, und es war verantwortlich für die Ermordung von Tausenden, die sich widersetzten. Escobar ließ sogar ein Personenflugzeug abschießen und eine Bombe vor einem Regierungsgebäude hochgehen.

Das Jahrzehnt war auch die Ära des Narco[2]-Fußballs. Fast jeder Kartellchef hielt sich einen Verein. Francisco Maturana, National- und Nacionaltrainer in Personalunion, gab später zu: »Das Drogengeld ermöglichte uns, Spieler einzukaufen und unsere besten Spieler zu halten.« Im Umfeld der Spiele konnten die Unterweltgrößen ihr Geld waschen, auch das Wettgeschäft und Spielmanipulationen florierten. Die Narco-Mäzene wurden fast überall mit Kusshand empfangen. Miguel Rodríguez vom Cali-Kartell übernahm América de

2 spanische Kurzform für Dealer oder Drogenhändler

Cali. Der Drogenmilliardär José Gonzalo Rodríguez Gacha, den sie in Kolumbien wegen seiner dunklen Hautfarbe den »El Mexicano« nannten, tauchte 1982 mit fingerdicker Goldkette und tief ins Gesicht gezogenem Strohhut bei einer Hauptversammlung von Millonarios auf. Er sei bereit, die 250 Millionen Pesos Schulden des Vereins aus eigener Tasche zu bezahlen. Außerdem wollte er dem bisherigen Eigner die Anteile abkaufen – für dreimal so viel, wie sie eigentlich wert waren. Herzlich willkommen!

Aber der Mächtigste von allen blieb Pablo Escobar, und er meinte es ernst. Er besaß neben Nacional noch den Klub Independiente Medellín. Als ein Schiedsrichter eines seiner Teams verpfiff, ließ Escobar ihn ermorden. Ansonsten trat er gerne als Fan und moderner Robin Hood auf. Im Land baute er zahlreiche Fußballplätze, um die Jungen für das Spiel zu begeistern. Viele Spieler, die später für Kolumbien bei den Weltmeisterschaften aufliefen, begannen auf solchen Plätzen ihre Karrieren.

Bei der Copa 1989 erreichte Escobars Team Nacional das Finale und traf dort auf Olimpia aus Paraguay. Es kam zum Elfmeterschießen, in dem Nacionals Torhüter René Higuita vier Elfmeter hielt und einen selbst verwandelte. Weil hinterher herauskam, dass Mitglieder des Medellín-Kartells tatsächlich Schiedsrichter bedroht hatten, sperrte der südamerikanische Fußballverband CONMEBOL alle kolumbianischen Vereine für die kommende Saison. Nacional durfte als Titelverteidiger teilnehmen, musste aber seine Heimspiele in Chile austragen.

In Kolumbien interessierte das kaum jemanden. Auf den Straßen von Medellín feierten sie ein rauschendes Fest. Higuita, der verrückte Torhüter, der Bälle mit einem Überschlag abwehren konnte, wurde nach dem Titelgewinn mit Grundstücken beschenkt und mit Werbeverträgen überhäuft. Auch sein Freund Andrés Escobar galt nun als einer der besten Spieler des Landes. Sie schwammen auf einer Welle des Erfolgs. Gemeinsam mit dem genialen Mittelfeldspieler Carlos Valderrama führten sie Kolumbien 1990 zur ersten WM-Teilnahme seit 28 Jahren. »Wir waren nicht länger Medellín oder Cali, wir waren Kolumbien«, sagt Trainer Maturana in dem Film »The Two Escobars«. »Wir spielten, um unser Land zu verteidigen.« Die Mannschaft erreichte das Achtelfinale.

Im Jahr darauf verschlechterte sich die Situation für Pablo Escobar. Die Regierung verstärkte die Jagd auf die Kartelle und drohte dem Drogenbaron mit der Auslieferung an die USA. Also schlug Escobar einen Deal vor: Er würde freiwillig in ein Gefängnis gehen, wenn er es selbst errichten dürfte. So entstand *La Catedral* in der Nähe seiner Heimatstadt Envigado. Das Areal glich eher einer privaten Ranch als einem Knast. Es hatte einen Privatzoo mit exotischen Tieren, eine Stierkampfarena, ein Schwimmbad, ein Theater, Diskotheken, Tennisplätze und natürlich einen Fußballplatz. Auf diesem größenwahnsinnigen Landsitz ließ Escobar weiterhin unliebsame Rivalen ermorden – oder empfing namhafte Fußballer der Nationalmannschaft. Einige mussten sogar Showspiele untereinander austragen, immerhin wurden sie fürstlich entlohnt. Als die Presse davon Wind bekam, regte sich in der Öffentlichkeit Kritik. »Aber was hätten wir machen sollen?«, sagte Nationaltrainer Maturana. »Wenn Don Vito Corleone mich zu einem Teller Pasta in ein Restaurant einlädt, gehe ich natürlich hin.«

Auch Escobar, der Spieler, war öfter zu Gast bei Escobar, dem Drogenboss. Aber er mochte diese Besuche nicht. Seiner Schwester soll er mal gesagt haben: »Ich möchte nicht dorthin, aber ich habe keine Wahl.« Er war ein ruhiger und gläubiger Mensch. Jeden Tag las er in der Bibel, seine Lesezeichen waren zwei Fotos, eins von seiner verstorbenen Mutter und eins von seiner Verlobten. Seine Liebe zum Fußball erklärte er so: »Anders als beim Stierkampf gibt es bei uns keinen Tod. Im Fußball stirbt keiner, niemand wird umgebracht. Es geht mehr um den Spaß, um das Genießen.«

René Higuita, der Torhüter, war ganz anders. Er verkehrte gerne im kriminellen Milieu. Als ihn Reporter fragten, warum er bei Pablo Escobar ein und aus gehe, sagte er: »Pablito ist ein

Freund aus Jugendtagen.« Vielleicht rettete ihn das vor Konsequenzen aus der Unterwelt – schließlich patzte er 1990 im Achtelfinale, als er sich bei einem waghalsigen Dribbling weit vor seinem Tor von Kameruns Roger Milla den Ball abluchsen ließ.

Am 14. Juni 1993 kam es aber zum Eklat. Higuita wurde verhaftet, weil er in einen Entführungsfall verwickelt war. So jedenfalls geht die offizielle Version, die auch Higuita erzählte: Die Tochter eines Freundes war von Pablo Escobar entführt worden. Der Freund bat Higuita daraufhin, die Lösegeldsumme von rund 300.000 Dollar zu überbringen. Higuita tat das, und der Freund schenkte ihm dafür 64.000 Dollar. Weil der Fußballer das Geld annahm, statt die Polizei zu informieren, musste er für sieben Monate ins Gefängnis. Wahrscheinlicher ist, dass Higuita inhaftiert wurde, weil er ein bisschen zu freundschaftlich mit Amerikas Staatsfeind Nummer eins verbunden war. So einer, da waren sich die meisten einig, würde nicht gerade der Publikumsliebling in den USA werden.

Es war ein Schock für den Torhüter, seine Fans, aber vor allem für die kolumbianische Nationalmannschaft. Vor dem Turnier galt sie unter einigen Fußballexperten als Favorit auf den Titel. Zwischen 1992 und 1994 war sie in 31 von 33 Spielen ohne Niederlage geblieben, in der Qualifikation zerlegte sie Argentinien mit 5:0, in Buenos Aires wohlgemerkt. Die WM 1994 sollte zu einem Triumphzug ihrer goldenen Generation werden. Heute fragen sich viele Menschen in Kolumbien, ob Andrés Escobar noch leben würde, wenn Higuita zur WM gefahren wäre. Für ihn stand nun Óscar Córdoba im Tor. Im ersten Spiel gegen Rumänien unterschätzte dieser einen Fernschuss von Gheorghe Hagi, gegen die USA kassierte er das Eigentor von Andrés Escobar. Hätte Higuita den Schuss von Hagi über die Latte gelenkt? Hätte er sich mit Escobar, mit dem er für Atlético Nacional Hunderte Male zusammengespielt hatte, besser abgestimmt?

Der andere Escobar, Pablo, war Ende 1993 gestorben, aber die Waffen verstummten nicht. Nun kämpften andere Kartelle um die Vormacht. »Es geriet alles außer Kontrolle«, erklärte sein Cousin Jaime Gavira in »The Two Escobars«. »Der Chef war tot, also wurde jeder sein eigener Chef. Pablo führte die Unterwelt mit Ordnung. Wenn du etwas Illegales machen wolltest, hast du Pablo um Erlaubnis gebeten.« Nationaltrainer Maturana sah das ähnlich: »Das Gesetz des Bosses war das Gesetz des Landes. Als Pablo Escobar starb, bebte die Erde, und der Wind rief ›Pablo Escobar!‹ Von diesem Moment an musste man ständig auf der Hut sein. Du konntest niemandem mehr vertrauen.«

Schon nach der ersten Vorrundenniederlage gegen Rumänien hatten Unbekannte den Bruder von Torwart Córdoba ermordet. Auch der Bruder von Verteidiger Luis »Chonto« Herrera starb nach dem Rumänien-Spiel, angeblich ein Autounfall. Gabriel Gómez, ein Mitspieler von Escobar bei Nacional, verließ die Mannschaft, weil er per Fax eine Morddrohung erhalten hatte. Die Familien der Spieler wurden unter Polizeischutz gestellt. Am Abend vor dem Spiel gegen die USA saß Herrera mit Andrés Escobar zusammen: »Ich wollte aufgeben und nach Hause fliegen, aber Andrés sagte: ›Das Land hängt von dir ab. Das ist unsere einzige Chance auf die Weltmeisterschaft!‹« Am nächsten Tag erschien Nationaltrainer Maturana mit Tränen in den Augen zur Mannschaftsbesprechung. Er hatte aus Kolumbien die Nachricht erhalten, wen er spielen lassen durfte und wen nicht: »Sie sagten: Wenn du Gabriel Gómez aufstellst, töten wir euch alle!«

Wie spielt man in einem solchen Bedrohungsszenario Fußball?

Die Kolumbianer suchten zu Beginn der Partie die Flucht nach vorne. Sie griffen das Tor der Amerikaner von allen Seiten an, spielten offensiv, hatten Chancen, aber der Ball wollte partout nicht reingehen. In der 34. Minute schoss der Amerikaner John Harkes von links scharf auf den Elfmeterpunkt. Andrés Escobar grätschte, und dann schnürte sich die Kehle zu. »Ich blickte danach in sein Gesicht und spürte einen tiefen Schmerz«, sagte Mittelfeldspieler Alexis García. »Er hatte eine Vorahnung.«

Kolumbien verlor das Spiel 1:2 und schied aus. Am 27. Juni 1994 flog Andrés Escobar mit der Mannschaft in die Heimat zurück. Er hatte Pläne. Ihm lag ein Angebot vom AC Mailand vor, er sollte dort Nachfolger des legendären Franco Baresi werden. Im Flugzeug unterhielt er sich mit Faustino Asprilla, seinem ehemaligen Mitspieler bei Nacional, der mittlerweile in Italien für Parma spielte. »Tino, ich weiß, dass du gerne feiern gehst«, sagte Escobar. »Aber bitte bleib in den kommenden Tagen zu Hause. Ich habe das Gefühl, dass etwas passieren könnte.« Er selbst hielt sich nicht daran. In der größten kolumbianischen Tageszeitung »El Tiempo« schrieb er wenige Tage später in einer Kolumne: »Wir müssen weitermachen und wieder aufstehen, ganz egal, wie schwer das auch sein mag. Wir sehen uns bald wieder, denn das Leben endet nicht hier.« Nach vier Abenden zu Hause rief er seinen Mitspieler und Freund Chonto Herrera an und fragte, ob sie sich auf ein paar Drinks treffen könnten. Herrera flehte ihn an: »Bitte bleib zu Hause!«

Aber Escobar wollte sich nicht mehr verstecken. Er ging mit Freunden in die »Indio Bar« in Medellín. Dort feierten sie. Und dort traf er vier Männer, die ihn beleidigten. Escobar beteuerte, dass das Eigentor keine Absicht gewesen sei. Als er die Bar verließ, verfolgten sie ihn zum Parkplatz und nannten ihn eine »Schwuchtel«. Escobar versuchte, die Männer zu beruhigen, aber einer zog eine Pistole und feuerte los. Escobar sackte zusammen. Er starb in den frühen Morgenstunden des 2. Juli 1994.

Zeugen notierten sich das Kennzeichen des Autos, mit dem die Täter davonfuhren. Es war auf die Brüder Pedro und Juan Gallón zugelassen. Beide hatten früher für Pablo Escobar gearbeitet, nun waren sie beim Los-Pepes-Kartell aktiv. Allerdings wanderten nicht sie ins Gefängnis, sondern ihr Bodyguard Humberto Castro Muñoz, der den Mord gestand. Er wurde zu einer 43-jährigen Haftstrafe verurteilt, nach nur elf Jahren kam er vorzeitig frei – wegen guter Führung. Aber war er wirklich der Mörder? Schoss er, weil er Geld beim Wetten verloren hatte?

Warum musste Escobar sterben? Nationaltrainer Maturana hatte später diese Erklärung: »Unsere Gesellschaft glaubt, dass Fußball Andrés getötet hat. Richtig müsste es heißen: Andrés war ein Fußballspieler, der von der Gesellschaft getötet wurde.« Zu seiner Beerdigung kamen 120.000 Menschen.

Einige Jahre später gab Jhon Jairo Velásquez Vásquez, ein ehemaliger Auftragskiller von Pablo Escobar, aus dem Gefängnis heraus ein Interview. Er erklärte, dass die Gallón-Brüder nach der Ermordung von Andrés Escobar drei Millionen Dollar an einflussreiche Personen im Justizapparat gezahlt hätten, damit ihr Bodyguard verurteilt wird. Vásquez glaubte auch, dass nicht das Eigentor oder verlorene Wettgelder das Motiv für den Mord waren. »Andrés hätte ihnen einfach nicht widersprechen sollen. Das Ego der Gallón-Brüder war nach dem Tod von Pablo Escobar so aufgeblasen, dass sie Gegenworte nicht erlaubten. Nicht mal von einem so bekannten Fußballer wie Andrés.«

KAPITEL 3

KING OF QUEENS

Er sah aus wie der Weihnachtsmann, mietete seiner Katze ein eigenes Apartment im Trump Tower und stopfte sich illegal die eigenen Taschen voll. Chuck Blazer war das Sinnbild einer verkommenen und korrupten FIFA.

Chuck Blazer war gewaltig. Wer ihm einmal über den Weg lief, vergaß ihn nie wieder. Er wog 200 Kilogramm und hatte einen grauen Rauschebart. Wladimir Putin sagte über ihn, er sehe aus wie Karl Marx. Andere fanden, dass er dem Weihnachtsmann ähnelte. Er trat auf wie Vito Corleone. Auf seiner Schulter saß oft ein Papagei, der sagen konnte: »Du bist ein Idiot!« Er selbst sagte gerne: »Ich bin nur ein kleiner Ganove aus Queens.« Was nicht ganz stimmte. Denn Chuck Blazer war einer der größten Verbrecher im Fußballgeschäft. Er war das Sinnbild einer verkommenen FIFA. Mehr noch als all die anderen Hinterzimmerverbrecher, Schmieronkel und Geldkofferempfänger. Mehr als Sepp Blatter und als dessen Nachfolger Gianni Infantino, mehr als Michel Platini, mehr als Mohamed bin Hammam.

Vor einigen Jahren traf ich Theo Zwanziger zu einem Interview. Der ehemalige DFB-Präsident saß von 2011 bis 2015 in der Exekutive der FIFA. Das Interview drehte sich um die Frage, warum Funktionäre in großen Fußballverbänden oft so korrupt sind. Zwanziger erklärte das mit der fluffigen Formulierung: »Es bestehen dort Abhängigkeitsverhältnisse in einem korruptionsgeneigten Umfeld.« Vereinfacht gesagt: Wer in dem Weltverband von der Basis nach ganz oben kommen möchte, stellt sich gut mit seinen Vorgesetzten. Wer oben bleiben möchte, tut gut daran, seine Mitarbeiter nicht zu vergraulen. Wir sprachen über Blatter (»Er kannte das System, und er nutzte es in seinem Sinne«) und über Infantino (»Er umgibt sich mit Speichelleckern«). Und immer wieder ging es auch um Chuck Blazer und dessen Kumpel Jack Warner. Denn ihre Gier machte wirklich fassungslos. Sie plünderten, man kann es nicht anders sagen, den Fußball aus. Zwanziger nannte sie charakterschwach. »Wenn ein labiles System, durchsetzt von solchen Leuten, außer Kontrolle gerät, dann explodiert es«, sagte er. Wollten Blazer und Warner Gott spielen? Zwanziger dachte lange über eine Antwort nach. Dann sagte er: »Sprechen wir lieber von einer Gottähnlichkeit. Vielleicht sahen sie sich selbst eine Stufe drunter, auf Papst-Ebene. Sie konnten ja den Weltfußball tatsächlich beeinflussen.«

Ich musste bei dieser Antwort an eine Szene aus dem wirklich grotesken Spielfilm »United Passions« von 2014 denken. Er erzählt die Geschichte der FIFA – aus Sicht der FIFA, die den

Film finanzierte. Es ist also eine Auftragsarbeit. Eine Art Dauerwerbefilm. Mit Gérard Depardieu als Jules Rimet und Tim Roth als Sepp Blatter. Die FIFA kämpft in dem Film für den Frieden, gegen Rassismus und Diskriminierung, sie führt die Religionen und Kulturen zusammen. Sie ist in einem ewigen Kampf gegen Obrigkeiten, Besserwisser, Saboteure, die angebliche Lügenpresse. Es gibt im Grunde nichts, so will der Film weismachen, was die FIFA in ihrer über 100-jährigen Geschichte nicht geregelt hätte. Der Film wirkt in seinen absurdesten Momenten, als hätten ein paar alte Männer die Filmbänder von »Titanic«, »Pearl Harbour« und das Komplettwerk von Richard Gere gegessen und danach über die Kinoleinwand gekotzt, während Michael Jackson »Heal the world, make it a better place« singt und Sepp Blatter auf einem Schimmel in den Sonnenuntergang reitet.

Jedenfalls, es gibt in diesem Film eine Szene, in der Sepp Blatter am Wohnzimmertisch steht und seinen Kindern beim Subbuteo-Spiel zuschaut. Plötzlich nimmt er den Ball vom Feld und wirft ihn ins Tor. Sein Sohn sagt, dass er betrüge, doch Vater-Sepp lacht nur. »Betrug?«, sagt er. »Das ist ein großes Wort.« Dann erzählt er von einer Wolke im Himmel und höheren Mächten, die den Ball ins Tor manövrieren. Der Sohn sagt: »Aber ihr seid nicht Gott.« Ich war mir nie sicher, ob diese Szene selbstironisch sein sollte.

Denn ich bin überzeugt, dass viele Männer bei der FIFA einen Gott-Komplex haben. Chuck Blazer ganz besonders. Über Jahrzehnte führte er gemeinsam mit Jack Warner den Nord- und Zentralamerikanischen Fußballverband CONCACAF und nahm ihn aus wie eine Weihnachtsgans. Einige nannten ihn »Mister 10 Prozent«, denn das war der Anteil, den er in seine privaten Taschen abschöpfte. Im Rückblick wirken beide, Blazer und Warner, wie Figuren aus einem Mafia-Epos aus Hollywood. Hier ein ehemaliger Lehrer einer Abendschule aus Trinidad und Tobago, da ein verruckter Deal-Maker aus New York. Ihre Geschichte hat alles: Aufstieg, Fall, Freundschaft, Lüge, Intrigen,

Verrat, Rache. Ein Labyrinth ohne Happy End, wo stattdessen am Ende alles zusammenbricht. Und an deren Anfang ein zurückhaltender Junge steht, der kaum jemandem auffällt.

Blazer kommt 1945 in New York zur Welt; er wächst im Stadtteil Queens auf, seine Eltern führen eine Papeterie, mit Fußball hat der junge Blazer nichts zu tun. Er mag Bowling und spielt Saxofon, zeitweise sogar in einer Band. Seine Schule, die Forest Hills High School, wird später bekannt für viele prominente Absolventen, etwa Paul Simon und Art Garfunkel oder einige Mitglieder der Ramones. 1961 macht Blazer seinen Abschluss mit dem späteren TV-Moderator Jerry Springer. Aber der junge Blazer ist wie unsichtbar. Er nimmt an nichts teil, nicht am Debattierklub, nicht im Literaturklub, er ist nicht mal in einem Sportteam. Kaum ein Mitschüler wird sich später an ihn erinnern.

Nach der Schule studiert er Betriebswirtschaft, er verlässt die Universität aber ohne Abschluss. Bald erkennt er sein Talent fürs Geschäftemachen. Als in den Siebzigern Buttons in Mode kommen, feiert er seinen ersten Erfolg: Er verkauft Millionen von Ansteckern mit gelben Smileys. Später produziert er personalisierte Handtücher, Aschenbecher, Golfbälle, Sexspielzeug. Der schnelle Dollar reizt ihn, Selfmade-Typen faszinieren ihn. Ein Geschäftspartner sagt später über ihn: »Chuck konnte in der einen Woche keinen einzigen Penny auf der Bank haben – und drei Wochen später 300.000 Dollar.«

Ende der Siebziger entdeckt er den Fußball. Blazers Sohn spielt in New Rochelle, er selbst wird Trainer der Mannschaft. Dabei interessiert ihn weniger das Spiel als das Drumherum. Er organisiert neue Trikots, macht Zeitpläne, lässt die Anlage renovieren. Er will das Team professionalisieren. Und die Eltern lassen ihn gewähren, denn er ist der Einzige weit und breit, der einen Computer besitzt, einen IBM 5120, der ihn 13.000 Dollar gekostet hat. Es klingt wie eine ganz normale amerikanische Vorstadtstory, ein Vater engagiert sich beim Sportteam des Sohnes. Aber schon damals soll Blazer das Gefühl für Geld und Recht verloren haben. Einmal leiht er sich von einem Geschäftspartner mehrere Tausend Dollar. Als er es nicht zurückzahlt, verklagt ihn der Geschäftspartner. Blazer ignoriert das einfach, taucht erneut beim verdutzten Geschäftspartner auf – und fragt, ob dieser ihm noch ein bisschen Geld leiht. Diese Dreistigkeit, sagen später viele Weggefährten, sei der wichtigste Charakterzug von Blazer gewesen. Sie wird ihn ganz nach oben bringen.

Eines Tages steigt er beim damals noch sehr provinziellen und rückständigen US-Fußballverband ein und macht auch dort, was er am besten kann: Leute beschwatzen, Dinge verkaufen. Er schließt einen ersten großen TV-Vertrag ab, den CONCACAF-Cup macht er zum Gold-Cup, wenig später holt er die WM in die USA. Die wichtigen Funktionäre in den USA sprechen in hohen Tönen von ihm. Sie sagen, er sei energiegeladen, kreativ und visionär. Noch Jahrzehnte später, bei seinem Ausscheiden aus der CONCACAF, befand MLS-Geschäftsführer Don Garber: »Chuck ist eine der wichtigsten Personen in der Fußballgeschichte unseres Landes. Wir verdanken ihm viel.«

Tatsächlich schafft es Blazer, den schlafenden Riesen zu wecken. Anfang der Achtziger interessiert sich in den USA kaum jemand für Fußball, zwischen 1981 und 1983 macht die Nationalmannschaft gerade mal zwei Länderspiele. Nach Blazers Wahl zum Vizepräsidenten 1984, für die sogar Pelé wirbt, bestreitet das Team in zwei Jahren 19 Länderspiele.

In den achtziger Jahren kommt es außerdem zu einer folgenschweren Begegnung: Chuck Blazer lernt Jack Warner kennen. 1984 treffen sie sich zum ersten Mal, 1989 beschließen sie am Rande eines Länderspiels zwischen den USA und Trinidad und Tobago, groß rauszukommen. Auch Warner hat bis dahin allerhand gemacht. Er war Lehrer, Soziologe, Politiker. Nun ist er Vize-Präsident der CONCACAF. Blazer unterstützt ihn beim Wahlkampf zum Präsidenten, und Warner macht ihn im Gegenzug zum Generalsekretär. Es beginnt ein Leben in Saus und Braus.

Schon beim Spiel zwischen den USA und Trinidad und Tobago tricksen die beiden. Sie drehen Tausenden Zuschauern gefälschte Tickets an. Am Ende quetschen sich 35.000 Zuschauer in ein Stadion, das eigentlich nur für 28.000 zugelassen ist. Die Spieler müssen über die Köpfe der Fans auf den Rasen getragen werden. Und über 10.000 Fans kommen gar nicht mehr rein. Sie stehen schimpfend vor den Toren. Warner spricht später von »viel Lärm um nichts«, die Presse hätte die Sache aufgeblasen.

Danach geht es im Wahnsinnstempo weiter. Die CONCACAF-Zentrale wird von Guatemala City nach New York City verlegt. Die beiden bereichern sich am Verkauf von Rechten gegen Schmiergeld, WM-Tickets auf dem Schwarzmarkt und ihrer WM-Stimmen im FIFA-Exekutivkomitee. Beide lassen sich bei mindestens zwei WM-Vergaben bestechen. Zehn Millionen Dollar fließen zum Beispiel bei der Vergabe der WM 2010 an Warner – zehn Prozent, also eine Million, zweigt Blazer sich ab.

Aber das ist nur ein kleiner Teil des Nebenverdienstes. Allein zwischen 2006 und 2011, so fand der britische Investigativjournalist Andrew Jennings heraus, hat sich Blazer 9,6 Millionen Dollar auszahlen lassen. Insgesamt soll er in all den Jahren über 20 Millionen Dollar eingesteckt haben, unversteuert natürlich. Das Geld geht an seine Firma Sportvertising und wandert auf Konten auf den Kaimaninseln und den Bahamas. Vorteilhaft ist, dass Blazer damals nicht nur Generalsekretär der CONCACAF ist, sondern auch Schatzmeister. Er kontrolliert sich quasi selbst – ohne dass jemand dieses System hinterfragt.

Aber wohin nur mit dem ganzen Geld? Der Koloss mit dem Rauschebart hat da ein paar Ideen. Erst mal legt er sich ein paar neue Wohnsitze zu, in Miami, auf den Bahamas, in Manhattan. Er zieht in den Trump Tower, 49. Etage, 18.000 Dollar kostet sein Apartment im Monat, die Wohnung für seine Katzen zusätzliche

6000 Dollar; damit sich sein Papagei nicht so alleine fühlt, lässt er auf einem Flachbildfernseher rund um die Uhr Tierdokus laufen. Viele Deals kann er nun zwischen Tür, Angel und Fahrstuhl erledigen, denn die Zentrale der CONCACAF befindet sich auch im Trump Tower, 17. Stock. Aber meistens ist Blazer unterwegs. Große Geschäfte machen, wichtige Leute treffen. Gerne zeigt er sich an der Seite von bekannten Persönlichkeiten und lädt die Fotos auf sein Blog »Travels with Chuck Blazer and his Friends« hoch. Dort sieht man den King aus Queens an der Seite von Hillary Clinton, Papst Johannes Paul II., Nelson Mandela oder Wladimir Putin. Auf einem Treffen mit der Queen und Prinz William lässt er, Ehrensache, zwei teure Gläser mitgehen. Natürlich fliegt er nur Erste Klasse. Oft mit Sauerstoffgerät, denn wegen seines extremen Übergewichts bekommt er schwer Luft. In New York gleitet er mit seinem E-Scooter über die Fifth Avenue, besucht Verkleidungspartys im Teufelskostüm oder donnert mit seinem Hummer in den Stripklub Scores. Dort hat die CONCACAF einen eigenen Bereich, in dem Blazer sich massieren lässt, Filet Mignon isst und die Spiele der amerikanischen Nationalmannschaft schaut. Immer dabei hat er die schwarze American-Express-Karte des Verbandes. Mit ihr zahlt er alles – sogar die Autoversicherung seiner Freundin und die monatlichen Parkgebühren für seine Autos (600 Dollar).

Nach über 20 Jahren Exzess nimmt das Ende seinen Anfang. 2010 geht es Chuck Blazer gesundheitlich schlechter, er leidet an Diabetes und einer Gefäßkrankheit. Bald diagnostizieren die Ärzte noch Darmkrebs. Im Dezember jenes Jahres kommt es zum Bruch mit seinem Partner in Crime. Blazer stimmt bei der WM-Vergabe für die USA. Warner, mittlerweile FIFA-Vizepräsident, lässt sich hingegen von Katar kaufen. Die Rache folgt ein Jahr später. Bei der Wahl zum FIFA-Präsidenten tritt Sepp Blatter gegen Mohamed bin Hammam an. Warner trommelt für den Katarer, mit dem er versucht, Stimmen aus der Karibik zu kaufen. Auf einer Werbeveranstaltung überreichen sie 24 Wahlmännern dicke braune Umschläge, in denen sich je 40.000 Dollar in bar befinden. »Give it to Trinidad and Tobago, give it Anguilla, give it to Barbados ...«

Dann passiert aber etwas, mit dem niemand im FIFA-Wunderland rechnet. Der Funktionär von den Bahamas gibt das Geld zurück und meldet sich beim Schatzmeister seines Verbandes – bei Chuck Blazer. Der kann nun nicht mehr so tun, als hätte er von den Schmiergeldzahlungen nichts gewusst. Vielleicht sieht er wirklich zum ersten Mal eine Grenze überschritten. Vielleicht sucht er einfach die Flucht nach vorne. Er verpfeift Warner bei der FIFA und stellt sich scheinheilig vor die Presse: »Im Kampf gegen die Korruption in der FIFA dürfen wir keine Toleranz zeigen.« Aber natürlich fliegt nun alles auf, auch sein eigenes Gebaren, und als sich der Abgrund öffnet, droht Jack Warner, alle mitzunehmen: »Nicht mal der Tod wird die Lawine stoppen, die kommt. Die Würfel sind gefallen!«

In jenem Jahr beginnt sich auch das FBI mehr für all die kriminellen Vorgänge und skurrilen Figuren bei der FIFA zu interessieren. Die Agenten melden sich bei dem Korruptionsexperten Andrew Jennings, der über die Kontaktaufnahme später schreibt: »Sie wollten wissen, was ich wusste, nachdem ich jahrelang die Korruption in der FIFA recherchiert hatte. Sie ließen aber nicht durchblicken, warum sie sich dafür interessierten.« Er wird es bald erfahren.

Irgendwann im November 2011 fährt Chuck Blazer mal wieder mit seinem Elektroroller durch New York, als ihn Beamte des FBI und Fahnder der Steuerbehörde anhalten und festnehmen. Die Vorwürfe sind nicht ohne. Steuerprüfer stellen fest, dass er in 21 Jahren als Verbandsfunktionär nicht ein einziges Mal ein Einkommen angegeben hat. Aber Blazer gibt nicht auf. In der Hoffnung auf Strafmilderung macht er, natürlich, einen Deal. Blazer doing Blazer things. Er gesteht die Bestechungen und die Steuerhinterziehungen, dafür soll er als Spitzel arbeiten. Die Agenten brauchen angeblich nicht mal eine Stunde, um ihn umzudrehen.

Die Sache ist aber gar nicht so einfach. Erst wollen die Agenten ihren Spion verkabeln, aber das klappt nicht, denn an Blazers schwitzendem Riesenkörper bleibt nichts kleben. Also versehen die Ermittler einen Schlüsselanhänger mit einem Mikrofon. Das erste Mal kommt der Whistleblower bei den Sommerspielen 2012 in London zum Einsatz. Er lädt Sportfunktionäre zu einem Treffen ein und lässt die Agenten mithören. 2015 stürmt das FBI ein Hotel in Zürich, wo sich fast alle FIFA-Granden versammelt haben. Nun rollen Köpfe – auch weil Blazer nötige Informationen geliefert hat. Das US-Justizministerium klagt insgesamt 41 Fußball- und Marketingfunktionäre an, Sepp Blatter erhält eine achtjährige Sperre.

Vor Gericht sagt Blazer, er spüre »tiefen Schmerz und bedaure seine Fehler«. Ins Gefängnis muss er nicht mehr. Er stirbt am 12. Juli 2017 in New Jersey.

Jack Warner wurde 2015 lebenslang auf der Grundlage einer Untersuchung der Ethikkommission gesperrt. Damals gab es übrigens kurz Hoffnung, denn an der Spitze des FIFA-Kontrollorgans saßen die Juristen Cornel Borbely und Hans-Joachim Eckert. Der »Spiegel« beschrieb sie als »Spielverderber« in einem kaputten Laden, was vielleicht nicht der passende Begriff war, denn auch Eckert drückte gerne mal beide Augen zu. So sprach er die WM-Gastgeber Katar und Russland weitgehend vom Vorwurf der Korruption frei und machte Identitäten von Whistleblowerinnen öffentlich. Trotzdem, unter Eckerts Leitung kamen auch brisante Details ans Licht. Sein Chefermittler Borbely nahm sogar Untersuchungen gegen Infantino auf; der FIFA-Chef soll zum Beispiel die Präsidentenwahl des afrikanischen Kontinentalverbands 2016 beeinflusst haben.

Infantino fackelte nicht lange, schmiss die beiden Kontrolleure raus und ersetzte sie durch Verbündete. Das Gott-Spiel ging also weiter, und es läuft noch heute. Chuck Blazer würde es gefallen.

KAPITEL 4

SCHLÄGERTYPEN

Bei Fußballern sitzt die Faust oft locker. Diese sechs Spieler mussten für Prügeleien sogar vor Gericht.

Crazy Vinnie

»Wenn ich nicht Fußballer wäre, würde ich irgendwas mit Fußball tun, vielleicht Zuschauer«, sagte der Brasilianer Deco mal. Wäre **Vinnie Jones** nicht Fußballer geworden, hätte er vermutlich auch irgendwas mit Fußball gemacht, vielleicht Hooligan. Kurzum: Vinnie Jones ist nicht der Typ, dem du nachts besoffen in einem Pub sagen solltest, dass er Mundgeruch hat. Er ist das Abziehbild eines englischen Kneipenschlägers, sein Foto prangt im Duden neben dem Wort »hochentzündlich«. Einmal betrank er sich in einem Flugzeug und boxte einen anderen Passagier um. Als eine Stewardess ihn beruhigen wollte, drohte er: »Ich kann euch alle ermorden lassen. Ich kann euch alle für 3000 Pfund umbringen lassen.« Strafe: 1100 Pfund und 80 Stunden gemeinnützige Arbeit. Ein anderes Mal verprügelte er seinen Nachbarn wegen Grundstücksstreitigkeiten. Auf einer Pressekonferenz biss er einem Journalisten in die Nase. In einem Video mit dem Titel »Soccer's Hard Men« erklärte er, wie man die Gegner mit harten Fouls außer Gefecht setzt, ohne dass der Schiedsrichter es merkt. Eines Tages kam er zu einer bahnbrechenden Selbsterkenntnis: »Ich habe eine kurze Zündschnur.« Klar, dass er für den FC Wimbledon spielte – das Team, das als »Crazy Gang« in die englische Fußballgeschichte einging und 1988 den FA Cup gewann. Nach der Karriere wurde er Schauspieler. Die Rollen schienen ihm wie auf den Leib geschneidert: In »Snatch« spielte er einen Auftragskiller, in »EuroTrip« prügelte er sich als Hooligan, in »Mean Machine« war er ein ehemaliger Fußballer, der ins Gefängnis musste. Wegen Körperverletzung natürlich.

Der schönste Platz ist immer an der Theke!

Fand auch **Rudi Brunnenmeier** von 1860 München, der in der Saison 1966/67 für zwei Wochen hinter Gittern saß, weil er eine Schlägerei in seiner Stammkneipe angezettelt hatte. Der zweitschönste Platz war für Brunnenmeier der Strafraum, denn dort schoss er für die Löwen 139 Tore in 207 Spielen. Oft noch gut betankt vom Vorabend. Einmal durfte er sogar für die deutsche B-Nationalmannschaf auflaufen. Am Morgen des 1. September 1965 erhielt er vom DFB ein Telegramm mit der Bitte, sofort in den Flieger nach Köln zu steigen. Dort fand ein Spiel gegen die Sowjetunion statt, und im Kader der Deutschen gab es einige Ausfälle. Brunnenmeier machte sich auf den Weg. Der Restalkohol von der vorherigen Nacht machte ihm nicht sonderlich zu schaffen, im Gegenteil, Deutschland gewann 3:0, Brunnenmeier schoss zwei Tore. Der steile Abstieg begann nach der Karriere. Brunnenmeier hielt sich einige Jahre als Rausschmeißer und Brezelverkäufer über Wasser. Irgendwann betrieb er auch mal eine Kneipe, Ehrensache. 1987 musste er erneut ins Gefängnis (Trunkenheit am Steuer), später wurde er verurteilt, weil er Versicherungsverträge gefälscht hatte, um an die Provisionen zu kommen. 2003 starb er an den Folgen seiner Alkoholsucht.

Der Verrückte mit dem Golfschläger

Wir präsentieren: die walisische Version von Vinnie Jones. »**Craig Bellamy** ist ein Mensch, der alleine in einem Raum eine Schlägerei anfangen kann«, sagte Bobby Robson, der den Stürmer 2001 zu Newcastle holte. Aber gut, Bellamy schlug auch gerne zu, wenn eine weitere Person anwesend war. Einem Ex-Trainer schleuderte er mal einen Stuhl gegen den Kopf. Mit seinem ehemaligen Mitspieler Alan Shearer hatte er einst so großen Stress, dass dieser ihm androhte: »Wenn du je nach Newcastle zurückkehrst, schlag ich dir den Kopf ab.« Aber keine Sorge, Bellamy wollte ja gar nicht zurück: »Ich spiele nicht für Scheißklubs!« Legendär ist seine Auseinandersetzung mit seinem Mitspieler John Arne Riise. Dabei begann alles so harmlos, die Mannschaft des FC Liverpool feierte eine Party in einer Karaoke-Bar. Irgendwann stellte sich Bellamy auf die Bühne und schrie: »Nun singt Riise! Nun singt Riise!« Der Norweger dachte aber nicht daran, woraufhin Bellamy bellte: »Ich töte dich!« Später im Hotel ging Bellamy mit einem Golfschläger auf Riise los und krakeelte: »Ist mir scheißegal, ob ich dafür ins Gefängnis gehe!« Er musste zwar nicht in den Knast, aber trägt seitdem den formidablen Spitznamen »The Nutter with the Putter«, der Verrückte mit dem Golfschläger. Tatsächlich stand Bellamy nur einmal, im Februar 2006, wegen eines mutmaßlichen Angriffs auf zwei Frauen vor Gericht. Eine der Frauen sagte, der Fußballer hätte sie in einer Diskothek an der Gurgel gepackt und gegen eine Wand gedrückt. Am Ende stand Aussage gegen Aussage, und der Richter wies die Klage ab. Vermutlich zu Recht, denn wie man sich denken kann, regelte Bellamy den Disko-Konflikt mit einer freundschaftlichen Entschuldigung. Wer will denn gleich aus der Haut fahren?

Hausverbot im P1

Das Schlimmste im Leben eines Profifußballers? Eine Rote Karte, eine Kreuzbandverletzung – und Hausverbot in der Münchener Edeldisko P1. Der damalige Hertha-Profi **Christian Lell** war dort 2010 in eine Prügelei verwickelt. Lell sagte danach der »Bild«: »Kellner Marvin M., der in dieser Nacht privat dort war, hat mich in übelster Weise angemacht. Er beleidigte mich als Antikicker. Dann ergötzte er sich daran, meine Freundin Daniela aufs Fieseste zu beschimpfen. Sogar meine Tochter Julie zog er in den Dreck.« M. hingegen sah sich als Opfer: »Lell hat mir mit der Faust ins Gesicht geschlagen.« Lell wiederum bestritt das: »Kann sein, dass eine kleine Rangelei entstand, aber geschlagen wurde nicht.« Er sprach außerdem von »versuchter Erpressung«, der Kellner soll zu ihm gesagt haben: »Entweder du zahlst 2000 Euro oder ich ziehe dich in die Sache rein.« Am Ende zahlte Lell sogar 42.000 Euro an die Justizkasse München. Die Summe setzte sich aus 70 Tagessätzen à 600 Euro zusammen. Ein Schuldeingeständnis sei das aber nicht gewesen, er wollte die Sache nur beenden, sagte er. Und dann beklagte er sich im »Kicker«: »Ich bin in einer Schublade drin, mein Image ist zementiert.« Was nicht verwunderlich ist, denn drei Jahre zuvor hatte er schon mal Ärger mit der Justiz. Seine damalige Freundin hatte ihn wegen Körperverletzung angezeigt. Der Profi soll sie vor dem »Baby!«, einer anderen Edeldisko, geschlagen haben. Die Polizei nahm ihn mit, und weil er 1,1 Promille im Blut hatte, musste er die Schlüssel auf der Wache lassen. Seine Mutter holte ihn in der Nacht ab. Plot-Twist: Im November 2017 wurde Lell selbst Opfer einer Prügelei. Drei Jugendliche brachen ihm die Nase – auf dem Parkplatz vor dem P1.

Der gestörte Duncan

Sein Spitzname verrät schon einiges: »Duncan Disorderly«, der gestörte Duncan. Mit acht Roten Karten hält **Duncan Ferguson**, nicht verwandt mit Sir Alex, den Platzverweisrekord der Premier League (gemeinsam mit Patrick Vieira und Richard Dunne). Für seine brutalste Attacke gab es allerdings nicht mal Gelb – dafür wurde er abseits des Platzes zur Rechenschaft gezogen. Am 16. April 1994 spielten seine Rangers gegen die Raith Rovers. Nach einem recht harmlosen Zweikampf an der Eckfahne tickte Ferguson aus und streckte seinen Gegenspieler John McStay mit einer Kopfnuss nieder. Es war nicht das erste Mal, dass Duncan die Sicherungen durchbrannten. Im Februar 1991 schädelte er einen Polizisten auf die Bretter, 1993 schlug er einen Mann, der auf Krücken ging. Ein anderes Mal musste er sich schon wegen Landfriedensbruch und Trunkenheit am Steuer verantworten. Im April 1994, als er im Spiel gegen die Raith Rovers austickte, hatte

Ferguson also bereits einen ziemlich schlechten Ruf. „Aber hätte er im Spiel Rot bekommen, wäre die Szene vielleicht nie so ausgiebig diskutiert worden", sagte der Niedergestreckte McStay. Weil Ferguson auf dem Platz aber straffrei blieb, bestimmte die Kopfnuss wochenlang die Berichterstattung. Am Ende wurde Ferguson nicht nur vom schottischen Fußballverband für zwölf Spiele gesperrt, sondern von einem Gericht zu drei Monaten Gefängnis verurteilt, von denen er 44 Tage absaß. Er war damit der erste Profi, der für ein Foul in den Knast wanderte.

Sanfter Hooligan

Es gab eine Zeit, da war Morrissey noch nicht eines der größten Arschlöcher des Planeten, und wenn Fans einem Spieler mit einem Zitat der Band The Smiths huldigten, konnte der sich darauf etwas einbilden. So war es auch bei **Joey Barton**, den die Ultras in Marseille mit einem Banner empfingen, auf dem stand: »Welcome sweet and tender hooligan!« Es sollte nichts anderes heißen, als dass Barton, der 2012 von QPR nach Marseille gewechselt war, nun einer von ihnen war. Das erste Saisondrittel der Ligue 1 verpasste er allerdings, denn er musste noch eine Zwölf-Spiele-Sperre aus seiner Zeit in England absitzen.

Sowieso, England, eine heftige Zeit. Aufgewachsen war er in Liverpool, er spielte sechs Jahre in der Jugendakademie des FC Everton, ehe es hieß: »Du bist nicht gut genug!« Er ging zu Manchester City, damals noch keine große Nummer in der Premier League. Er legte sich mit Schiedsrichtern, Fans und Trainern an. Bei einem Freundschaftsspiel gegen Doncaster soll er eine Massenschlägerei angezettelt und bei einer Weihnachtsfeier eine Zigarette im Auge eines Jugendspielers ausgedrückt haben. Na gut, der hatte vorher versucht, Bartons T-Shirt anzuzünden. Englischer Humor. Irgendwann reichte es aber den Ordnungswächtern, Barton musste vor Gericht, denn er hatte seinen Mitspieler Ousmane Dabo krankenhausreif geprügelt. Es gab die erste Bewährungsstrafe und eine Suspendierung vom Verein. Kurze Zeit später schlug er mit zwei anderen Personen einen Spaziergänger. Diesmal musste Barton für 74 Tage ins Gefängnis. Er versprach Besserung, jetzt im Ernst, aber auch bei seinem neuen Klub Newcastle saß die Faust locker. Blackburns Morten Gamst Pedersen schlug er mit der Faust in die Rippen, Carlos Tevez von ManCity verpasste er seinen Ellenbogen und Sergio Agüero trat er um. Rot. Im letzten Spiel vor dem Wechsel nach Marseille. »Welcome sweet and tender hooligan!« Ach so, in Marseille ging es nach der langen Sperre natürlich auch rund. In der verbleibenden Saison wurde Barton für zwei weitere Spiele gesperrt, nachdem er seinen Gegenspieler Thiago Silva von PSG eine »Pussy« und einen »übergewichtigen Ladyboy« genannt hatte.

Story-Twist am Ende: Barton ist eigentlich ein sehr smarter Typ. Er hat Philosophie studiert, interessiert sich für Kunst und Kultur. Sein Lieblingsautor ist George Orwell, sein Lieblingsrevolutionär Che Guevara. »Diese Leute faszinieren mich, weil sie eine Linie durchbrechen«, sagte er in »11Freunde«. »Sie sind keine Untertanen des Systems.«

KAPITEL 5

IM FOLTERKELLER

Kurz vor der WM 1978 empfängt César Luis Menotti einen jungen Reporter. Was Argentiniens Nationaltrainer nicht weiß: Der Journalist ist ein Gefangener der Militärjunta.

An einem sonnigen Tag im April 1978 sitzt Raúl Cubas auf der Rückbank einer Limousine. Er ist auf dem Weg zum argentinischen Fußballverband AFA, wo er kurz vor der WM ein Interview mit Nationaltrainer Luis Cesár Menotti führen soll. Cubas ist nervös, denn er fährt nicht freiwillig mit. Er ist Gefangener der Militärjunta, aber das weiß Menotti nicht. Cubas hat einen gefälschten Presseausweis dabei, er trägt einen neuen Anzug, seine Peiniger haben ihn gewaschen. Neben ihm sitzt Juan Carlos Rolón, Oberst des Geheimdienstes, eine Art Chef-Entführer der Junta. Heute ist er Cubas' Bewacher, vor Menotti wird er sich als Assistent vorstellen. Als sich die Limousine der AFA-Zentrale nähert, platzt Cubas fast der Kopf vor Aufregung. Soll er Menotti ein Zeichen geben? Soll er die Namen einiger Gefangener auf ein Papier schreiben? Und wie zur Hölle ist er eigentlich hier gelandet?

Die WM 1978 in Argentinien war ein perverses Turnier. Es hätte niemals stattfinden dürfen. Während die Mannschaften im Estadio Monumental in Buenos Aires um den Titel spielten, ließ Diktator Jorge Rafael Videla in der Nähe Oppositionelle foltern und ermorden. Amnesty International kritisierte vor der WM mehrmals die Austragung: »Das wahre Argentinien mit den Gefängnissen, den Folterungen und Repressionen wird während des Turniers gut versteckt«, schrieb die Menschenrechtsorganisation. Zumindest in Frankreich, Schweden und Holland wurde über einen Boykott nachgedacht. Der DFB duckte sich allerdings weg, nichts sehen, nichts hören, nichts sagen. Selbst als Bundestrainer Helmut Schön bei einem Interview für das ZDF von bewaffneten Soldaten umstellt wurde, sagte er, nichts deute in Argentinien auf eine Diktatur hin. Die deutschen Nationalspieler argumentierten ähnlich, Duisburgs Bernard Dietz fand: »In den Sport sollte man die Politik nicht reinziehen.« Bochums Jupp Tenhagen gab sich unwissend: »Ich weiß nichts Genaues. Ich habe auch keine Meinung dazu.« Und Kapitän Berti Vogts resümierte: »Argentinien ist ein Land, in dem Ordnung herrscht. Ich habe keinen einzigen politischen Gefangenen gesehen.«

Spätestens Mitte der achtziger Jahre konnten sie aber alle sehen. Denn nach dem Sturz der Militärjunta begannen die Überlebenden der Terrordiktatur auszusagen. Einer der ersten war Raúl Cubas. Seine Geschichte ist Filmstoff. Und sie beginnt knapp zwei Jahre vor der WM in Argentinien: am 20. Oktober 1976.

An jenem Tag macht ein junger Spieler namens Diego Maradona sein Profidebüt für die Argentinos Juniors, während 30 Kilometer weiter südlich Raúl Cubas zur Arbeit aufbricht. Er ist ein Mann, der sich zur Wehr setzt. Als sich der General Videla im Frühjahr 1976 an die Macht putscht, schließt Cubas sich der linken Stadtguerilla Montoneros an. An jenem Morgen im Oktober will er den Bus 49 aus dem Stadtteil La Matanza ins Zentrum von Buenos Aires nehmen. Kurz vor der Haltestelle schneiden ihm aber mehrere Ford Falcons den Weg ab; bewaffnete Männer springen aus den Wagen und überwältigen Cubas. Später wird sich zeigen, dass dieser 20. Oktober 1976 nicht nur der Tag war, als El Pibe de Oro, der Goldjunge, D10S, seinen ersten Ballkontakt als Profi hatte, sondern auch der Tag, an dem zahlreiche Linke, Oppositionelle und Intellektuelle von den Schergen Videlas verhaftet wurden.

Cubas ist vorbereitet auf diesen Tag. Wie die meisten Mitglieder seiner Gruppe hat er stets eine Zyankali-Kapsel in der Tasche. Lieber will er sofort sterben, als die Hölle der Folterkeller zu erleben. Bevor ihm die Entführer einen Sack über den Kopf ziehen und ihn in den Kofferraum eines Autos zerren, schluckt er die Pille. »Es war so, wie ich es mir immer vorgestellt habe: Ich sah mein Leben vor meinem inneren Auge ablaufen«, sagt Cubas Jahrzehnte später der spanischen Zeitung »Libero«. »Fußballspielen am Strand, mein erster Schultag. Und ich dachte an meine Freundin, die mir am Tag zuvor gesagt hatte, dass wir ein Baby erwarten.«

Aber wie durch ein Wunder wirkt die Kapsel nicht, und als Cubas die Augen öffnet, liegt er auf einem Leichenberg im Keller der berüchtigten Marineschule ESMA (Escuela de Mecánica de la Armada), ein Geheimgefängnis, in dem während der Diktatur mitten in Buenos Aires etwa 5000 Menschen getötet werden. »Hey, das Arschloch lebt!«, hört er einen der Entführer rufen. Sie bringen ihn in eine Zelle. Er ist nun nicht mehr Raúl Cubas, sondern Nummer 571. Ein Jahr trägt er Handschellen und Fußfesseln, sechs Monate hat er einen Sack über dem Kopf. Regelmäßig foltern sie ihn, bearbeiten ihn mit Elektroknüppeln, traktieren ihn mit Schlägen, lassen ihn tagelang in stockdunklen Zellen liegen. »Die Frauen mussten noch Schlimmeres erfahren«, sagt Cubas. »Sie wurden misshandelt und vergewaltigt.« Einige Gefangene werden an einen öffentlichen Pranger gestellt. Sie sollen draußen auf den Straßen erzählen, was mit Menschen passiert, die nicht gehorchen. Auch Cubas wird, begleitet von zehn bewaffneten Männern, durch die Nachbarschaft geführt. Er wird den Menschen als Verräter präsentiert. Aber niemand erkennt ihn, er trägt ein Kostüm und eine Perücke.

Cubas wird in jenen Monaten einer der Zehntausenden *Desaparecidos*, den Verschwundenen, die unter Videlas Diktatur verschleppt, gefoltert und ermordet werden. Seine Verwandten und Freunde nehmen an, er wäre tot. Und manchmal, wenn die Verzweiflung besonders groß ist, wünscht er sich genau das. Jeden Mittwoch rufen Wärter Häftlinge auf, die nie wiederkehren. Cubas ahnt, dass sie ermordet werden. So ruft er aus der Stille seiner Zelle oft seine eigene Nummer. »Hier 571! Nehmt mich mit!«

Die ESMA wirkt an der Oberfläche gespenstisch normal. Es gibt eine Küche, Esszimmer, eine Bibliothek, Büros, einen Presseraum. Einige Gefangene müssen Arbeit verrichten, Cubas geben sie einen Job in der Medienabteilung, denn er hat ihnen vorgelogen, dass er Journalismus studiert hat. Die Wahrheit ist: Er hat mal in einem Verlag gearbeitet – allerdings in der Verwaltung. Nun soll er ausländische Depeschen auswerten und herausfinden, wer negativ über die sogenannte »Nationale Reorganisation« der Junta berichtet. Später muss er auch selbst propagandistische Meldungen für das Magazin des Außenministeriums verfassen.

Im Frühjahr 1978 haben die ESMA-Folterer die Idee, César Luis Menotti zu interviewen. So kurz vor der WM möchten sie Argentiniens Nationaltrainer eine positive Aussage zur Junta entlocken. Als Interviewer wird Raúl Cubas ausgewählt, denn er kann nicht nur gut schreiben, er kennt sich auch mit Fußball aus. Also sitzt er wenig später, frisch geduscht und neu eingekleidet, im Auto auf dem Weg zur Zentrale der AFA, wo erst eine Pressekonferenz und dann ein exklusives Interview stattfinden soll. Als sie beim Verband ankommen, fallen Cubas einige Männer auf. Sie sind in Zivil gekleidet, aber er erkennt sie sofort. Es sind Leute von der ESMA, die wie zufällig an den Türen stehen und aufpassen, dass Cubas nicht abhaut.

Im Medienraum verläuft alles normal. Nur ein AFA-Mitarbeiter scheint irritiert, dass Cubas nicht für ein Sportmedium arbeitet. Cubas versichert ihm daraufhin, dass das Magazin des Außenministeriums von sehr vielen Menschen gelesen werde. Auf der Pressekonferenz wollen die meisten Journalisten wissen, ob dieser Goldjunge von Argentinos bei der WM spielen wird. Cubas und Rolón stellen keine Fragen. Aber offenbar hat Cubas einen Plan, denn nach der Pressekonferenz bittet er seinen Bewacher, das Interview alleine führen zu dürfen. Rolóns Anwesenheit würde ihn nervös machen. Überraschend willigt der ESMA-Mann ein. Und dann trifft Raúl Cubas, der Mann, der eigentlich nicht mehr existiert, einen der populärsten Menschen des Landes. Aber kann er ihm trauen? Einem Mann, der mit den Linken sympathisiert hat, aber in Videlas System arbeitet? Wieder schießen Cubas Fragen durch den Kopf, dann verlässt ihn der Mut. Die beiden unterhalten sich nur über ein anstehendes Testspiel und die WM, die geforderten politischen Fragen lässt Cubas weg. Nach einer halben Stunde ist das Interview vorbei.

Menotti begleitet Cubas nach draußen. Cubas stellt Leutnant Rolón als seinen Assistenten vor. Rolón, ein großer Fußballfan, schüttelt zum Abschied euphorisch die Hand von Menotti.

Cubas verspricht noch, eine Ausgabe der Zeitung an die Pressestelle der AFA zu schicken.

Auf der Rückfahrt fragt Rolón, was Menotti zur Junta gesagt hat. Cubas lügt, dass Menotti keine politischen Fragen zugelassen habe. Aber mit seinen Gedanken ist er ganz woanders. Er, der Gefangene und Gefolterte, denkt an die verpasste Chance. Hätte er doch etwas sagen sollen?

Eine Sache ist Cubas aber gelungen. Er hat sich bei der Pressekonferenz in die Nähe von Menotti gestellt, so hatten ihn die Fotografen im Bild. Und tatsächlich, am nächsten Tag ist er in »La Nacion« zu sehen, der Tageszeitung, die fast alle seine Freunde und Verwandten kaufen. Aber sie erkennen ihn nicht. Vermutlich schauen sie sich das Bild nicht genau an. Cubas sieht zu normal aus. »Die ESMA-Leute haben mich auf dem Bild in ›La Nacion‹ natürlich erkannt«, sagt Cubas. »Aber sie machten sich keine Sorgen, es schien ihnen egal. Sie waren so arrogant, sie dachten, sie würden für immer an der Macht bleiben.«

Kurz darauf beginnt die WM, Maradona spielt nicht. Aus seiner Zelle hört Cubas die Menschen im Monumental jubeln. Erst wehrt er sich gegen die Freude, denn er weiß, wie Videla das Turnier propagandistisch ausschlachtet. Schließlich aber überkommt es ihn. Am Tag des Endspiels darf er mit seinen Bewachern sogar auf die Straße: »Ich ging die Rivadavia Avenue hinunter zur Plaza Flores. Ich habe geschrien, gefeiert und geweint.« Danach muss er wieder in die ESMA – und er sieht dort, dass die meisten anderen Insassen ebenfalls für Argentinien gejubelt haben.

Im Januar 1979 wird Cubas zu seinem eigenen Erstaunen entlassen und nach Venezuela ausgeflogen. Auch seine neue Partnerin ist dabei, Rosario Quiroga. Er hat sie in Gefangenschaft kennengelernt. Bis sie in Caracas landen, traut er der Sache nicht. Er befürchtet, dass er aus dem Flugzeug gestoßen wird. Bis heute fragt er sich, warum sie ihn so plötzlich in die Freiheit schickten. Von seiner Geschichte erfährt die Welt zum ersten Mal 1983, kurz nach dem Ende der Militärdiktatur. In der argentinischen Zeitung »Siete Dia« erzählt er über die Jahre in den Folterkellern. Seine ehemalige Freundin, die ihm einen Tag vor der Entführung von ihrer Schwangerschaft erzählt hatte, erkennt ihn. Cubas kehrt nach Argentinien zurück, um gegen die Junta auszusagen – und um seine Tochter in den Arm zu nehmen.

Heute lebt Raúl Cubas in Caracas, mit Rosario Quiroga hat er die Menschenrechtsorganisation Provea gegründet. Er denke immer noch an jene Zeit. Auch an die WM. An Passarella, an Kempes, den Matador, und natürlich an Menotti. Einmal schrieb Cubas ihm einen Brief, Menotti erinnerte sich sogar an ihn. Aber er lehnte ein Treffen ohne Begründung ab.

KAPITEL 6

WIR HOLEN DICH DA RAUS!

Im Sommer 1998 muss Frankfurts Urs Güntensperger ins Gefängnis. Die Fans schicken eine Feile in den Knast – vom Verein folgt eine Kündigung.

Am 25. Mai 1998 kehrte Eintracht Frankfurt in die Bundesliga zurück. Es war der 32. Spieltag, und der Mannschaft reichte ein 2:2 gegen Mainz 05 für den Aufstieg. Die Fans rannten aufs Feld des Waldstadions. Thomas Zampach, der Fußballgott, drehte nackt eine Ehrenrunde. Später, bei der Feier auf dem Römer, machte er seiner Freundin einen Heiratsantrag. Oberbürgermeisterin Petra Roth sprach von einem »unbezahlbaren Dienst für die Stadt«. Alexander Schur stimmte Lieder an, Ansgar

Brinkmann brachte seinen Schlafsack mit, nach Hause gehen wollte er nämlich nicht. Und auch der Schweizer Urs Güntensperger feierte mit, obwohl er gar nicht mitgespielt hatte. In der Endphase der Saison war er verletzt ausgefallen, Nachbehandlung eines alten Kreuzbandrisses, so hatte es der Verein an die Presse kommuniziert. Aber das stimmte nicht. In Wahrheit saß Güntensperger im Gefängnis, und nun, zur Aufstiegsfeier, hatte er kurz mal Freigang. Er war 1995, noch zu seiner Zeit in Zürich, zum dritten Mal betrunken am Steuer erwischt worden. Die dreimonatige Haftstrafe konnte er immer weiter aufschieben – bis zum Sommer 1998.

Dass Güntensperger die Strafe irgendwann antreten musste, war Frankfurts Manager Bernd Hölzenbein, Präsident Rolf Heller und Trainer Horst Ehrmantraut seit seinem Wechsel 1996 zur Eintracht bekannt. Es schien sie auch nicht zu stören, denn im März 1998 wurde der Vertrag des Spielers sogar um zwei weitere Jahre verlängert. Aber natürlich sollte es ihr kleines Geheimnis bleiben. Vermutlich wäre die Story auch nie nach außen gedrungen, wenn Güntenspergers Anwalt nicht einem verhängnisvollen Irrtum aufgesessen hätte. Er glaubte nämlich, dass sein Mandant bei guter Führung nach zwei Monaten wieder auf freiem Fuß wäre. Also vor dem Start des ersten Trainingslagers. Erst im Gefängnis erfuhr Güntensperger, dass es bei einer Mindeststrafe von drei Monaten in der Schweiz keinen Hafterlass gibt. Als der Spieler beim ersten Trainingslager in Seefeld fehlte, flog die Sache auf.

Die Medien stürzten sich – Hallo, Sommerloch! – wie Geier auf die Geschichte. Die »Bild« berichtete täglich, das SRF schickte ein Kamerateam in die Strafanstalt Oberschöngrün im Schweizerischen Solothurn. Güntenspergers Zelle, so erfuhr man, war 5,8 Quadratmeter groß, an der Wand hing ein Poster von Eintracht Frankfurt, am Fenster klemmte ein Sportschuh. Das erste Saisonspiel seiner Mannschaft konnte er nicht sehen, denn die Partie wurde erst um 23 Uhr übertragen, aber die Häftlinge mussten um 22 Uhr in ihre Zellen – und da hatte Güntensperger keinen Fernseher. Immerhin konnte er sich ein bisschen fit halten. Eine Stunde pro Tag durfte er auf dem Gefängnissportplatz Fußball spielen, mal alleine, mal mit einem Knastteam. Den Rest des Tages arbeitete er in der Gärtnerei und auf dem Feld. Er erntete Blumenkohl, Brokkoli, Bohnen, Möhren.

Bei anderen Häftlingen war Güntensperger beliebt. Sie fragten ihn nach Autogrammen oder einem Trikot für ihre Kinder. Aber es war ein harter Aufprall für den Profi: Von der glitzernden Profibühne in eine karge Zelle. »Ich habe einen kennengelernt, der seine Frau umgebracht hat, und einen, der drei Menschen erschossen hat«, sagte er in einem Interview.

SGE-Präsident Heller gab sich in jener Zeit solidarisch: »So etwas kann jedem passieren. Wir haben nun eine Fürsorgepflicht. Wir werden alles Erdenkliche tun, um ihm zu helfen. Er hat ja keinen Raubmord begangen.« Auch die Eintracht-Anhänger unterstützen ihren Stürmer. Als sie von der Inhaftierung hörten, ersonnen sie einen kuriosen Plan: »Urs, wir holen dich da raus!«, schrieben sie in ihrem Fanzine »Fan geht vor«. »Unser Lieblingsstürmer, einer der Hoffnungsträger für die kommende Saison, mit einer dicken Knastkugel und unrasiert in einem feuchten alten Alpenverlies. Keine Frage, dass wir da einschreiten mussten.« Initiator Matthias Thoma, der heute das Eintracht-Museum leitet, erinnert sich:

»Der Begriff Lieblingsstürmer war ein bisschen augenzwinkernd. Das war halt so: Yeboah verließ uns, und der Verein präsentierte als Nachfolger Urs Güntensperger aus der Schweiz. Es gab dann den Gesang ›Mit Urs, mit Urs auf Bundesligakurs‹. Als wir von der Inhaftierung erfuhren, wollten wir irgendwie reagieren. Wir waren damals große Fans vom Lustigen Taschenbuch und den Panzerknackern. Also kaufte ich eine Eisenfeile, Modell Proxon Industrial, 5,95 Mark beim Baumarkt, und wir buken einen Kuchen, Dr. Oetker-Schulkochbuch, Rezept 256, Samtkuchen mit Schokoladenguss. Darin versteckte ich die Feile. Den Kuchen packten wir mit einem Brief in ein Paket, ›zu Händen Häftling Güntensperger‹. Wir machten ein paar Fotos davon, der sah wirklich gut aus. Später habe ich mich kurz geärgert, war ja Sommer, und ich dachte, verdammt, die Schokoglasur schmilzt bestimmt. Aber Urs bekam den Kuchen. Das hat er mir kurz nach seiner Entlassung am Telefon erzählt. Ich wollte für unser Fanzine gerne einen lustigen O-Ton von ihm haben, nach dem Motto: ›Ich habe wochenlang an den Gitterstäben gefeilt und bin dann raus, danke an die Fans!‹ Aber er fand das alles gar nicht lustig, es war ihm sehr unangenehm. Viele Jahre später haben wir uns bei einer Veranstaltung im Eintracht-Museum getroffen. Da habe ich mich als Absender und Kuchenbäcker geoutet – und da konnte er auch drüber schmunzeln.«

Im Sommer 1998 gab's nicht viel zu lachen für Güntensperger. Denn nach seiner Haftentlassung musste er erfahren, dass Klubpräsident Heller doch nicht so fürsorglich war. Güntenspergers Gehalt war gestoppt worden, und nun erreichte den Spieler die Kündigung. Die Eintracht hatte den neuen Vertrag annulliert und daher auch keine Spielberechtigung beim DFB eingeholt. Güntensperger durfte zwar noch mittrainieren, allerdings ohne Versicherungsschutz und ohne Gehalt. Wenig später ging Güntensperger, der in zwei Zweitligajahren elf Tore für die Eintracht geschossen hatte, zurück in die Schweiz zu Lausanne-Sport.

Im Waldstadion feierten ihn die Fans weiterhin. Auf einer Choreo hielten sie Stoppschilder hoch mit der Aufschrift »1,8 Promille – Urs, einer von uns«. Immerhin, sein Nachfolger im Sturm war auch nicht schlecht. Wenige Monate später machte er sich mit einem Übersteiger unsterblich.

KAPITEL 7

ES WAR EINMAL IN HOOLYWOOD

Troy Deeney prügelte sich über Jahre durch die Pubs Englands. 2012 musste er dafür ins Gefängnis. Als er rauskam, schoss er eines der spektakulärsten Tore der Fußballgeschichte.

Nach besonders spannenden Spielen behaupten Fußballreporter gerne, dass sich selbst Hollywood ein solches Drehbuch nicht hätte ausdenken können. Was natürlich ziemlicher Quatsch ist, denn Hollywood denkt sich Filme mit sprechenden Hunden oder einer Delorean-Zeitmaschine aus.

Allerdings fand vor einigen Jahren ein Spiel statt, bei dem man sich wirklich nicht ganz sicher sein konnte, ob der Plot sogar für die amerikanische Traumfabrik zu verrückt gewesen wäre. Es ist das Play-off-Halbfinale der englischen Championship im Mai 2013. Watford spielt zu Hause gegen Leicester City, das Hinspiel haben die Foxes 1:0 gewonnen. Im Rückspiel steht es kurz vor Schluss 2:1 für Watford, das wegen der Auswärtstorregel noch einen weiteren Treffer für das Weiterkommen benötigt. Aber es sieht nicht gut aus, denn in der sechsten Minute Nachspielzeit fällt Leicesters Anthony Knockaert nach einer leichten Berührung im Strafraum. Der Schiedsrichter entscheidet auf Elfmeter. »Eine mutige Entscheidung!«, findet der Kommentator im englischen Sky. »Eine große Entscheidung!« Aber dann nimmt der Wahnsinn seinen Lauf. Der Gefoulte schießt selbst, Watfords Keeper Manuel Almunia pariert. Knockaert versucht sich mit einem Nachschuss aus zwei Metern – doch auch den wehrt Almunia ab. Der direkte Befreiungsschlag landet auf der rechten Seite, der Italiener Fernando Forestieri führt den Ball fast bis zur Grundlinie, schlägt die Flanke auf den zweiten Pfosten, und der Kommentator ahnt schon etwas. »Here comes Watford. Here's Hogg ...«, japst er, und dann schreit er in Großbuchstaben den Namen des Helden: »DEEEEEENEY!«

Der Rest ist Jubel. Troy Deeney, der die Kopfballvorlage von Jonathan Hogg ins Tor gezimmert hat, reißt sich sein Trikot vom Leib, rennt rüber zu den Fans, hüpft in die Ränge, und ein paar Sekunden später jubeltaumelt ganz Watford über den Rasen der Vicarage Road. Ihr Team steht im Play-off-Finale und spielt dort um den Aufstieg in die Premier League. »Do not scratch your eyes!«, brüllt der Kommentator. Reibt euch nicht die Augen, denn das ist alles wirklich passiert!

Was dieses Spiel noch größer und märchenhafter machte, war die Geschichte des Torschützen. Denn Troy Deeney saß zu Beginn der Saison wegen einer Prügelei eine fast dreimonatige Haftstrafe ab. »Ich war *down and out*«, sagte er mal in einem Interview mit »11Freunde«. »Dann dieses Tor, ich hätte heulen können.« *Down and out*. Eigentlich klingt diese Formulierung viel zu harmlos für Deeneys Leben vor dem Tor in der 97. Minute. Als hätte er eine längere Verletzung oder ein Formtief gehabt. In Wahrheit war sein Leben bis zu diesem Zeitpunkt ganz schön heftig gewesen, *fucked up* könnte man auch sagen, und zwar von Anfang an.

Schon in Deeneys Kindheit ist Gewalt und Kriminalität allgegenwärtig. Er wächst in den neunziger Jahren in Chelmsley Wood auf, rauer Osten von Birmingham. Sein gewalttätiger Vater verlässt die Familie früh. Sein Stiefvater Paul Burke ist ein berüchtigter Gangster, der die meiste Zeit zwischen Gefängnis und ihrer Wohnung pendelt. Wenn er den Pub betritt, schauen die Leute nervös auf: »Fuck, da ist Burkey!« Er ist Fan von Birmingham City und Mitglied bei den Zulus, der bekanntesten Hooligangruppe der Blues. An manchen Tagen nimmt er seinen Sohn mit ins St Andrew's. Aus Schlägereien versucht der den jungen Troy rauszuhalten, anfangs.

Irgendwann kann er dem Jungen aber nichts mehr verheimlichen. Einmal holt er ihn mit einem gestohlenen blauen Mercedes ab. Als Deeney auf dem Beifahrersitz Platz nimmt, wummert die Musik in voller Lautstärke. Erst als Burke auf eine Tankstelle fährt und vor der Zapfsäule den Motor ausstellt, verstummt die Musik. Deeney hört ein Geräusch aus dem Kofferraum. Irgendjemand hämmert gegen das Blech und schreit um sein Leben. »Hörst du das, Dad?«, fragt Deeney. »Keine Sorge, ich habe ihm zu essen gegeben, er ist okay«, antwortet der Stiefvater. Im Kofferraum liegt ein Drogendealer, der einem Kumpel von Burke Geld schuldet. Deeney ist damals schon 21 und auf dem Weg, ein Fußballprofi zu werden. Er spielt für den FC Walsall, League One, dritte Liga. In seiner Biografie schreibt er: »Ich war an einem Punkt, an dem ich sagte: Dad, ich will es gar nicht mehr wissen. Das Einzige, was mich interessiert: Werde ich Ärger bekommen?« Burke sieht ihn an und sagt: »Nein, nein, es ist das Auto meines Kumpels. Wir lassen den Typen gleich raus, und dann wird er hoffentlich zahlen.«

Wie bei seinem leiblichen Vater sitzt auch bei Stiefvater Paul die Faust locker; er ist gegen Deeneys Mutter gewalttätig, nach einer Trennung droht er, sie zu töten. Deeney akzeptiert ihn trotzdem als Vater, seinen leiblichen Vater nennt er bis heute nur seinen Samenspender. Paul Burke, der Stiefvater, ist sein »Dad«. »Er war nicht perfekt, aber er war für mich da, die meiste Zeit jedenfalls. Er beschützte mich. Und er machte Leute wahnsinnig damit zu erzählen, dass ich eines Tages für Birmingham City spiele.«

Deeney hat ein großes Fußballtalent. Anders ist es kaum zu erklären, dass er es bis in die Premier League schafft und für Watford über 400 Spiele macht. Denn im Grunde wehrt er sich gegen alles. Seine Trainer fordern Disziplin, aber er verpennt Einheiten und säuft wie ein Loch. Er glaubt, dass es seinem Spiel nicht schadet, wenn er fünf Tage die Woche in Pubs und Diskotheken verkehrt. Manchmal stolpert er aus einem Birminghamer Nachtclub direkt rüber zum Bahnhof und nimmt dort den 4:30-Uhr-Zug zum Training nach Watford. Im Zug nüchtert er aus, so gut es geht, dann schießt er ein paar Tore, lacht, alles gut. Aber wie gut hätte er wirklich sein können ohne diese Exzesse?

Einmal prügelt er sich in einer Disko in Leeds, ein Typ zieht ihm dabei ein Glas über den Kopf, er blutet. Deeney lässt sich von einem Kumpel noch in der Nacht nach Watford fahren. Am frühen Morgen wäscht er sich in der Umkleidekabine das Blut aus den Haaren und läuft auf den Trainingsplatz. Weil er seinem Trainer die Verletzung nicht erklären möchte, inszeniert er ein Kopfballduell mit einem groß gewachsenen Verteidiger. Danach geht er zu Boden und hält sich schmerzverzerrt seinen Kopf. Der Physiotherapeut schaut sich die Verletzung an und näht die Wunde, die Deeney eigentlich aus der Prügelei in der Disko davongetragen hat.

Deeneys gesamte frühe Karriere ist ein endloser Aufstieg und Fall. Wobei er es irgendwie fertig bringt, auch beim Fallen nach oben zu kommen. Als er 15 ist, erhält er eine Einladung für ein viertägiges Probetraining bei Aston Villa. Er will aber nicht trainieren, sondern lieber mit Freunden feiern gehen. Als er am vierten Tag zum Abschlussspiel auftaucht, winkt Villa ab. »Ich war 15 und hatte Sommerferien. Also was denken Sie, was ich tun wollte? Fußball spielen oder in den Park gehen, wo all die Mädels waren?«, fragt er später in einem Interview mit dem »Watford Observer«. Deeney bleibt also Non-League-Spieler.

Er bricht die Schule mit 16 ab, arbeitet als Maurer und feiert weiter.

Mit 18 die nächste große Chance. Deeney muss an einem Sonntag mit dem Amateurteam Chelmsley Town ran, aber er hat keine Lust. Er ist wieder unterwegs gewesen, »billige Drinks bis Mitternacht«, und nun liegt er verkatert im Bett. Nur weil seine Mutter die Wohnung aufräumt und ihn der Lärm des Staubsaugers nervt, schält er sich aus den Federn und fährt zum Spiel. Und dort explodiert er. Beim 11:4 schießt er, noch halb betrunken, sieben Tore. Ein Zufall will es so, dass der Chefscout des FC Walsall sich das Spiel anschaut, und er ist so begeistert von dem Stürmer, dass er ihn zum damaligen Viertligisten holt. Auch dort schießt Deeney Tore, bereitet vor und steigt mit der Mannschaft in die dritte Liga auf. Als Watford 2010 anfragt, denkt Deeney: »Jetzt wird's ernst, verdammt ernst!«

Einige Zeitungen vergleichen Deeney später mit Jamie Vardy, der nie in einer Akademie gespielt hat, sondern es aus den Niederungen des Amateurfußballs bis ganz nach oben schaffte. Bevor er Leicester mit 24 Toren zur englischen Meisterschaft schießt, spielt er in semiprofessionellen Teams. Außerdem trägt er nach einer Prügelei ebenfalls eine elektronische Fußfessel und hat für einige Zeit eine Ausgangssperre. »Aber habt ihr gesehen, wo Jamie Vardy früher gespielt hat?«, fragt Deeney. »Es war nett, sie hatten schöne Felder, kleine Klubhäuschen, Fotos an der Wand. Bei Chelmsley haben wir keine schönen Felder gesehen, haben keine 50 Pfund pro Spiel bekommen. Wir mussten selbst zahlen, mussten unser Trikot mit nach Hause nehmen und waschen.«

Im Gegensatz zu Vardy, der bei Leicester von null auf hundert beschleunigt, geht es für Deeney in Watford langsam los. In der ersten Saison macht er magere zwei Tore für die Hornets, in der zweiten sind es schon zwölf, und dann beginnt die legendäre Spielzeit 2012/13.

Deeney ist zu dem Zeitpunkt noch lange kein Musterprofi. Er zieht weiterhin durch die Pubs und Diskotheken. Er verprasst das viele neue Geld, das er nun als Profi verdient, und er schlägt zu, wenn es Ärger gibt. Er ist ein hochentzündlicher Typ. Dabei zerstört er bei einer Prügelei beinahe nicht nur sein Leben, sondern auch das eines anderen jungen Mannes.

Im Februar 2012 gerät sein Bruder vor einem Club in einen Streit. Es kommt zu einer Rudelbildung. Deeney stößt einen Mann um, der danach, so schildert es der Profi später, sein Bein berührt. Deeney glaubt, der Mann würde ein Messer ziehen – und tritt ihn gegen den Kopf. Später gibt er zu: »Der Typ hätte sterben können, ich bin ja ein kräftiger Typ. Aber ich habe nicht daran gedacht. Als mir die Polizei ein Überwachungsvideo der Situation zeigte, konnte ich es mir nicht angucken.«

Deeney wird Ende Juni 2012 zu zehn Monaten Gefängnis wegen schwerer Körperverletzung verurteilt. Im Gerichtssaal schweift er mit den Gedanken aber ab, sein Stiefvater ist einen Tag zuvor an Krebs gestorben.

In den ersten Tagen im Gefängnis sucht Deeney eigentlich nur Ruhe, er möchte den Tod seines Vaters verarbeiten, aber es bleibt keine Zeit. »Pass auf, sie kennen dich da drin!«, raten ihm die Wärter. Heute sagt Deeney, dass die Zeit im Gefängnis wichtig war. »Ohne den Knast würde ich immer noch für einen Amateurklub spielen und denken, ich sei der Größte.« Besonders eine Begegnung hätte ihn geprägt. Ein Unterweltpate von Birmingham knöpft sich Deeney für 45 Minuten vor. »Du bist ein Idiot!«, sagt der Mann. »Wir kennen nichts anderes als das hier, die Kriminalität, das Milieu. Aber du wirst dafür bezahlt, Fußball zu spielen. Ein Traum von allen Kindern aus unserer Gegend. Und dann landest du hier? Du bist ein verdammter Idiot!« Deeney sieht ihn an und sagt: »Wahrscheinlich hast du recht.«

Als Deeney nach knapp drei Monaten auf Bewährung freikommt, muss er eine elektronische Fußfessel tragen. Aber er ist motiviert. Als Erstes fährt er zum Trainingsgelände seines Vereins, wo Trainer Gianfranco Zola ihm eröffnet: »Okay, ich gebe dir noch mal eine Chance, aber du bist hier nur Stürmer Nummer acht.« Deeney antwortet: »Nicht mehr lange, Trainer.« Und dann dreht er auf. Die erste Einwechslung gegen Bristol am 7. Spieltag, das erste Tor am 8. Spieltag gegen Huddersfield. Am Ende ist er mit 20 Toren der Spieler, der den Unterschied macht und Watford von der Premier League träumen lässt.

Das Saisonende ist dramatisch. Am letzten Spieltag liegt Watford auf Platz zwei, der zum direkten Aufstieg reicht. Dann aber verliert die Mannschaft gegen Leeds United, Deeney muss nach 60 Minuten mit Gelb-Rot vom Platz, das Gegentor zum 1:2 fällt in der 91. Minute. Watford rutscht auf Platz drei ab. Es folgt das Play-off-Halbfinale, Leicester City, die 97. Minute. Now here comes Watford! Deeney! DEEEEENEY!

Das Play-off-Endspiel verliert Watford unglücklich gegen Crystal Palace, 0:1 durch einen Elfmeter in der Verlängerung. Ein Jahr später steigt das Team aber in die Premier League auf, auch dank Deeneys 25 Saisontoren. Der einstige Pub-Hooligan wird zur Identifikationsfigur des Klubs, irgendwann sogar dienstältester Profi und Kapitän. 2018 fordern einige Fans seine Nominierung für die WM, für Trainer Gareth Southgate passt er jedoch nicht ins System.

Aber Deeney hat noch einen anderen Traum. 2021, nach elf Jahren in Watford, kehrt er zurück in die Heimat. Er ist mittlerweile 33, zweifacher Vater, Multimillionär. Als der Wechsel zu Birmingham City verkündet wird, schreibt er auf Twitter: »We did it, Dad. This one's for you!« Dahinter postet er zwei Herzen – ein rotes und ein gebrochenes. Es ist eine Art von Happy End. Ein Happy End in Hoolywood.

KAPITEL 8

DAS GEHEIMNIS DES HEINZ BONN

Heinz Bonn spielte beim HSV mit Größen wie Uwe Seeler und Charly Dörfel zusammen. Nach seiner Karriere rutschte er ins Rotlichtmilieu ab und wurde mit 50 Messerstichen ermordet.

Heinz Bonn kam unangemeldet. Er trug einen Lederkoffer in der rechten Hand, unter seinem linken Arm klemmte ein Pappkarton mit der Aufschrift »Persil«. Als er den Trainingsplatz des Wuppertaler SV erreichte, hielt ihn ein Kiebitz für einen Fan. »Na, Junge, paar Autogramme holen?«, fragte er. Bonn schüttelte den Kopf. Er wollte hier mitspielen, Profi werden.

Auf dem Platz erkannte er Günter Pröpper, »Meister Pröpper«, wie die Fans den Torjäger nannten, daneben Emil Meisen, den Libero des Teams. Wuppertal hatte in der abgelaufenen Saison 1967/68 den Klassenerhalt in der zweitklassigen Regionalliga West geschafft. Bonns alte Mannschaft, die Sportfreunde Siegen, war aus der Oberliga in die Verbandsliga abgestiegen. Also musste er los, weiterziehen, er wollte ja in die Bundesliga. »Wie alt bist du, Bursche?« Bonn schreckte zusammen, auf einmal stand Trainer Horst Buhtz neben ihm. »22«, antwortete der Spieler, und Buhtz musterte ihn. »Okay, zieh dich um.« Bonn trainierte mit, und er trainierte gut. Als die Mannschaft den Platz verließ, tippte Buhtz dem Jungen auf die Schulter: »Pass auf, Heinz. Wenn du den Ball von hier bis zum Platz hochhalten kannst, ohne dass er hinunterfällt, dann bekommst du einen Vertrag bei uns.« Heinz Bonn stand am Vereinsheim, bis zum Platz waren es etwa 40 Meter, doch ohne lange nachzudenken, schnappte er sich den Ball und legte los. Der Ball blieb oben, einmal, zweimal, dreimal, es war Bonns leichteste Übung. Als er am Platz ankam, drehte er um und lief ein paar Meter zurück, immer noch den Ball jonglierend. Buhtz nickte. »Ich hätte dem auch so einen Vertrag gegeben, selten hatte ich so einen technisch versierten Abwehrspieler gesehen«, sagte Buhtz 2011, als ich mit ihm über Heinz Bonn sprach. »Der Junge war ein Ballgenie.«

Heinz Bonn gilt heute als der erste deutsche Fußballprofi, dessen Homosexualität bekannt wurde. Allerdings hatte er nie selbst ein Coming-out, seine sexuelle Orientierung wurde in der breiten Öffentlichkeit erst nach seinem Tod am 28. November 1991 publik. Er wurde damals in seiner Hannoveraner Wohnung aufgefunden, getötet mit 50 Messerstichen – vermutlich von einem jungen Stricher. Bis heute gibt der Mord Rätsel auf.

Wenige Wochen nach dem spontanen Probetraining zog Heinz Bonn nach Wuppertal in eine kleine Einzimmerwohnung. Was er abseits des Fußballs machte, wusste niemand, er schottete sein Privatleben ab. Die Mitspieler störte das nicht, im Gegenteil, sie mochten seine gesellige Art abseits des Platzes, das unverbindliche Miteinander nach den Spielen. Bonn war beliebt, ein Junge mit Bobfrisur und Lausbubengrinsen, optisch eine Mischung aus Paul McCartney und George Best.

Für Wuppertal spielte Bonn eine sehr gute Saison, Fans und Presse waren begeistert. Sein Spielstil erinnerte die Lokalreporter an Franz Beckenbauer, er verteidigte mit Übersicht. Am Ende verpasste der WSV zwar knapp den Aufstieg in die Bundesliga, doch für Bonn hatte sich die Saison gelohnt, denn die Interessenten aus Gelsenkirchen, Berlin, Köln, Bochum und Hamburg standen Schlange. Besonders das Angebot vom HSV reizte den jungen Bonn, er konnte in der Hansestadt mit den

Stars der 66er-WM spielen, mit Uwe Seeler und Willi Schulz. Die Ablösesumme betrug 75.000 Mark.

In Hamburg lernte Heinz Bonn schnell das harte Bundesligaleben kennen. Der Erfolgsdruck war größer, die Ellenbogen waren härter. Schon bei den ersten Trainingseinheiten merkte Bonn, dass er mit seiner eleganten und leichtfüßigen Art nicht weiterkommen würde. Die Mitspieler waren skeptisch. »Wir dachten: Das soll der neue Supertransfer sein?«, erinnert sich HSV-Linksaußen Charly Dörfel. »Heinz Bonn war ja keine Größe, ein Zweitligaspieler, doch warum machte die Presse so ein Trara um den?«

Ob sich Bonn Ende der Sechziger selbst schon seiner Homosexualität bewusst war, kann heute niemand mehr sagen. Ein Coming-out hätte er vermutlich selbst dann nicht erwogen, denn es wäre sein Ende als Fußballprofi gewesen. Damals war das gesellschaftliche Klima weit homophober als heute, außerdem existierte noch der aus der Nazizeit stammende Paragraf 175 des Strafgesetzbuches, der gleichgeschlechtliche Liebe unter Strafe stellte. »Es war besser, dass er sich nicht geoutet hat, viele hätten gelästert!«, sagt WSV-Legende Günter Pröpper in einer NDR-Dokumentation. Ähnlich argumentiert auch der Historiker Werner Skrentny: »Es war eine Zeit, da haben sich die Journalisten noch nicht für das Privatleben interessiert. Ein Outing wäre damals undenkbar gewesen.«

Marcus Urban, der in den Achtzigern für Rot-Weiß Erfurt spielte und nach seiner Karriere ein Coming-out hatte, erzählte mal, wie er Klischees im Keim ersticken wollte: »Ich hatte Angst vor mir selbst, habe mich ständig versteckt und wollte bloß nicht als verweichlicht gelten.« Auf dem Platz hätte dieses Versteckspiel Aggressionen erzeugt, oft kam es zu Situationen, in denen Urban überhart in Zweikämpfe ging. »Oder ich habe einfach nachgetreten. Ich glaube, auf dem Platz war ich immer einen Tick aggressiver als andere Spieler.«

Vielleicht machte Bonn damals eine ähnliche Wandlung durch. Zumindest änderte er in der Saisonvorbereitung sein Spiel. Er schob Extraschichten auch dann, wenn die anderen längst zu Hause auf dem Sofa lagen. Das Ballgenie aus Wuppertal grätschte dazwischen, ohne Rücksicht. Seine Mitspieler nannten ihn nun »Eisenfuß«. Bonn verstand das als Kompliment.

Im ersten Testspiel gegen die Glasgow Rangers trat er den schottischen Nationalrechtsaußen Willie Henderson regelrecht aus dem Spiel. Trainer Ochs tobte nach dem Spiel: »Ich habe Heinz Bonn klipp und klar gesagt, dass die Füße zum Spielen und nicht zum Treten da sind.« Glasgows Manager Waddel stimmte ein: »Die Nummer 5 hätte vom Platz gemusst!« Die Nummer 5, Heinz Bonn, dachte laut nach: »Vielleicht passierte es, weil ich bei meinem Debüt vor dem Hamburger Publikum sehr nervös war.« Doch die Selbstzweifel an seiner rüden Spielweise schwanden schon beim nächsten Interview. Als Bonn nach seinem Idol befragt wurde, antwortete er bestimmt: »Vogts.« Der Kaiserfranz war Berti, dem Terrier gewichen.

Bonn trainierte weiter beinahe manisch, bloß keine Schwäche zeigen. Täglich machte er Streckübungen am Barren, an der Sprossenwand, alles mit Gewichten. Stolz verkündete er jedem Journalisten, der ihm ein Mikrofon hinhielt: »Ich hebe 140 Pfund.« Doch je mehr Heinz Bonn versuchte, seinen Körper und sein Spiel zu stählen, desto mehr schien er daran zu zerbrechen. Die Partie am 26. September 1970 in Oberhausen war der Anfang.

Noch am Morgen des Spiels sorgte sich Trainer Ochs um seine Aufstellung, zahlreiche Profis hatten sich verletzt abgemeldet. Auch Bonn lag seit Tagen in Behandlung beim HSV-Mannschaftsarzt Dr. Kurt Fischer, er laborierte an einem Meniskusschaden und einer Gehirnerschütterung. Trotzdem stand Bonn voll motiviert am Mannschaftsbus. »Ich komme mit«, sagte er. Die Spieler waren beeindruckt, zugleich konnten sie es kaum fassen, Dörfel sagte zu Seeler: »Der war doch vor ein paar Stunden noch in Vollnarkose, oder nicht?« Auch Ochs war skeptisch, aber er ließ Bonn mitfahren. In der Umkleidekabine fragte er: »Heinz, wie sieht es aus, bist du dabei?« Bonn antwortete, als hätte er in der vergangenen Woche einen Schnupfen gehabt: »Klar, Trainer!«

Was dann passierte, versteht bis heute keiner seiner Mitspieler. In dem Spiel machte Bonns Gegenspieler Hans Schumacher fünf Tore, in der 80. Minute verschuldete Bonn noch einen Elfmeter, Oberhausens Lothar Kobluhn verwandelte zum 8:1. »Bonn war total von der Rolle«, sagt Dörfel. »Er hat eigene Leute gedeckt und angegriffen. Es war, als ob er unter Medikamenten stand.« Auch Jürgen Kurbjuhn und Willi Schulz waren fassungslos, sie schauten während des Spiels immer wieder fragend zum Trainer, aber Ochs ließ Bonn im Spiel.

In Hamburg wusste immer noch niemand etwas von Bonns Privatleben. Niemand kannte den Menschen Heinz Bonn. Willi Schulz versucht sich zu erinnern: »Heinz war Junggeselle, der auch gerne mal um die Häuser zog.« Mit wem? »Keine Ahnung.« Heinz Bonn war ihr Mitspieler und Kamerad, einer, mit dem man in der Kabine scherzen konnte, ein netter Junge. Niemand wusste, wo er aufgewachsen war, dass er in Wuppertal »Ballgenie« genannt wurde, welche Musik er mochte, wohin er nach den Spielen fuhr. Heinz Bonn war alleine.

Und so ging es weiter. In den Wochen und Monaten nach dem Oberhausen-Trauma verlor Bonn immer weiter die Kontrolle über sein Spiel, oft geriet er nun mit Mitspielern aneinander. Als Georg Volkert nach einem Training vom Platz humpelte, erklärte Ochs den Journalisten: »Heinz Bonn hat im Zweikampf einfach draufgeschlagen, als hätte er ein Stück Eisen vor sich.« Charly Dörfel nannte ihn nur noch den »Zerstörer«.

Bonn verkehrte zu der Zeit schon im Rotlichtmilieu Hamburgs. Laut NDR lernte er im Winter 1971/72 in einer Schwulenbar einen männlichen minderjährigen HSV-Fan kennen. Die beiden hatten zwei Jahre eine geheime Beziehung. Zu der psychischen Belastung, ein Doppelleben führen zu müssen, kamen zahlreiche Verletzungen. Ab September 1970 war Bonn Dauergast in Krankenhäusern und Sportkliniken, alleine vier Operationen musste er am linken Knie über sich ergehen lassen. In der Öffentlichkeit gab er sich weiter kämpferisch: »Die 17 Zentimeter langen Narben stören mich nicht.« Zudem missachtete er ärztliche Ratschläge, er fing oftmals zu früh mit dem Training an. Der »Kicker« schrieb im Mai 1972: »Viermal operiert, 55-mal punktiert und der Verzweiflung nahe – hätte Heinz Bonn schon nach der ersten Operation auf den Arzt gehört und nur das beim Training gemacht, was ihm erlaubt worden war, wären ihm die übrigen Operationen vermutlich erspart geblieben. Sogar die Fußballschuhe und den Ball musste man beim HSV vor ihm verstecken.«

Bonn versuchte zahlreiche Comebacks. Ein letztes am 14. Oktober 1972 im Heimspiel gegen den 1. FC Kaiserslautern. Dann gab er auf: »Ich laufe hier rum wie Falschgeld«, gestand er sich ein. Im Sommer 1973 wechselte er nach nur 13 Spielen für den HSV zu Arminia Bielefeld in die Regionalliga West. Er war zurück in der westfälischen Beschaulichkeit, in der Nähe seiner Familie. Aber er blieb rastlos. Auf die Frage, warum er alle zwei Wochen nach Hamburg reise, antwortete Bonn, die Stadt sei sein neues Zuhause geworden. Kurze Zeit später beendete er seine Karriere, wurde Frührentner, zog nach Hannover und durch die umliegenden Eckpinten. In den Achtzigern lebte er von Sozialhilfe, erfuhr man in der Presse. Seine Wohnung sei »ein Loch«. In einem letzten Interview sagte er der »Bild«: »Es ist ein Wunder, dass mich die Mäuse noch nicht besucht haben.« Danach verlor sich seine Spur.

Bis am 5. Dezember 1991 um elf Uhr das Telefon auf der Polizeidienststelle Hannover-Linden klingelte. Eine Frau war in der Leitung, aufgewühlt. Sie hätte in ihrer Nachbarwohnung nach dem Rechten sehen wollen, aber dort sei alles voller Blut, auf der Wand, auf dem Boden, überall Blut. Als die Polizei eintraf, konnte sie nur noch Bonns Tod feststellen.

Wie lange Heinz Bonn schon tot war, konnte niemand sagen. Zuletzt hatten ihn Bekannte am 27. November in einer Gaststätte im Stadtteil Linden gesehen. Bis heute ist der Fall nicht aufgeklärt. Der Täter soll, so steht es in den Akten, ein junger Stricher aus dem Rotlichtmilieu gewesen sein. Beim HSV reagierte niemand auf den Tod. Kein Nachruf, kein Trauerflor, keine Schweigeminute, nichts. Es war, als hätte es Heinz Bonn nie gegeben.

KAPITEL 9

VERBRECHEN AM FUSSBALL

Ein schlechter Pass, ein 0:0 nach Verlängerung oder Fußballmode – Verbrechen am Fußball sind vielfältig.

Wovon sprechen wir, wenn wir über Verbrechen am Fußball sprechen? Es ist, wie so oft, alles eine Sache der Perspektive. Ich finde, dass Klatschpappen ein Verbrechen am Fußball sind und mit Stadionverbot von mindestens fünf Jahren sanktioniert werden sollten. Ähnlich verhält es sich mit lustigen Deutschlandhüten, dem Fanclub Nationalmannschaft powered by Coca Cola, dem Namen »Die Mannschaft«, diesen neuartigen neonfarbenen Fußballschuhen, die aussehen wie Socken, die von der Love Parade 1995 übrig geblieben sind. Alles ziemlich üble

Verbrechen am Fußball. Aber gut, wen interessiert die Meinung eines alten verbitterten Fußballromantikers? Geh doch auf deinen Ascheplatz, hör ich den jungen Kollegen lachen, zieh dir deine zu engen schwarzen Adidas-Kaiser an und hau deinen Eier-Tango-Ball mit Picke an den eckigen Torpfosten. Und danach legst du zu Hause »Mama Calypso« von Jimmy Hartwig auf und spielst mit dir selbst Tippkick. Hahahahaaaa. Äh. Ha.

Wie auch immer, schauen wir lieber mal, wann andere, echte Fußballreporter von einem Verbrechen am Fußball sprechen. Oft tun sie das bei wirklich langweiligen Spielen. Wenn aus dem schönen Spiel das hässliche Spiel wird. Ein 0:0 nach Verlängerung. 120 Minuten Anti-Fußball. Und als Highlight zeigen sie achtmal die Wiederholung eines abgefälschten Schusses, der neben der kaputten Anzeigetafel landet. Ukraine gegen Schweiz bei der WM 2006 war so eine Einschlafpartie. Die Schweizer konnten nicht mal im Elfmeterschießen ein Tor erzielen, das Ergebnis sah am Ende wie die Vorwahl eines Landes aus, das nicht mehr existiert: 0:0, 0:0, 0:0, 0:3 i.E.

Ein anderes Verbrechen am Fußball war, so die einhellige Meinung, das WM-Finale 1994. Denn die Paarung hatte ein Spektakel versprochen: Brasilien traf auf Italien. Ältere Fans erinnerten sich an das spektakuläre Zwischenrundenspiel 1982 zwischen den beiden Teams, das bis heute als eines der besten WM-Spiele aller Zeiten gilt. Auch 1994 versammelten sich auf dem Platz zahlreiche Superspieler, Romario, Bebeto, Dunga, Baggio, Baresi, Maldini und so weiter. Trotzdem, es passierte nichts, ein Fußballspiel wie ein Testbild, und so stand es auch hier nach Verlängerung 0:0. Das anschließende Elfmeterschießen ging mit zwei Fehlschüssen los, den letzten Elfmeter zimmerte Roberto Baggio in den Himmel von Pasadena.

Ein krasses Verbrechen am Fußball war auch das WM-Vorrundenspiel Chile gegen Italien 1962. BBC-Moderator David Coleman kündigte die Zusammenfassung so an: »Guten Abend, das Spiel, das Sie nun sehen werden, ist die sinnloseste, schrecklichste, widerlichste, schändlichste Vorführung eines Fußballspiels – womöglich in der gesamten Geschichte dieses Sports.« Niemand mochte ihm danach widersprechen, denn was folgte, ging zu Recht als »Schlacht von Santiago« in die Fußballhistorie ein. Schiedsrichter Ken Aston sagte später: »Ich habe kein Fußballspiel gepfiffen, ich habe als Schlichter in militärischen Manövern agiert.« Das erste Foul pfiff Aston schon nach zwölf Sekunden, den ersten Platzverweis sprach er nach acht Minuten aus. Weil sich der Italiener Giorgio Ferrins aber weigerte, das Feld zu verlassen, musste er von der Polizei abgeführt werden – nicht ohne wild schreiend um sich zu schlagen. Mehrmals in der ersten Halbzeit gerieten Chiles Mittelfeldspieler Leonel Sanchez und Mario David aneinander. Ersterer, Sohn eines professionellen Boxers, streckte den Italiener schließlich mit einem Faustschlag nieder. David revanchierte sich mit Tritten, woraufhin Aston auch ihn vom Platz stellte. Sanchez durfte nach der wüsten Schlägerei weiterspielen und fügte später noch einem anderen Gegenspieler einen Nasenbeinbruch zu. Aber warum eskalierte dieses Spiel überhaupt? Vor der WM, so lautet eine Erklärung, hatten sich italienische Zeitungen negativ über Chile geäußert. Santiago sei eine »armselige Müllhalde voller Prostituierter«, hieß es in einem Artikel. Die chilenische Presse schoss mit Anti-Italien-Kommentaren zurück. Einige Krawallbrüder fühlten sich danach zur Selbstjustiz animiert. Ein böses Erwachen gab es für einen argentinischen Journalisten, der von Chilenen in einer Bar verprügelt wurde – sie hatten ihn fälschlicherweise für einen Italiener gehalten.

Vor einiger Zeit kürte die italienische Zeitung »L'Ultimo Uomo« die »schlechtesten 20 Sekunden Fußball aller Zeiten«. Es handelte sich um eine Szene aus einem Premier-League-Spiel von 1993 zwischen den Queens Park Rangers und Manchester City. Unter das Video schrieb ein User: »A crime against football!« Was war passiert? Beim Spielstand von 0:0 schlug ein QPR-Spieler eine Ecke vor das City-Tor. Und danach ging alles, ja wirklich alles schief. Der freistehende Les Ferdinand sprang in die Höhe, erreichte den Ball aber nicht. Danach versuchte Clive Allen die Kugel zu kontrollieren, auch er scheiterte. 17 Meter vor dem Tor dribbelte nun Citys Steve McMahon, warum auch immer, zurück in den eigenen Strafraum, wo er im Gewühl versuchte, seinen Torhüter anzuspielen. Der Pass krepierte allerdings, ein QPR-Stürmer sprintete dazwischen, umspielte den herausstürmenden Keeper und passte nach innen. Von dort flipperte der Ball wieder zum Torhüter, der den Ball nicht in die Hand nahm, sondern nach vorne schoss. Der nächste Fehlversuch, denn der Ball prallte von einem Spieler direkt zurück in den Fünfmeterraum, wo Ferdinand das leere Tor vor Augen hatte, aber über die Kugel trat, schließlich das Gleichgewicht verlor und umfiel.

Aber kann man hier wirklich von einem Verbrechen sprechen? Oder ist auch das: Ansichtssache? Die Szene landete danach offenbar im Giftschrank der britischen FA, bis eines Tages der britische Fußballfan James Richardson auf das Tape stieß. Und er fand großen Gefallen an dem flipperesken Gekicke. Fußball, wie er früher war, unperfekt und wild. Er veröffentlichte die Szene auf seinem Twitterkanal @Crap90sFootball. Danach landete sie bei dem italienischen Magazin und von dort bei der »Sun«, der »Daily Mail«, sogar Medien in Indien und Neuseeland berichteten. Und immer wieder hallte am Ende der Original-Kommentar nach: »What on earth happened in there?«

Mittlerweile hat der Clip über 14 Millionen Aufrufe. Ist das die Lust am Abgründigen? Am Verbrechen? Das würde Richardson niemals sagen: »Dieser Fußball hat Seele. Er mag oft hässlich gewesen sein, aber es ging eben um mehr als nur um Geld.«

Übrigens, auch deutsche Mannschaften verübten einige Verbrechen am Fußball. Zum Beispiel im Dezember 1967. Die DFB-Elf in Albanien, 0:0, die Deutschen verpassten ihre erste EM-Qualifikation. Gründe für das grauenhafte Spiel? Erstens das schlechte Essen im Mannschaftshotel (Willi Schulz: »Es gab kein Fleisch, nur

Brot und Eier«), zweitens der Platz (Bernd Patzke: »Ein Sandfeld mit ein paar grünen Büscheln«). Das Spiel ging als die »Schmach von Tirana« in die Fußballgeschichte ein – und fand seine Fortführung in der »Schmach von Córdoba« bei der WM 1978, als Deutschland gegen Österreich verlor. Und wo wir schon dabei sind: Beide Teams, Österreich und Deutschland, waren an einem weiteren Verbrechen am Fußball beteiligt, das nicht nur metaphorisches Verbrechen war, sondern sehr nah an einem echten war. 1982 trafen die Mannschaften am letzten Spieltag der WM-Vorrunde aufeinander. Nach dem 1:0 von Horst Hrubesch spielten sich die 22 Spieler gelangweilt die Bälle zu, denn das Ergebnis reichte den Mannschaften zum Weiterkommen. Die Gelackmeierten waren die Algerier, die bereits einen Tag zuvor ihr letztes Gruppenspiel gemacht hatten und nun ausschieden – punktgleich, aber mit einem schlechteren Torverhältnis. Noch entsetzlicher als das abgekartete Spiel war allerdings der Rassismus von Österreichs Delegationsleiter Hans Tschak: »Natürlich ist heute taktisch gespielt worden. Aber wenn jetzt deswegen hier 10.000 Wüstensöhne im Stadion einen Skandal entfachen wollen, zeigt das doch nur, dass die zu wenige Schulen haben. Da kommt so ein Scheich aus einer Oase, darf nach 300 Jahren mal WM-Luft schnuppern und glaubt jetzt, die Klappe aufreißen zu können.«

In der heutigen Zeit empört sich der gemeine Boulevardreporter besonders gerne, wenn geniale Kreativspieler in ihrem Tun eingeschränkt werden. Wie kann man nur!!!!!111! Der Journalist als Kämpfer der Freigeister und Magier, mit Schaum vor dem Mund und übertriebener Metaphorik. Einmal echauffierte sich zum Beispiel der Stellvertretende Chefredakteur der »Sportbild« über José Mourinho, der von seinen Offensivstars Mesut Özil und Cristiano Ronaldo auch Defensivarbeit forderte: »Er vergewaltigt Stars! Das ist ein Verbrechen am Fußball!«

Übrigens, wenn man den Begriff googelt, findet man besonders viele Einträge aus dem April 2021. Damals wurden die

Pläne für eine sogenannte Super League bekannt. Gründungsmitglieder sollten die zwölf ~~besten und finanzstärksten~~ gewissenlosesten Vereine Europas sein, Real Madrid, Juventus Turin, Manchester City und ein paar andere. Es war der Versuch, eine nach nordamerikanischem Vorbild geschlossene Liga zu schaffen, finanziert von der US-Bank JP Morgan Chase. Nach zwei Tagen schon war der Spuk wieder vorbei, denn die Initiatoren hatten Rechnung ohne die Fans gemacht. Die entfachten einen enormen Widerstand, sie tobten, sie protestierten, und ein Klub nach dem anderen trat aus der Liga zurück. Einige taten so, als ob sie gar nicht wüssten, wie sie in dieser Super League gelandet waren. In unzähligen Artikeln zu dieser Liga taucht die Formulierung »Verbrechen am Fußball« auf. Leverkusens damaliger Sportdirektor Rudi Völler war der Erste, der sie benutzte. Auch Gary Neville nannte die Liga so: »Das sind Hochstapler«, schimpfte der ehemalige Spieler von Manchester United. »Eine geschlossene Gesellschaft ist ein Verbrechen am Fußball. Das ist ein krimineller Akt gegen die Fans!«

In jenen Apriltagen wurde viel über die Verdorbenheit des Fußballs gesprochen. Natürlich, das war kein neues Thema, der Fußball ist längst nicht mehr das *People's Game* und meistens nicht mal das *Beautiful Game*. Dauerkarten bei Arsenal oder Manchester City kosten heute so viel wie ein Kleinwagen, und Fanmerchandise zumindest so viel wie ein Familienurlaub. Spieler wechseln für Hunderte Millionen Euro die Vereine; Berater, Agenten, Vermittler halten die Hände auf. Große Turniere werden in autokratischen Ländern ausgetragen, wo Wanderarbeiter unter menschenunwürdigen Bedingungen glitzernde Bühnen und Stadien bauen, damit sich Verbandsfunktionäre, Oligarchen und Scheichs in angenehmer Atmosphäre Macht und Geld zuschieben können. Die Super League war vielleicht nur der letzte kleine Tropfen, der dieses blutgetränkte Fass zum Überlaufen brachte. An ihr wurde die Gier besonders deutlich.

In diesem ganzen verbrecherischen Abgrund war es also schön zu sehen, dass sich Fans und auch die meisten Fußballklubs lautstark wehrten. Bayern und Dortmund waren von vornherein nicht dabei. Und Darmstadt 98 verkündete über Twitter: »Der SV98 steht für eine europäische Super League nicht zur Verfügung. Hören Sie auf, uns ständig anzurufen, Florentino Perez.«

KAPITEL 10

DER TRITT

1995 wurde Manchester Uniteds Éric Cantona zu einer zweiwöchigen Gefängnisstrafe verurteilt – dabei hatte er nur einen Rassisten umgetreten.

Éric Cantona liebte den großen Auftritt. Den französischen Nationaltrainer betitelte er als »Sack Scheiße«, anderen schmiss er sein Trikot vor die Füße, wenn sie es wagten, ihn nicht aufzustellen. Einmal schleuderte er einem Schiedsrichter den Ball an den Kopf, woraufhin ihn der Verband für einen Monat sperrte. Vor dem Sportgericht beschimpfte er die Richter, die ihm einen weiteren Monat aufbrummten.

Die Anhänger von Manchester United liebten diesen zornigen Mann abgöttisch. Sie tauften ihn »King Éric« und sangen »Oh! Ah! Cantona!«. Eigentlich ein viel zu trivialer Chant für eine komplexe Figur wie ihn. Denn er war so vieles: Rebell und Straßenschläger, aber auch Dirigent und Philosoph. Kneipenkultur und Hochkultur. Er stammte aus einer Familie von Migranten, Arbeitern, Künstlern und katalanischen Widerstandskämpfern. Niemand hätte sich gewundert, wenn er kurz vor dem Anpfiff noch in einem Camus-Roman geblättert hätte.

Einmal, in einem Spiel gegen den AFC Sunderland, lupfte er den Ball über den Torhüter ins Netz. Auf den Rängen lagen sich die Menschen in den Armen, und selbst die Gäste-Fans aus Sunderland applaudierten, denn sie erkannten die Magie dieses Moments. Vielleicht war es das beste Tor ihrer Generation, prägend wie Maradonas Sololauf gegen England für den Fußball der Achtziger.

Nur Cantona stand in diesem Moment ganz ruhig unten auf dem Rasen, er drehte sich anderthalbmal um die eigene Achse und streckte langsam die Arme nach oben. Vielleicht staunte er über sich selbst, vielleicht auch darüber, wie laut so ein Stadion sein kann. Er schaute auf die Tribünen voller Menschen, als wollte er sich jedes einzelne Gesicht einprägen. Majestätisch oder feldherrisch, ja wie Napoleon, habe er dort posiert. Das schrieben einige Zeitungen. Eigentlich aber stand Cantona dort wie ein Typ, der in einen verrauchten Pub tritt, sich die Dartpfeile nimmt, und während er sein nächstes Bier bestellt, dreimal in die Triple-20 trifft. Gesehen? So macht man das!

Und dann kam der Tag, an dem Éric Cantona zu seinem eigenen Denkmal wurde, der 25. Januar 1995. Mit einem Kung-Fu-Tritt streckte er damals einen Crystal-Palace-Anhänger nieder. Ein existenzialistischer Akt. Ein ikonografischer Moment, der eigentlich gar kein Moment war, denn der Anlauf hatte mehrere Jahre gedauert. Er begann schon in den achtziger Jahren.

Damals prägten rechtsextreme Hooligans das Bild vieler Fankurven in England oder Deutschland. Wenn ein afrikanischer Spieler am Ball war, hallten Affenlaute durch die kalten Stadien. 1990 schrieben Souleymane Sané, Anthony Baffoe und Anthony Yeboah einen offenen Brief, in dem sie auf den allgegenwärtigen Rassismus in der Bundesliga aufmerksam machten. »Wir schämen uns für alle, die gegen uns schreien.«

Éric Cantona schrieb keinen Brief. Er hob ab, lag waagerecht in der Luft und trat zu.

Später bezeichnete er den Tritt als größten Moment seiner Karriere. Er hätte es nur bereut, nicht härter zugetreten zu haben, denn »mit Rassisten zu diskutieren, das ist, wie mit einer Taube Schach zu spielen: Egal wie gut du bist, egal wie sehr du dich anstrengst, am Ende wird die Taube aufs Spielfeld kacken, alles umschmeißen und umherstolzieren, als hätte sie gewonnen.«

Sein Opfer an jenem Samstag im Januar 1995 war ein vorbestrafter Hilfsarbeiter, der Cantonas Mutter rassistisch beleidigt und den Hitlergruß gezeigt hatte. Die britische FA und die FIFA interessierten sich nicht für diesen Kontext, sie sperrten den Profi für acht Monate, es war einer der größten Skandale der englischen Fußballgeschichte. Im März 1995 wurde Cantona außerdem zu einer zweiwöchigen Gefängnisstrafe verurteilt. Kurz darauf wurde die Haftstrafe zu 120 Stunden Gemeinschaftsarbeit umgewandelt. Cantona trainierte Jugendliche auf dem Gelände von Manchester United.

Als Cantona bald darauf eine Pressekonferenz anberaumte, blickten Reporter aus dem ganzen Land Skandal heischend auf den Spieler, aber der sagte nur einen Satz: »Die Möwen folgen dem Fischkutter, weil sie denken, dass Sardinen ins Meer geworfen werden.« Dann stand er auf und ging.

Dass Cantona bei der ganzen Sache so glimpflich davonkam, verdankte er (vielleicht) auch Guy Roux, seinem ersten Trainer bei AJ Auxerre. Der erzählte mal, dass Cantonas Mutter ihn nach der Urteilsverkündung völlig aufgelöst um Hilfe gebeten hatte. Roux kontaktierte daraufhin den damaligen Staatspräsidenten François Mitterand, um der Queen eine Nachricht zu überbringen: »Wenn Sie Cantona ins Gefängnis stecken, wird das für das Verhältnis zwischen der französischen und englischen Jugend dramatische Folgen haben!« Kurze Zeit später wurde die Haftstrafe aufgehoben. Cantona bekam von alldem nichts mit. Erst Jahre später erzählte Roux seinem ehemaligen Schützling von dieser Geschichte. Cantona sagte: »Das wundert mich nicht. Meine Anwälte waren Idioten und hätten mich da nie alleine rausbekommen!«

KAPITEL 11

MORDKOMMANDO BUM-KUN CHA

Nach einem Foul an Frankfurts Stürmer Bum-kun Cha begann für Leverkusens Jürgen Gelsdorf ein Spießrutenlauf. Wegen Morddrohungen stand er wochenlang unter Polizeischutz.

Die Sache war ernst. Natürlich. Es war die Zeit, als in der Bundesrepublik die Waffen ziemlich locker saßen. Die RAF hatte das Land seit Anfang der siebziger Jahre terrorisiert. Politiker und Industrielle ermordet. Befreiungsaktionen gestartet. Kommando Thomas Weisbecker, Kommando Ulrike Meinhof. Bewegung 2. Juni, Volksfront zur Befreiung Palästinas. Das Attentat auf die israelischen Sportler bei Olympia 1972. Auf den Straßen kontrollierten Polizisten mit Maschinengewehren, es war ein Klima des Misstrauens, eine bleierne Zeit, in der jeder verdächtig erschien, der die Haare über die Ohren wachsen ließ. Und dann verübte ein Neonazi noch einen Bombenanschlag am Haupteingang des Oktoberfestes. Kein Wunder, dass alle Alarmglocken läuteten, als im Spätsommer 1980 auf der Geschäftsstelle von Bayer Leverkusen ein Brief einging, der mit »Mordkommando Bum-kun Cha« unterschrieben war.

Aber was war passiert?

»Eigentlich nicht viel«, sagt Reiner Calmund, der damals Manager bei Bayer Leverkusen war. »In einem Bundesligaspiel foulte unser Verteidiger Jürgen Gelsdorf den Frankfurter Stürmer Bum-kun Cha, der danach verletzungsbedingt einige Wochen ausfiel. Es war ein hartes Tackling, aber nicht die Absicht, jemanden zu verletzen.« Es stimmt: Das Foul war rüde, es hätte sogar Rot geben können. Allerdings sieht man in den Aufzeichnungen, dass sich Cha vermutlich bei der Landung verletzt hatte. Gelsdorf sieht das heute ähnlich. Es sei ein Zweikampf wie tausend andere gewesen, verriet er in »11Freunde«: »Cha wollte an mir vorbei, ich grätschte zum Ball, traf seinen Fuß, er stürzte. Ein Foul. Doch bei der Landung auf dem Rasen landete mein Gegenspieler so unglücklich auf dem Rücken, dass er verletzt ausgewechselt werden musste. Schiedsrichter Klaus Ohmsen zeigte mir die Gelbe Karte, das Spiel ging weiter.«

Nicht aber für Bum-kun Cha, der sich am Seitenrand krümmte und auf einer Trage abtransportiert wurde. Leverkusen gewann das Spiel 3:2, aber die Szene des Spiels blieb Gelsdorfs Foul an dem Südkoreaner. In den folgenden Tagen und Wochen entfachte eine mediale Hysterie, die von den Akteuren immer weiter befeuert wurde. Eintracht-Trainer Lothar Buchmann sprach in einem Interview von Vorsatz und wollte sogar Stollenabdrücke auf dem Rücken von Cha gesehen haben. Frankfurts Manager Udo Klug kündigte an, Gelsdorf auf Körperverletzung zu verklagen. Schon bald gerüchtete es, dass Cha möglicherweise nie wieder Fußball spielen könnte. Auch das ZDF kommentierte die Szene mit einer Mischung aus Betroffenheit und Entsetzen: »Meine Damen und Herren, wir zeigen Ihnen jetzt das brutale Ausscheiden des koreanischen Stürmerstars Bumkun Cha.« Und dann: »Die Stollen eingesetzt als Waffe, um den Gegner einzuschüchtern. Verletzungen werden in Kauf genommen.« Die Frankfurter Boulevardzeitung »Abendpost« schrieb von »Jagdszenen in Leverkusen, bei denen das koreanische Freiwild erlegt wurde«. Und die »Bild« erklärte anhand der Abbildung einer Wirbelsäule die angeblichen Schäden, die Cha erlitten hatte. Dieser, so kam später raus, lag zu dem Zeitpunkt tatsächlich im Krankenhaus. Allerdings noch ohne Diagnose. Er selbst sprach zu wenig Deutsch, um die Vorwürfe gegen Gelsdorf zu entkräften.

Die erste Drohung gegen Jürgen Gelsdorf ging am Samstagabend bei Leverkusens Stadionwart ein, am Montag klingelte das Telefon dann ununterbrochen auf der Leverkusener Geschäftsstelle. 100 Drohanrufe und 150 Drohbriefe zählten Mitarbeiter. Ein »Eintracht-Rachekommando« und ein »Mordkommando Bum-kun Cha« meldeten sich. Einer bellte ins Telefon: »In einer halben Stunde legen wir den Gelsdorf um!« Ein anderer kündigte an, Gelsdorf beim nächsten Spiel in Gladbach vom Tribünendach aus zu erschießen. In einem Brief stand: »Ich werde dem Gelsdorf mit meinem Gewehr eins über den Pelz brennen. Ich weise darauf hin, dass ich ein sehr guter Sportschütze bin.« Vieles hatte frappierende Ähnlichkeit mit dem Hate Speech, den man heute von Twitter oder Facebook kennt. Enthemmte Kommentare und Gewaltfantasien, angeheizt und vermeintlich legitimiert durch eine oft aggressive und verzerrte Berichterstattung der Boulevardmedien. Der »Stern« wusste, dass Autogrammkarten von Gelsdorf bei Frankfurt-Fans in jenen Wochen sehr beliebt waren. »Sie sammeln die bunten Bildchen, hängen sie an Türen und pappen sie an Wände. Darüber steht: Gesucht! Darunter steht: Rache!« Bei der Polizei gingen derweil Anrufe von besorgten Eltern ein, die erzählten, dass ihre Söhne überstürzt nach Leverkusen aufgebrochen seien. Sie hätten dort »etwas zu erledigen«.

Die Fans bedienten in jenen Wochen wirklich jedes Vorurteil, das die breite Öffentlichkeit von ihnen hatte und das Torhüter Sepp Maier in seinem Buch »Ich bin doch kein Tor« wenige Monate zuvor formuliert hatte: »Man sieht blanken Hass, ja Mordlust in den Augen der sogenannten Fußballfans.«

Es war nicht leicht, diesen Hass wieder einzufangen. 1980 gab es noch keine Fanprojekte, keine Sozialarbeiter, die sich mit den Fans auseinandersetzten. Die einzige Lösung schien: Aufrüstung. Gelsdorf wurde also rund um die Uhr bewacht.[3] »Ich wurde vor der Tür von den Beamten abgeholt und zum Training gefahren. Weil ich in Odenthal wohnte, brachte mich die Polizei aus Bergisch-Gladbach bis zur Kreisgrenze, dort stieg ich um in einen Streifenwagen der Leverkusener Polizei. Beim Training standen die Polizisten an der Seitenlinie. Ein vollkommen absurdes Szenario.«

Aber offenbar nicht grundlos, denn einige Male berichtete die Polizei von verdächtigen Personen, die um Gelsdorfs Haus in der Hauptstraße in Odenthal schlichen. Die Polizei riet dem Spieler deshalb sogar zu einem Umzug. Einige Tage schlief er bei wechselnden Mitspielern. »Alles unter strengster Geheimhaltung«, wusste ein Reporter der »Welt«.

Gelsdorf setzte die Zeit sehr zu. Mit seinem Mitspieler Dietmar Demuth sprach er über das Foul und die Folgen. Er überlegte sogar, mit dem Fußball aufzuhören. Demuth sagte: »Wir brauchen dich doch!«

Bald war auch die Diagnose von Cha da: Abriss eines Querfortsatzes des zweiten Lendenwirbels. Keine schlimme Verletzung, erklärten die Ärzte, in ein paar Wochen sei er wieder fit. Aber die Hysterie brach nicht ab. Als Gelsdorf den verletzten Frankfurter im Krankenhaus besuchen wollte, wurde er von der Polizei abgehalten. Zu hohes Risiko! Also schickte der Leverkusener einen Blumenstrauß. Ein paar Tage später besuchten stattdessen Bayer-Vorstände Reiner Calmund und Heinz Heitmann den Verletzten. Beide hatten nicht den Eindruck, dass Cha verbittert sei. Die Blumen von Gelsdorf standen auf dem Nachttisch. Über den mitgebrachten Wimpel soll er sich gefreut haben.

3 Eine ähnliche Geschichte trug sich 1996 in Gladbach zu. Auf der Geschäftsstelle rief ein Mann namens »Dr. Alpha« an und drohte mit Anschlägen, Erschießungen und/oder Entführungen. Er forderte ein Lösegeld in Höhe von sieben Millionen Mark. Die Polizei nahm die Drohung ernst und stellte Beamte für den Schutz der Spieler ab. Dr. Alpha meldete sich allerdings nie wieder.

Das nächste Spiel fand eine Woche später statt, DFB-Pokal beim Hamburger Amateurklub Bramfelder SV. Leverkusens Trainer Willibert Kremer nahm Gelsdorf mit, aber er befürchtete Schlimmes, wie er damals in der »Welt« sagte: »Ich glaube nicht, dass die Fensterscheiben unseres Busses heil bleiben. Ich werde mich jedenfalls im Gang auf den Boden setzen. Am besten besorgen wir uns 20 Schutzhelme, damit wir da wieder rauskommen.« Aber Kremer hatte sich getäuscht. Beim Spiel, so berichteten verschiedene Lokalmedien, sei eine Frau auf Gelsdorf zugestürmt und habe ihn geküsst. »Das tut dem doch gut«, sagte die Frau, »ist doch jetzt so ein armes Schwein.«

Als Nächstes stand das Spiel in Gladbach an. Ein Polizist saß mit scharfer Waffe im Mannschaftsbus. Im Stadion wurden die Sicherheitsvorkehrungen erhöht. Immer wieder wanderte der Blick zum Stadiondach. Aber es blieb alles ruhig.

Vier Wochen später konnte Cha wieder spielen. Der Personenschutz für Gelsdorf endete. In einigen Stadien pfiffen die Leute, wenn er am Ball war, irgendwann normalisierte es sich. Bis es am 7. Februar 1981 zum Rückspiel nach Frankfurt ging. Es war ein Hochrisikospiel. Die Frankfurter Fans hatten Rache geschworen. Und wenn sie schon nicht Gelsdorf an den Kragen konnten, dann wollten sie doch den Leverkusener Block kurz und klein schlagen. Davon erfuhren allerdings die Fans des verhassten Rivalen Kickers Offenbach, die sich bei dem Spiel mit Hunderten zu den Bayer-Fans gesellten. Es war der Beginn einer langjährigen Fanfreundschaft.

Eine andere Freundschaft entwickelte sich zwei Jahre später in Leverkusen. Dort stand im Sommer 1983 ein neuer Spieler in der Kabinentür: Bum-kun Cha. Reiner Calmund hatte ihn von Frankfurt nach Leverkusen geholt. Gelsdorf lachte – und dann umarmten sie sich. Die beiden wurden gute Freunde, trafen sich auch abseits des Fußballs, gingen zusammen essen oder ins Kino. »Es war ein gutes Ende«, sagt Gelsdorf. »Ein Ende, das fast schon zu kitschig war.«

KAPITEL 12

DER VERRÜCKTE MICKEY

Der Waliser Mickey Thomas spielte für Manchester United und Chelsea. International berühmt wurde er aber erst, als er Pfundnoten fälschte.

Dichte Wolken zogen über den Racecourse Ground. Es dämmerte bereits, und das Flutlicht strahlte auf den feuchten Rasen. Der amtierende Meister vom FC Arsenal war zu Gast in Wrexham, und alle Stars liefen auf, Tony Adams, David Seaman, Paul Merson, Alan Smith. Kurz vor Schluss führte Arsenal immer noch 1:0. Aber Wrexham, dieser tapfere Viertligist aus dem Nordwesten von Wales, lief unaufhörlich an. In der 82. Minute riss der Linienrichter die Fahne hoch. Er hatte bei einem Kopfballduell ein Foul erkannt. Wrexhams Mickey Thomas legte sich den Ball zurecht. Eine aussichtsreiche Position, halbrechts, 23 Meter zum Tor.

Nach Hunderten von Spielen für Manchester United, Everton, Leeds, Chelsea und anderen großen Klubs war Mickey Thomas im Jahr zuvor zu seinem Jugendverein Wrexham zurückgekehrt. Er war im Spätherbst seiner Karriere, 37 Jahre alt mittlerweile. Aber er war immer noch fit, er machte alle Spiele, nur das Training ließ er gerne sausen. »Ich sehe ihn nicht so oft«, sagte sein Trainer Brian Flynn. »Er kommt, wenn er möchte. Manchmal ruft er an, fragt, wann brauchst du mich. Mickey ist Mickey.« Und Mickey lief nun an und zimmerte den Ball mit links in den Winkel. 14.000 Fans in Ekstase. Zwei Minuten später traf Wrexhams Steve Watkin noch zum 2:1. Es war eine der größten Favoritenstürze in der Geschichte des FA Cups und für Arsenal-Trainer George Graham »der schlimmste Tag in meiner Karriere«.

Das war am 4. Januar 1992.

Eine Woche später wurde Mickey Thomas verhaftet, weil er 25 gefälschte 10-Pfund-Noten an Nachwuchsspieler verteilt hatte. Die Sache kam ans Licht, als die Jugendlichen in einer Disko damit Getränke bezahlen wollten. Thomas musste für 18 Monate ins Gefängnis. Die Presse nannte ihn nun den walisischen George Best.

Seit einigen Jahren tritt Mickey Thomas als Redner und Radiomoderator auf, was ganz gut passt, denn er ist das, was man im Englischen einen *raconteur* nennt, ein mitreißender Erzähler. Am Mikrofon gibt er seine Story zum Besten, nimmt einen mit in die Siebziger zu Wrexham und Manchester United, in die Achtziger zu Everton und Chelsea. Er war Profi, bevor das Geld und die Fernsehkameras den englischen Fußball zu einer weltweiten Marke machten. Trotzdem, sagt er, die Leute sollten ihn kennen, so viel Scheiße, wie er gebaut hat. Und dann erzählt seinen Lieblingswitz: »Roy Keane was on 50 grand a week. So was I, until the police found my money printing machine!« (Roy Keane machte 50.000 die Woche. So wie ich, bis die Polizei meine Gelddruckmaschine fand.)

Auch als er Anfang 1992 aufflog, reagierte er mit Humor. Ein Polizist stand vor Thomas' Wohnungstür und sagte: »Mr. Thomas, ich komme wegen der Fälschungen.« Thomas antwortete: »Hab gerade keine da. Kommen Sie morgen wieder, dann kann ich Ihnen einige geben.« Erst als er ein Jahr später verurteilt wurde, verschlug es ihm die Sprache: Sein Gefängnis war das HMP Walton in Liverpool. Für einen ehemaligen Spieler von Manchester United nicht gerade der beste Ort. Außerdem stellte sich heraus, dass sein Zellenmitbewohner ein zweifacher Mörder war, der seinen Opfern die Köpfe abgeschnitten hatte. Schon in der ersten Woche sprach ihn aber ein anderer Insasse an, ein Riese mit Händen so groß wie Bratpfannen. »Bist du dieser Fußballer hier?«, fragte der Mann und tippte auf ein Bild im »Telegraph«. Thomas nickte, und der Häftling sagte: »Wenn dich jemand anfasst, töte ich ihn.« Da fühlte sich Thomas besser.

Auch bei den Wärtern war der Fußballprofi schnell beliebt. Sie mochten seine offene Art, seine wilden Storys aus den Umkleidekabinen, seine Witze. Er genoss zahlreiche Privilegien. »Ich hatte von allem das Beste«, schreibt er in seiner Biografie. »Gute Drinks, Heimaturlaub, am Ende hatte ich sogar mein eigenes Auto.« Für die Boulevardmedien war das Gold. Einmal druckte die Sonntagszeitung »News of the World« ein Foto des inhaftierten Thomas, wie er aus einer Champagnerflasche trank. Darunter der Satz: »Dieses Bild wird jeden gesetzestreuen Briten rasend machen!«

Vielleicht aber fanden die Leser Thomas' Luxusknastleben gar nicht so schlimm. Denn der Fußballer war immer schon ein Spitzbube gewesen, ein bisschen vorlaut, ein bisschen straßenschlau. Einer, den man trotz aller Eskapaden unterhaltsam und sogar sympathisch finden konnte.

Er wuchs auf in einer Sozialwohnung in Mochdre, rauer Nordwesten von Wales. Kein Ort zum Prahlen, der Name der Gemeinde heißt übersetzt so viel wie Schweinestadt. Der große Stolz der Region war eine Fabrik, die Ersatzteile für Autos herstellte. »Wir hatten nicht viel Geld. Außerdem war ich dick und hing etwas zurück«, sagte Thomas. »Ich konnte lange nicht mal lesen und schreiben, nicht mal meinen eigenen Namen, was blöd war, wenn ich mich für Probetrainings anmelden wollte.«

Thomas schaffte es trotzdem zum lokalen Vorzeigeklub Wrexham und feierte dort kleine Erfolge wie den Aufstieg in die zweite Liga 1979 oder einen 3:2-Sieg gegen Tottenham im League Cup, nach dem Trainer John Neal jubelte: »Das ist das Größte, was Wrexham jemals erreicht hat.«

Mickey Thomas war damals, trotz aller Disziplinlosigkeiten, ein fleißiger Spieler. Ein Flügelflitzer. Eine Kampfsau. Der Richter sagte später, Thomas hätte von sich das Selbstbild eines Blitzes und eines wagemutigen Abenteurers gehabt, was auch auf seine Fußballkarriere passte. Er musste immer los, immer weiter. Als er Manchester United verließ, war Trainer Ron

Atkinson fassungslos: »Warum gehst du? Niemand will Man-United verlassen. Bleib, und wir gewinnen Meisterschaften!« Auch anderen großen Klubs kehrte er den Rücken, wenn irgendetwas nicht stimmte. Bei Everton sollte er zum Beispiel mal ein paar Wochen in der Reserve spielen, aber Thomas weigerte sich. Trainer Howard Kendall bestellte ihn zum Rapport. Er sagte: »Es ist Zeit zu gehen.« Thomas antwortete: »Ach, Sie machen gute Arbeit. Bleiben Sie doch!« Kendall: »Ich meine Sie!«

Und so ging es weiter. In Brighton unterschrieb Thomas mit drei Flaschen Wein intus. Als er ausgenüchtert hatte, wachte er in einem Hotelzimmer auf und dachte nur: »Fuck, wo bin ich hier gelandet.« Zur Vertragsunterschrift war er geflogen, als er sich nun mit dem Zug auf den Heimweg machen wollte, realisierte er, wie weit es von Brighton bis in seine Heimat im Nordwesten von Wales war. »Ich wollte dort wirklich nicht sein, die zehn Monate waren die Hölle. Also trank ich die meiste Zeit«, sagte er. Seine erste Strafe bekam er nur 48 Stunden nach seinem Debüt – er war zu spät zum Training gekommen.

Auch bei Chelsea ging es nicht sonderlich gut los. Als er sich zur Vertragsunterzeichnung mit Chairman Ken Bates traf, ging eine Frau an ihnen vorbei. »Hätte nichts dagegen, mit ihr mal kurz zu verschwinden«, mackerte Thomas. »Das ist meine Schwiegertochter«, sagte Bates. Das Leben abseits des Platzes schien ihn ebenfalls zu überfordern. Vor allem die Londoner Wohnungssituation, die damals schon sehr angespannt war. Er pendelte die meiste Zeit aus seiner Heimat Wales in die englische Hauptstadt. »Irgendwann war ich froh zu hören, dass Michael Ballack sich das Wohnen in London nicht leisten konnte, und er verdiente 120.000 Pfund pro Woche. Jetzt verstehen die Leute, warum ich es nicht mit 500 Pfund pro Woche schaffte«, sagte er später mal. Thomas schlief nach dem Training oft in Obdachlosenheimen, die ihn einen Zehner kosteten. Oder er holte sich vom Platzwart den Schlüssel für die Stamford Bridge und suchte sich dort eine Ecke in der Umkleidekabine.

Heute sagt er, dass er mit dem Druck bei den großen Vereinen nicht klargekommen sei. Der Rummel machte ihm zu schaffen. Die vielen Zuschauer im Old Trafford hätten ihn so nervös gemacht, dass er sich an jedem Vorabend stark betrank. Einmal sollte er mit den Reds auf eine Testspielreise nach Kuala Lumpur und Singapur fliegen, als er aber am Flughafen Heathrow saß, überkam ihn die Angst. Er drehte um und nahm einen anderen Flug – zurück nach Manchester. Dort beichtete er den Offiziellen seine Flucht und sagte, es sei schon okay, wenn sie ihm zwei Wochen Gehalt abziehen würden. »Manchester United war einfach zu groß für mich«, sagte er. »Im Grunde wollte ich bloß für ein lokales Team in Nord-Wales spielen. Kein Druck. Keine Angst. Nur Spaß.«

Nach seiner Verhaftung wartete Thomas ein gutes Jahr auf das Gerichtsurteil. Er blieb in der Zeit auf freiem Fuß und machte sogar weitere Spiele für Wrexham, etwa das Viertrundenspiel im FA Cup gegen West Ham, bei dem die gegnerischen Fans Papiergeld aufs Spielfeld warfen, Zehn-Pfund-Noten natürlich, und statt der Queen prangte das Gesicht von Mickey Thomas drauf.

Aber im August 1992, auch noch vor seinem Haftantritt, gab es den nächsten Ärger. Thomas hatte in einem Weizenfeld Sex mit einer Frau, und während des Liebesaktes wurde er von zwei Männern mit einem Hammer und einem Schraubendreher attackiert. Einer von ihnen war der Ehemann der Frau. Sie malträtierten den Fußballer noch, als er Bewusstlosigkeit vortäuschte. Mit 15 Stichwunden und gebrochenen Wangen- und Kieferknochen kam Thomas ins Krankenhaus.

Heute spricht er recht entspannt über seine Profikarriere. Vielleicht hätte er länger bei Manchester United bleiben sollen, sagt er. Nur eine Sache macht ihn wütend: der Prozess. »Der Richter genoss damals die Aufmerksamkeit der Medien, so ein volles Haus, das kannte er nicht. Wenn ich kein prominenter Fußballer gewesen wäre, wäre ich auf Bewährung davongekommen.« Thomas war vor der Urteilsverkündung wirklich frohen Mutes. Der Tag begann jedenfalls wie so viele Tage in seinem Leben: mit einem guten Witz. Als er den Saal betrat, scherzte er mit den Reportern: »Kann jemand einen Zehner wechseln? Ich muss mal telefonieren!« Als er den Saal verließ, wartete der Gefängniswagen.

KAPITEL 13

BITTE MELDE DICH!

Ein Spieler entführte seine Verlobte, ein anderer wurde von den eigenen Fans gekidnappt. Die sechs schrägsten Entführungen der Fußballgeschichte.

Die Blitzentführung

Im November 2012 wurde die Schwester des brasilianischen Stürmers **Hulk** entführt. Nach 20 Stunden war sie allerdings schon wieder frei. Angeblich hatten sich die Entführer mit Hulks Familie nicht über die Höhe des Lösegeldes einigen können. Außerdem seien sie von dem großen Medienecho auf die Entführung überrascht worden. Klassischer Entführeranfängerfehler.

Der entführte Superstarvater

Kurz vor der WM 1994 entführten Unbekannte den Vater von Brasiliens Superstürmer **Romario**.[4] Der drohte auf einer Pres-

4 Mit Entführungen von Verwandten von Fußballern könnte man übrigens ein weiteres Buch füllen. So wurden u. a. die Mütter von Robinho, Luís Fabiano und Grafite entführt, außerdem die Väter von Carlos Tévez, Jorge Campos und Diego Milito sowie die Schwester von Juan Riquelme. Mehrmals gab es laut englischer Boulevardpresse Hinweise auf Entführungen von David Beckhams Kindern, festgenommen wurde aber nie jemand. Einmal brach ein Bericht zusammen, weil die Zeitung »News of the World« die Hauptzeugen bezahlt hatte.

sekonferenz: »Wenn ihr meinen Vater nicht sofort laufen lasst, fliege ich nicht zur WM.« Drei Tage später war der Entführte – ohne Lösegeldzahlung – wieder frei. Wer die Kidnapper waren, kam nie heraus. Romario fuhr zur WM und schoss sein Team mit fünf Toren zum Titel.

Die Scheinentführung

Geniale Idee: Weil der Brasilianer **Somalia** einst das Training seines Klubs Botafogo verpennte, gab er bei der Polizei eine Anzeige auf. Er sei am Morgen von Entführern in seiner eigenen Wohnung festgehalten worden. Er hätte den Männern sogar seine Goldketten geben müssen, dann erst ließen sie von ihm ab. Die Polizei prüfte daraufhin die Bänder der Überwachungskameras und stellte fest: keine Entführer. Dafür war der müde Somalia zu sehen, wie er durch seine Wohnung spazierte und aus der Haustür trat. Den Schmuck trug er dabei noch am Handgelenk und um den Hals.

Der entführte Entführer

Am 6. Januar 2012 verschwand **Omar Ortiz** wie vom Erdboden. Schnell machten Gerüchte die Runde, dass der ehemalige mexikanische Nationalkeeper entführt worden sei. In Wahrheit aber war er verhaftet worden, weil er selbst zu einer Bande von Entführern gehörte, die für das berüchtigte Golf-Kartell arbeiteten. Im Laufe der Jahre sollen Ortiz und seine Komplizen mehr als 20 Menschen gekidnappt und insgesamt eine Million Dollar Lösegeld erbeutet haben. Im Januar 2019 wurde Ortiz zu einer 75-jährigen Gefängnisstrafe verurteilt.

Die fabelhafte Welt der Emma

2008 verschwand das Dortmunder Plüsch-Maskottchen »**Emma**« aus einer BVB-Fankneipe in Südlohn. Die Besitzer waren fassungslos. Einer erzählte der Presse tags darauf von zwei »Verdächtigen, die nach Schalke 04 aussahen«, aber die Spur führte ins Leere. Später kam heraus, dass vier niederländische Piloten, die an jenem Abend zufällig in der Kneipe gelandet waren, Emma entführt hatten. Ein Scherz, der in der Folge an den Film »Die fabelhafte Welt der Amélie« erinnerte, wo Amélie einen Gartenzwerg stibitzt, diesen dann einem Piloten übergibt, der mit dem Zwerg auf Weltreise geht. Auch Emma erlebte ein großes Abenteuer. In den folgenden Monaten bekamen die Kneipenbesitzer regelmäßig Postkarten, auf denen das schwarzgelbe Plüschtier zu sehen war. Einmal vor dem Weißen Haus in Washington D.C., ein anderes Mal vor den Petronas Towers in Kuala Lumpur. Und auf der Rückseite erzählte Emma, wie es ihr so geht. Zweieinhalbmal, so erklärten die Piloten den »Ruhr Nachrichten«, umrundete Emma den Erdball. Dann kehrte sie zurück in die Kneipe in Südlohn.

Der Entführungswitz

Und wo wir schon bei Emma sind: Die Geschichte von Maskottchen-Namensgeber **Lothar »Emma« Emmerich** ist noch kurioser. Als der Stürmer am 13. August 2003 starb, konnte man in vielen Nachrufen lesen, dass er in der Saison 1970/71 gekidnappt worden war. Er spielte damals für den belgischen Klub K. Beerschot VAV, seine Entführer waren angeblich Fans des Rivalen Royal Antwerpen. Genauere Informationen hatte aber niemand. In den Agenturmeldungen stand: »Von wem er entführt wurde, ist bis heute unbekannt.« Erst 40 Jahre nach der Entführung deckte »11Freunde« die Hintergründe auf. Danny Geerts, ein Chronist des Antwerpener Fußballs, erklärte: »Das Geheimnis um Emmerichs Entführung wurde bis heute nicht gelüftet, weil alle Beteiligten damals versprochen haben, Stillschweigen zu bewahren. Aber ich denke, nach so vielen Jahren dürfen wir jetzt verraten, dass das Ganze inszeniert war. Und zwar von dem Beerschot-Fanklub De Berekens. Die Fans haben

Emmerich im November 1970 gefragt, ob er bei einem Gag mitmachen würde, um vor dem Derby etwas die Stimmung anzuheizen. Und er hat sofort Ja gesagt.« Zwei Tage hielten die Fans ihren Stürmer bei Speis und Trank versteckt, während die Presse über die vermeintliche Entführung berichtete. Dann entließen die Fans Emmerich in die Freiheit. Er trainierte zwei Tage, lief im Derby gegen Royal Antwerpen auf – und schoss das Siegtor.

KAPITEL 14

NIEMAND LACHT ZULETZT

Luciano Re Cecconi führte die zerstrittene Mannschaft von Lazio Rom zur ersten Meisterschaft der Vereinsgeschichte. Dann erlaubte er sich einen tödlichen Scherz – angeblich.

Lazio in den Siebzigern war der Wahnsinn. Völlig durchgeknallt. Eine Bande von Schlägern, Kriminellen, Faschisten. Untereinander verfeindet bis aufs Blut. Stürmer Giorgio Chinaglia verprügelte einen Mitspieler, weil dieser ihm den Ball nicht zugespielt hatte. Im Training trugen die meisten Schienbeinschoner, was damals nicht üblich war. Aber die Angst war groß, dass ein Mitspieler mit Eisenstollen das eigene Schienbein zersplitterte. Die verhassten Lager zogen sich sogar in zwei unterschiedlichen Kabinen um. Was nicht gerade zur Befriedung der Situation beitrug: Die Spieler waren Waffennarren. Sie brachten alles mit, Beretta, Gewehre, M16, einer besaß sogar ein Elefantengewehr. Und ihre Pistolen saßen locker. Sie ballerten aus Spaß durch die Gegend, schossen auf Vögel, Laternen, Bäume. Verteidiger Sergio Petrelli war einer der Schießwütigsten. Er knallte eine Deckenlampe ab, weil er keine Lust hatte, vom Bett zum Lichtschalter zu gehen. Er schoss aus seinem Hotelfenster auf singende Fans der AS Rom, die ihn vom Schlafen abgehalten hatten. Vor Auswärtsreisen wurden die Pistolen in einem Sack gesammelt. Einmal weigerte sich ein Pilot, das Flugzeug zu starten, denn nicht alle Spieler hatten ihre Waffen abgegeben.

In diesem Wild-West-Szenario war Trainer Tommaso Maestrelli einer von zwei ruhenden Polen. Er ließ eine eigene Art des *Totaalvoetbal* spielen, mit Pressing und konstantem Laufen. 1974 schaffte er zwei Wunder. Zum Ersten hielt er seine Spieler davon ab, sich gegenseitig umzubringen. Zum Zweiten führte er diese zerstrittene Truppe zum ersten Mal in der Vereinsgeschichte zur Scudetto. 90.000 Zuschauer drängten sich beim entscheidenden Spiel gegen Foggia ins Olympiastadion. Chinaglia, der auch Torschützenkönig wurde, schoss das goldene Tor in der letzten Minute.

Der zweite Ruhepol war Luciano Re Cecconi. Auf dem Platz war er lauffreudiger Box-to-Box-Mittelfeldspieler, er war überall. Sie nannten ihn »Cecconetzer«, denn er trug lange blonde Haare wie Günter Netzer. Andere riefen ihn »l'Angelo Biondo«, den blonden Engel. Re Cecconi war auch abseits des Platzes wichtig, denn er versuchte, Frieden in die Kabine zu bringen. Er war einer der wenigen, der keine Waffe bei sich trug. Es ist eine grausame Ironie des Schicksals, dass er erschossen wurde. Drei Jahre nach der Scudetto. Beim Betreten eines Juweliergeschäfts soll er zum Spaß gerufen haben: »Das ist ein Überfall!« Der Juwelier schoss ihn sofort über den Haufen. So wird seine Geschichte bis heute erzählt. Aber stimmt sie eigentlich? Oder ist sie, nun ja, ein schlechter Scherz?

Lazio in den Siebzigern war nicht nur der Wahnsinn, es war auch ein Abbild Italiens, durch das sich in jenem Jahrzehnt eine Schneise der Gewalt zog. »Der wirkliche Mörder Re Cecconis ist eine Gesellschaft, die Angst erzeugt«, schrieb die Tageszeitung »La Repubblica« zwei Tage nach dem Tod des Lazio-Spielers.

Die Dekade war geprägt von Protesten und Klassenkämpfen. Es begann mit dem sogenannten heißen Herbst im September 1969, in dem Arbeiter für mehr Gehalt, längere Pausen und bessere Wohnungen demonstrierten. Besonders schlimm waren die Bedingungen bei Fiat in Turin. Die Angestellten wurden wie Leibeigene gehalten, linke Gewerkschaften waren de facto verboten. Die Proteste und Streiks breiteten sich bald auf ganz Italien aus, Studenten solidarisierten sich mit den Arbeitern, und in den Städten erstarkten die sozialen Bewegungen, der Häuserkampf gegen Spekulanten, der Wunsch nach politischer Teilhabe und Mitbestimmung. Gleichzeitig wuchs in vielen Teilen der Bevölkerung die Sorge vor dem Wiedererstarken eines neuen Faschismus. Und sie war nicht unbegründet. Im Dezember 1969 explodierte auf der Mailänder Piazza Fontana eine Bombe. 17 Menschen starben, über 80 wurden verletzt. Drei weitere Sprengkörper detonierten in Rom und Mailand. Die Attentäter kamen aus der Neonazi-Organisation Ordine Nuovo, die einen faschistischen Staatsstreich vorbereiten wollte. Teile der Geheimdienste und des Militärs sollen die Täter gedeckt oder sogar unterstützt haben. Es war der Startpunkt für eine zehn Jahre anhaltende Welle von rechts- und linksextremistischem Terror. Einige Historiker sprechen heute von einem Jahrzehnt des Bürgerkriegs. Eine Spirale der Gewalt, die sich immer weiterdrehte, weil Schusswaffen damals recht einfach verfügbar waren.

Eine Zäsur stellte die Ermordung Aldo Moros im Mai 1978 dar. Der Christdemokrat wurde von der Roten Brigade entführt und nach 55 Tagen ermordet. Die Linksterroristen wollten mit Moros Entführung Gefangene freipressen und eine Annäherung von Christdemokraten und Kommunisten verhindern. Das Land hatte sich in den vergangenen Jahren immer weiter entzweit, nun spaltete Moros Entführung auch die extreme Linke.

Bei Lazio zog sich diese Spaltung mitten durch die Mannschaft. Die rechte Kabine wurde angeführt von Giorgio Chinaglia und Giuseppe Wilson. Chinaglia sympathisierte mit der neofaschistischen Partei Movimento Sociale Italiano und trug stets eine .44 Magnum mit sich herum. »Sicher ist sicher«, sagte er, nachdem Fans sein Modegeschäft im Zentrum geplündert hatten. In der anderen Kabine, der linken, führten Luigi Martini und Luciano Re Cecconi das Wort. Dabei trat Re Cecconi oft als Vermittler auf. Er war beliebt in beiden Lagern. Vielleicht konnte er in der Hauptstadt so gut vermitteln, weil er ein Dorfjunge war und daraus nie einen Hehl gemacht hatte. Er wuchs als Sohn eines Maurers in einer lombardischen Gemeinde nördlich von Mailand auf. Seine besondere Silbe im Nachnamen »Re« verdankte er König Viktor Emanuel II. Der soll nach einer Schlacht im Jahr 1859 so beeindruckt von der Gastfreundschaft der einfachen Leute gewesen sein, dass er ihnen erlaubte, den Namenszusatz »Re« zu führen, König. So wurden die Cecconis zu den Re Cecconis. Seine ersten Spiele machte der König für den Drittligisten Pro Patria, anfangs arbeitete er als Kfz-Mechaniker in der Werkstatt seines Cousins. Dann wurde er Profi bei US Foggia. 1972, mit 23 Jahren, wechselte er zu Lazio Rom.

Wie aufgeheizt die Stimmung damals bei Lazio war, zeigt eine Episode von 1973. In der zweiten Runde des UEFA-Cups verloren die Italiener bei Ipswich Town 0:4. Alle vier Tore machte Trevor Whymark. Vor dem Rückspiel erschien eine Ultra-Delegation der AS Rom beim Abschlusstraining der Engländer. In Anwesenheit eines Pressefotografen überreichten sie Whymark feierlich eine Trophäe in Anerkennung seiner tollen Leistung im Hinspiel. Am nächsten Tag schmückte das Bild die italienischen Tageszeitungen. Lazios Rache folgte im Spiel: Whymark wurde brutal angegangen, bekam einen Schlag auf den Kopf; Chinaglia streckte einen Linienrichter mit einer Kopfnuss nieder, nachdem dieser ein elfmeterwürdiges Foul übersehen hatte. Lazio startete zwar eine furiose Aufholjagd, aber das 4:2 reichte nicht. Wütend stürmten römische Fans den Platz und schossen mit Raketen auf die Polizei, die sich mit Tränengas verteidigte. Union-Jack-Flaggen gingen in Flammen auf, und die Ipswich-Spieler verbarrikadierten sich in der Kabine. Kurioserweise war es der aufbrausende Chinaglia, der seine Mitspieler davon abhielt, die Tür einzutreten. Lazio wurde von der UEFA für die kommende Saison vom Europapokal ausgeschlossen.

Aber liefern diese ganzen Gewaltexzesse die Begründung für den Tod von Re Cecconi? Und wie verrückt muss einer sein, der in einer solch enthemmten Zeit einen Juwelierladen betritt und spaßeshalber »Das ist ein Überfall« ruft?

Die bekannte Erzählung geht so: Am Abend des 18. Januar 1977, gegen 19:30 Uhr, betreten Re Cecconi und sein Mitspieler Pietro Ghedin ein Juweliergeschäft in Tor di Quinto, ein Viertel im Norden von Rom. Es gehört Bruno Tabocchini, der jüngst zweimal überfallen wurde. Als die beiden Spieler reinkommen, soll Re Cecconi gerufen haben: »Fermi tutti, questa è una rapina!« (Keine Bewegung, dies ist ein Überfall.) Tabocchini zieht umgehend seine Walther PPK und richtet sie auf Ghedin, der die Arme hebt. Daraufhin dreht sich Tabocchini zu Re Cecconi und drückt ab. Am Boden liegend stammelt der Fußballer: »Era uno scherzo, era solo uno scherzo.« Es war ein Scherz, es war nur ein Scherz. Er stirbt um 20:04 Uhr im Krankenhaus San Giacomo. Tabocchini wird kurz darauf auf »schuldhafte Übertreibung berechtigter Notwehr« angeklagt, aber nach 18 Tagen freigesprochen.

Vielen erschien die Version plausibel: Ein Juwelier reagiert im Affekt. Schließlich war in Italien die Zahl der Raubüberfälle auf Banken, Postgebäude und Juweliergeschäfte innerhalb von drei Jahren von 1735 auf 4306 angestiegen. Vor allem in Rom und Mailand wurden täglich Überfälle gemeldet, aber in 90 Prozent der Fälle kamen die Täter ohne Konsequenzen davon. Die »FAZ« schrieb damals: »Die Juweliere leben unter ständigem Druck: keiner weiß, wenn er morgens sein Geschäft öffnet, ob er abends wieder nach Hause kommt.« Tatsächlich wurde ebenfalls am Abend des 18. Januar 1977 ein Schmuckhändler im Arbeiterviertel Trastevere ausgeraubt und niedergeschossen. Ein Juwelier, so glaubten viele, musste sich also selbst verteidigen. Schnell und kompromisslos. So argumentierte natürlich auch Tabocchinis Verteidiger. Sie konnten sich sogar auf einen ähnlichen Fall berufen, denn im Dezember 1971 hatten zwei in Zivil gekleidete Polizisten einem Mitglied der Carabinieri entgegengerufen: »Das ist ein Überfall.« Eigentlich sollten sie ihn nur ablösen, aber der Polizist erkannte seine Kollegen nicht und erschoss sie.

Die Version des Juweliers ist aber bis heute umstritten. Re Cecconis Sohn Sandro Di Loreto schreibt in seinem Buch »Er war mein Vater« über Ungereimtheiten. Re Cecconi hätte niemals »Das ist ein Überfall« gerufen. Auch der Investigativjournalist Maurizio Martucci glaubt der Scherz-Version nicht. Er hat 2012 das Buch »Non Scherzo« veröffentlicht. So wäre Ghedin am Abend nach dem vermeintlichen Überfall im Haus von Mitspieler Luigi Martini gewesen und hätte ihm gesagt, dass Re Cecconi nichts getan habe – nicht mal einen Scherz. In den kommenden Tagen änderte Ghedin aber plötzlich seine Aussage. Vor Gericht berichtete er nichts von dem Treffen mit Martini. Vermutlich, so glaubt Journalist Martucci, schwieg er auch auf Druck der Öffentlichkeit. Die hätte Re Cecconi nämlich gebrandmarkt. Dieser mochte zwar keine Waffen, allerdings war er oft Fallschirmspringen, eine Sache, die damals unter Faschisten beliebt war. So wurde aus Re Cecconi, dem Versöhner der Lager, ein rechtsextremer Militärfreak: »Er galt plötzlich als Fallschirmjäger, und daher war die Gleichung sehr einfach. Er verachtete das Leben und wollte es rücksichtslos leben, also verdiente er diese Kugel.« Martucci schreibt außerdem, dass die Juwelierlobby sehr mächtig gewesen sei. Jeden Tag versammelten sich Hunderte Goldschmiede vor Gericht und forderten einen Freispruch für den Juwelier Tabocchini.

Einige Spieler haben sich im Laufe der Jahre immer wieder zu dem Todesfall geäußert. Auch in ihren Erzählungen wirkt Re Cecconi weniger als Scherzbold und eher als zurückhaltender Typ. Einen Überfall schließen sie aus, einen Scherzüberfall eh. »Was hätte er davon gehabt? Er verdiente gut bei uns, hatte eine Frau, die ihr drittes Kind erwartete. Ich weiß noch, dass er am Tag seines Todes glücklich war, denn nach einer dreimonatigen Verletzung stand er kurz vor der Rückkehr ins Team«, sagte Ex-Mitspieler Martini. Außerdem sei Re Cecconi ein kluger und bedachter Mann gewesen. Einen Scherzüberfall auf einen Menschen, den er nicht kannte, hätte er niemals inszeniert. »Lazio in den Siebzigern war der Wahnsinn«, sagte Martini. »Aber Re Cecconi war nicht wahnsinnig!«

KAPITEL 15

SS MOHAMED

Alexandre Villaplane war bei der WM 1930 Kapitän der französischen Nationalelf. Dann schloss er sich den Nazis an und machte Jagd auf Widerstandskämpfer.

Am 13. Juli 1930 führte Alexandre Villaplane Frankreichs Nationalelf in ihrem ersten WM-Spiel als Kapitän auf den Platz. Er war damals 23 Jahre alt und einer der besten Fußballer seines Landes. Zur Weltmeisterschaft in Uruguay war die Mannschaft auf dem Schiff Conte Verde gereist, die Überfahrt nach Montevideo hatte 20 Tage gedauert. Aber von Müdigkeit war keine Spur, Frankreich gewann das Auftaktspiel 4:1 gegen Mexiko. Villaplane sagte, es sei der schönste Moment seines Lebens gewesen.

Über 14 Jahre später, am 26. Dezember 1944, wurde Alexandre Villaplane hingerichtet. Er spielte lange schon kein Fußball mehr. Er war ein Verräter, ein Gangster, ein Glücksspieler, ein Schwindler, ein Nazi-Kollaborateur. Sein Spitzname lautete »SS Mohamed«.

Die Geschichte von Alex Villaplane ist bis heute kaum erzählt. Selbst in Frankreich kennen nur wenige den Werdegang ihres ersten WM-Kapitäns. An einigen Stellen erinnert sie, das wird sich später zeigen, an die Geschichte von Tull Harder. Der HSV-Stürmer war in der Vorkriegszeit einer der beliebtesten und besten Fußballer Deutschlands. Er schoss über 300 Tore für den HSV. 1927 widmete sich der Spielfilm »Der König der Mittelstürmer« seinem Leben, die Rolle des Tull Harder übernahm der bekannte Schauspieler Paul Richter. Ein Tabakhersteller brachte eine Tull-Harder-Zigarette auf den Markt (»Sportler, raucht die neue Tull Harder Cigarette!«). Anfang der dreißiger Jahre verließ er den HSV. 1932 trat er der NSDAP bei, 1933 der SS, und von 1939 bis August 1944 arbeitete er in den Konzentrationslagern Sachsenhausen und Neuengamme bei Hamburg in verschiedenen Positionen. Sein ehemaliger HSV-Mitspieler und Freund Asbjørn Halvorsen hatte sich hingegen zu Beginn des Zweiten Weltkriegs am Widerstand gegen die deutsche Militärregierung in Norwegen beteiligt, 1942 wurde er von der Gestapo festgenommen.

Beide starben Mitte der Fünfziger; Halvorsen vermutlich an den Spätfolgen seiner Inhaftierung, die Beerdigung fand im kleinen Rahmen in seiner Heimat Norwegen statt. Harder hingegen musste als Kriegsverbrecher sechs Jahre ins Gefängnis. Als er 1951 zu seinem alten Klub heimkehrte, wurde er »vom HSV und seinen Anhängern frenetisch gefeiert«, wie der Historiker Nils Havemann in seinem Buch »Fußball unterm Hakenkreuz« schreibt. Zu seiner Beerdigung kamen zahlreiche Vertreter des HSV, eine Vereinsfahne bedeckte seinen Sarg.

Auch Villaplanes Vita hat unvorstellbare Wendungen und tiefe Abgründe. Auch er hatte einen erstaunlichen Aufstieg hinter sich. Und auch seine Geschichte erzählt von zwei ehemaligen Mitspielern, die im Krieg auf unterschiedlichen Seiten kämpften.

Alexandre Villaplane kam 1904 in Algeriens Hauptstadt Algier zu Welt. Die Familie lebte einfach, Arbeiterklasse, sein Vater hielt sich mit Gelegenheitsjobs über Wasser, eine Schule besuchte Villaplane nur wenige Jahre. 1921 immigrierte er mit seiner Familie nach Frankreich. Es war die Zeit der Avantgarde, der Kunst und der Kultur. In den Cafés von Paris oder Nizza spielten Jazz-Musiker, Art déco bestimmte das Bild der Promenaden. Auf den jungen Villaplane machte diese neue Welt einen großen Eindruck, Geld und Ansehen wurden wichtig, Materielles, Luxus. Vielleicht, so mutmaßen Historiker, nahm Villaplanes Raffgier hier ihren Anfang.

Aber erst einmal spielte er Fußball. Er war Mittelläufer, ein sehr guter Defensivmann. 1926 wurde er der erste Nordafrikaner, der für Frankreichs Fußballnationalelf auflief. Er nahm an Olympia 1928 teil, und kurz vor der WM in Uruguay machte ihn Trainer Raoul Caudron sogar zum Kapitän. In der Liga spielte er für US Vergéze, FC Sète, SC Nîmes und von 1929 bis 1932 für den Racing Club Paris, der mit seinem neuen Präsidenten Jean-Bernard Lévy der größte Fußballklub Frankreichs werden wollte. Einen Meistertitel gewann Villaplane in seinen drei Jahren bei Racing nicht, dafür erreichte sein Team 1930 das Pokalfinale, verlor dort aber gegen seinen alten Klub Sète 1:3. Sein ehemaliger Mitspieler und Freund Ivan Bek, einer der besten jugoslawischen Stürmer jener Zeit, machte zwei Tore. 1932 wechselte Villaplane zu Olympique Antibes, und das Unheil nahm seinen Lauf.

Villaplane mochte den Fußball, aber er liebte das Glücksspiel und die Nacht. Er zog durch die Casinos, Cabarets und Bars, verbrachte Stunden auf der Pferderennbahn, freundete sich mit

Männern aus der Unterwelt an und schmiedete Pläne, wie er an das große Geld kommen könnte.

1932 fand die erste Saison der professionellen französischen Fußballliga Division 1 statt. Villaplanes Team Olympique Antibes qualifizierte sich im letzten Saisonspiel gegen SC Fives für das Finale. Aber das Spiel, so kam schnell heraus, war verschoben. Der Verband schloss Antibes vom Endspiel aus und sperrte Präsidiumsmitglieder sowie den Trainer. Die eigentlichen Drahtzieher, Alex Villaplane und zwei Mitspieler, kamen ungeschoren davon.

Ein Jahr darauf wechselte Villaplane zu OGC Nizza, aber viel gelang ihm nicht mehr. Er schwänzte das Training und versackte in den verrauchten und glitzernden Etablissements der Stadt. Seine Nationalmannschaftskarriere hatte er da längst beendet, und irgendwann verlor sich die Spur des ehemaligen Kapitäns der Franzosen. Erst 1935 tauchte sein Name wieder in den Zeitungen auf, er hatte Pferderennen in Paris und an der Côte d'Azur manipuliert. Villaplane musste ins Gefängnis. Dann brach der Krieg aus. Villaplane witterte seine nächste Chance, reich zu werden.

Im Mai 1940 griffen die Nazis Frankreich an, im Juni hatten sie Paris eingenommen. Henri Lafont, ein lokaler Gangster und eifriger Opportunist, bot sich den Deutschen als Helfer an. Er bewies seinen Wert, indem er den Anführer des belgischen Widerstands persönlich jagte und folterte. Zusammen mit dem korrupten Pierre Bonny, dem ehemaligen Chef der Pariser Polizei, führte er bald eine Gruppe an, die mal als französische Gestapo bekannt war, mal als Carlingue, die Kabinen-Gang, oder einfach als Bonny-Lafont-Bande. Die beiden Männer interessierten sich weniger für Hitlers perverse Rassenlehre oder ein Großdeutsches Reich, sie wollten sich einfach nur die Taschen voll machen. Sie waren Handlanger, Plünderer, Kopfgeldjäger; sie spürten Juden oder Widerstandskämpfer auf, erpressten oder folterten sie und nahmen sie gefangen. Besonders Lafont genoss das luxuriöse Leben. Er fuhr einen weißen Bentley, dinierte mit hochrangigen Nazis im Moulin Rouge oder Maxims und trug die feinsten Klamotten. Die Bonny-Lafont-Bande wuchs schnell, in einigen Quellen steht, dass sie um die 30.000 Mitglieder hatte. Neue Mitglieder fanden Bonny und Lafont im kriminellen Milieu und vor den Gefängnismauern, wo sie die Entlassenen abfingen. Je mehr jemand auf dem Kerbholz hatte, umso besser passte er zu ihnen. Es war nur eine Frage der Zeit, bis sie auf Alex Villaplane stießen, der nach der Besetzung Frankreichs mal wieder im Gefängnis saß – er hatte Gold von Paris nach Nordafrika geschmuggelt.

Als der Ex-Fußballer wieder auf freiem Fuß war, ließ er sich von Lafont zum Anführer einer der Sektionen der Brigade Nord Africain (BNA) machen, eine neue paramilitärische Gruppe mit Kämpfern aus den Kolonialgebieten Frankreichs. Villaplane gefiel sich gut in seiner neuen Rolle. Er wurde zum SS-Unterleutnant befördert, trug die SS-Uniform, und um das Vertrauen der Besatzer zu gewinnen, folterte und mordete er mit. In Mussidan, im Südwesten Frankreichs, ließ er elf Widerstandskämpfer erschießen. Auch er selbst soll geschossen haben.

Der französische Schriftsteller Philippe Aziz schrieb 1970 in seinem Buch »Tu trahiras sans vergogne« (Sie werden schamlos verraten) über die Grausamkeiten der BNA und Alex Villaplane:

»Nach einem Hinweis stürmen Alex Villaplane und drei seiner Männer in das Haus von Geneviève Léonard, die beschuldigt wurde, einen Juden beherbergt zu haben. Sie durchsuchen das Haus (…) Alex packt die 59-jährige Mutter von sechs Kindern an den Haaren. ›Wo ist dein Jude?‹, schreit er. Die Dame weigert sich zu antworten (…) Alex schubst sie in einen Nachbarhof, schlägt sie mit dem Gewehrkolben und zwingt sie, sich eine entsetzliche Szene anzusehen: Männer der Brigade Nord Africain quälen zwei Bauern. (…) Sie werden geschlagen und angezündet, dann aus nächster Nähe mit Maschinengewehren erschossen. (…) Alex lacht. Während dieser Zeit hatten einige andere Männer der BNA den Juden Antoine Bachmann ausfindig gemacht (…) Sie bringen ihn zur Farm. Alex schlägt ihn und nimmt ihn dann fest. Dann befiehlt er Geneviève Léonard, ihm 200.000 Franken zu geben.«

In jener Zeit kämpfte auch ein anderer ehemaliger Fußballer in Frankreich: Ivan Bek, Villaplanes ehemaliger Freund und Mitspieler in Sète. Er war nach Kriegsbeginn nicht in seine alte Heimat Belgrad zurückgekehrt, sondern in den Widerstand gegangen. Als »Capitaine Tito« war er an der Befreiung der Region um die südfranzösische Kleinstadt Sisteron beteiligt. Wie bei den ehemaligen HSV-Spielern Tull Harder und Asbjørn Halvorsen gibt es allerdings keine Beweise dafür, dass sich Villaplane und Bek in den Kriegsjahren jemals über den Weg gelaufen sind.

Irgendwann im Sommer 1944 realisierte Villaplane, dass die Deutschen den Krieg möglicherweise nicht gewinnen würden. Also inszenierte er öffentliche Gnadenakte, einigen Menschen, die er festnehmen sollte, ermöglichte er die Flucht. Öffentlichkeitswirksam wollte er den Anschein erwecken, dass er nur auf Seiten der Nazis gearbeitet habe, um seinen Landsleuten zu helfen. Ihm selbst half dieses Schauspiel aber nicht.

Im August 1944 kapitulierten die deutschen Besatzer in Paris gegen die vorrückenden Widerstandskämpfer und die Alliierten. Charles de Gaulle hielt vor dem Rathaus eine historische Rede: »Paris. Paris wurde beleidigt. Paris wurde gebrochen. Paris wurde gepeinigt. Aber Paris ist befreit. Es hat sich selbst befreit. Befreit durch sein Volk mithilfe der französischen Armee und mit der Unterstützung von ganz Frankreich.« Im Prozess soll

Villaplane ruhig und lächelnd den Ausführungen des Staatsanwaltes gefolgt haben:

»Sie plünderten, vergewaltigten, raubten, töteten und verbündeten sich mit den Deutschen für noch schlimmere Verbrechen. Sie haben Feuer und Verderben hinterlassen. Ein Zeuge erzählte uns, wie er mit eigenen Augen sah, wie diese Söldner Juwelen von den noch zuckenden und blutbefleckten Körpern ihrer Opfer nahmen. (…) Villaplanes Psychologie war anders als die der anderen Bandenmitglieder. Er selbst gibt zu, dass er ein Intrigant ist. Ich würde sagen, dass er ein Betrüger ist, ein geborener Betrüger.«

Ein Zeuge erzählte vor Gericht die Geschichte, wie Villaplane mit seinen Leuten in ein Dorf kam und klagte:

»Oh, in welchen Zeiten leben wir! Oh, unsere Zeit ist schrecklich! Zu welchen harten Maßnahmen bin ich gezwungen! Ein Franzose, der eine deutsche Uniform tragen muss! (…) Hast du gesehen, welche schrecklichen Gräueltaten diese Wilden begangen haben? Sie werden auch dich töten. Aber ich werde versuchen, dich unter Einsatz meines eigenen Lebens zu retten. Ich habe schon viele Menschen gerettet. Vierundfünfzig, um genau zu sein. Du wirst Nummer fünfundfünfzig sein. Wenn du mir 400.000 Francs gibst!«

Am 1. Dezember 1944 verurteilte das Gericht Alex Villaplane, Henri Lafont, Pierre Bonny und weitere Nazi-Kollaborateure zum Tode. Am zweiten Weihnachtstag wurden sie im Fort de Montrouge in der Nähe von Paris von einem Erschießungskommando hingerichtet. Villaplanes letzte Worte oder Gedanken kennt niemand. Seine Biografie war in den Jahrzehnten danach einige Male Vorlage für Romane. In Martin Walkers Krimi

»Bruno, Chief of Police« wurde er nur leicht anonymisiert, und als Anführer Villaplana tauchte er im Roman »Le Corps Noir« von Dominique Manotti auf. Auch die britische Schriftstellerin und Filmemacherin Juliet Jacques schrieb eine Kurzgeschichte über das Leben von Villaplane. Sie selbst wird dabei zu einer Romanfigur. Zum letzten Mal sah sie ihn im Fort de Montrouge. Und vielleicht waren die letzten Sekunden seines Lebens wirklich genau so, wie sie schreibt: »Er führte seine Mannschaft hinaus, Bonny und Lafont neben sich, als wären sie seine Mitspieler in der Außenverteidigung. Sie stellten sich vor dem Erschießungskommando auf, und ich sah, wie sich Villaplanes Augen für einen Moment weiteten, und als der Schießbefehl kam, dachte er an Montevideo.«

KAPITEL 16

KLEINE FISCHE

Die große Schwerverbrecherkarriere blieb ihnen verwehrt – aber in die Schlagzeilen kamen sie trotzdem. Von Zigarettenschmugglern, Impfpassfälschern und Klodeckeldieben.

Oh shit!

»Haste Scheiße am Fuß, haste Scheiße am Fuß«, sagte einst der Fußballphilosoph Andreas Brehme. Der Satz fasst gut die Karriere des ehemaligen englischen Nationalspielers **Glen Johnson** zusammen, der ein solider und freundlicher Typ ist, aber aus einer Verkettung besonders kurioser Meldungen einen ziemlich beschissenen Ruf hat. Besonders zu seiner Zeit beim FC Chelsea konnte man allerhand Erstaunliches lesen. So soll der Mann am Abend vor einem Champions-League-

Spiel gegen den FC Barcelona ausgiebig in einer Bar gefeiert haben. Er sei, so berichtete die Boulevardpresse, bis in die frühen Morgenstunden über die Tische gehüpft und getanzt, Wodka-Glas in der einen Hand, Champagner-Flasche in der anderen. Am nächsten Morgen torkelte er nicht nur verkatert zum Flughafen, sondern auch ohne Reisepass. Den hatte er angeblich vergessen oder verloren. Die Presse johlte, die Fans tobten.

Ein anderes Mal zog er sich eine Handverletzung zu, weshalb er ein paar Spiele verpasste. In der Zeit machte das Gerücht die Runde, er sei über die Nichtberücksichtigung von Trainer José Mourinho so wütend gewesen, dass er mit der Faust gegen die Kabinenwand geboxt hätte. Wieder lautes Gelächter in der Öffentlichkeit, wieder einige hämische Berichte. Johnson ging damals noch recht locker mit dem Spott um, obwohl die Geschichten, so sagte er, absolute Lügen waren. Seinen Reisepass hätte er vor dem besagten Champions-League-Spiel nicht verloren, es wäre eh nicht möglich gewesen, weil der Verein alle Pässe hatte. Er sei am Vorabend auch nicht feiern gewesen. Die Hand, ja, die hätte er sich gebrochen, aber sicherlich nicht, weil er gegen eine Steinwand geboxt hatte.

Im Januar 2007 – Johnson spielte mittlerweile für Portsmouth – geschah aber etwas, das ihm bis heute zu schaffen macht. Er wurde damals in dem Kaufhaus B&Q verhaftet, weil er mit Ben May vom FC Millwall einen Toilettensitz geklaut hatte, angeblich.

Die ganze Geschichte geht so: May brauchte eine neue Toilette, und zwar ein komplettes Set, also Keramikklo, Klodeckel, Klobrille, Klobürste, Klopapierhalter, Klopapier und so weiter. Bei B&Q fand er so ein Rundum-Sorglos-Paket, nur der Klodeckel gefiel ihm nicht so gut. Er wollte gerne einen sogenannten »Softcloser« haben, einen Deckel, der sich beim Schließen langsam absenkt. Er fand ihn ein Regal weiter, allerdings nicht im Set, sondern nur als Einzelstück. Also tauschte er die Klodeckel aus. An der Kasse zahlten die Männer das Set. Mit der Vorfreude auf ein angenehmes Klo-Erlebnis gingen sie zum Ausgang, wo sich ihnen ein Security-Mitarbeiter in den Weg stellte und schnaubte: »Wir haben alles auf Kamera. Bitte warten Sie, die Polizei ist unterwegs!« May und Johnson wurden aufgeklärt, dass der Softcloser 2,35 Pfund mehr kostete, weshalb sie ihn quasi geklaut hatten. Die Fußballer lachten und boten an, die Summe direkt zu zahlen. Aber der Sicherheitsmann ließ nicht mit sich reden. »Das ist eine ernste Angelegenheit. Die Polizei wird Sie verhören.« Als die Beamten da waren, wurden Johnson und May mit einer Strafe von 68 Pfund belegt. Die beiden hätten dagegen juristisch angehen können, aber sie sahen davon ab, weil sie keinen monatelangen Prozess in aller Öffentlichkeit wegen eines Klodeckels führen wollten. Also zahlten sie die Strafe. Natürlich bekam die englische Boulevardpresse Wind von der Sache. »Wir dachten erst, das wäre eine Art Prankshow, aber der Sicherheitsmann und die Polizei meinten es wirklich ernst«, sagte Johnson später. »Und weil wir Strafe zahlten, sah es aus wie ein Schuldeingeständnis. Aber das war es nicht. Und sowieso: Welcher Ladendieb geht zur Kasse und zahlt für sein Zeug?«

Aber Johnson konnte noch so viel erklären, der Fauxpas war eine Steilvorlage für Mitspieler und Fans. Als er vor dem nächsten Spiel seinen Spint öffnete, fielen ihm zahlreiche Rollen Klopapier entgegen, und am Haken hing statt seines Trikots ein goldener Klodeckel. Die Fans schwenkten Klobürsten, dichteten Songs, in denen es um Kot und Diebstahl ging. Johnson sagte später, dass er vielleicht mal einen Blog starten sollte, um endlich mal diese ganzen Gerüchte zu widerlegen: »Ich möchte als Nationalspieler in Erinnerung bleiben, nicht als Klodeckel-Dieb.« Verständlich. Er ließ sich trotzdem lieber ein Tattoo stechen: »Everything happens for a reason.«

Fleisch ist sein Gemüse

Ähnlich gedankenverloren ging der schottische Torhüter **Alan Rough** einst einkaufen. Im Spätherbst seiner glorreichen Karriere (631 Spiele für Partick Thistle, WM-Teilnahme 1986) vergaß er in einem Supermarkt, ein Stück Hackfleisch zu bezahlen. Der Ladendetektiv nahm die Torhüterlegende fest und übergab sie der Polizei. Die Sache klärte sich schnell auf, Rough wurde wieder freigelassen. Aber klar, auch hier berichtete die Boulevardpresse, und auch hier reagierten die gegnerischen Fans mit einem neuen Schmähgesang, den er sich in den letzten Wochen seiner Karriere anhören musste: »Where's the mincemeat, where's the mincemeat, where's the mincemeat, Alan Rough? It's in your pocket, it's in your pocket, it's in your pocket, Alan Rough.«

Der Prins vom Betze

Jacobus Prins, einer der ersten Holländer in der Bundesliga, machte gern auf dicke Hose. Im »Spielerlexikon 1963–1994« heißt es: »Ein genialer, aber selten konstanter Halbstürmer, kein bisschen Musterprofi, privat ein Exzentriker.« Zum Training des 1. FC Kaiserslautern fuhr er mit einem Cadillac. Stammgast war er im Mannheimer Rotlichtdistrikt, wo er seine Zigaretten gerne mit Zehn-Mark-Scheinen angezündet haben soll. Als er nach einem schlechten Spiel mal ausgepfiffen wurde, zog er seine Hose runter und zeigte dem Publikum sein blankes Hinterteil. Verlobt war er mit einer Balletttänzerin, die 19 Jahre alt war und somit nach damaliger Gesetzgebung noch nicht volljährig. Die Eltern des Mädchens waren strikt gegen eine Hochzeit, weswegen Prins seine Verlobte eines Tages entführte. Die Eltern lösten die Beziehung daraufhin öffentlich in einer Zeitung auf und erstatteten Strafanzeige gegen Prins. Ein Happy End gab es zwei Jahre später, als die Verlobte 21 wurde. Prins starb mit nur 49 Jahren, als er für ein Altherrenteam ein Tor schoss und beim Jubel einen Herzinfarkt erlitt.

Haste mal 'ne Kippe?

Als der Torhüter **Pavel Mačák** 1982 aus der Tschechoslowakei floh und mit seinem orangefarbenen Škoda in Gelsenkirchen ankam, war er zunächst etwas irritiert. So bunt und paradiesisch, wie es ihm immer erzählt wurde, war Westdeutschland ja gar nicht. Aber er blieb. Vielleicht auch, weil ihm die Trikotfarben seiner neuen Mannschaft gefielen. Sie waren blau und weiß, so wie bei seinem alten Klub Banik Ostrava. Für die Knappen stand er von 1983 bis 1987 unter Vertrag, an Walter Junghans war aber kein Vorbeikommen, insgesamt machte Mačák nur 16 Spiele. In die Schlagzeilen kam er 2005, als er sich wegen Zigarettenschmuggels vor Gericht verantworten musste. Er bekam einige Wochen auf Bewährung. Dem »Schalker Kreisel« erzählte er: »Ich reiste häufig von Deutschland nach Tschechien, wo Zigaretten sehr viel günstiger waren. Natürlich durfte man nur kleine Mengen über die Grenze transportieren. Ich aber hatte meist etliche Stangen im Kofferraum, weil ich nie Nein sagen konnte, wenn ein Freund oder ein Bekannter fragte: ›Pavel, bringst du mir Zigaretten mit?‹ Leider wurde ich erwischt, nicht nur einmal.«

Haste noch 'ne Kippe?

Auch einem anderen Schalker, **Tomasz Hajto**, wurde einst Zigarettenschmuggel vorgeworfen. Im Juni 2004 schrieben Medien, dass der Verteidiger einem Nachbarn 110 Stangen Zigaretten abgekauft und diese dann im Bekanntenkreis weiterveräußert hatte. Hajto musste eine Geldstrafe von 43.500 Euro zahlen. 15 Jahre später scherzte er im Interview mit »11Freunde«: »Zwei Polen haben es geschafft, vor Angela Merkel in der Tagesschau aufzutauchen. Der Papst und ich.« Die Geschichte sei allerdings aufgeblasen worden. Ein Nachbar in Duisburg hätte damals Zigaretten nach Deutschland geschmuggelt und sei dafür auch im Knast gelandet. »Aber davon hatte ich damals keinen Schimmer. Ich wusste nur: Er verkauft günstige Zigaretten. Er fragte mich am Telefon, ob ich Interesse hätte, also kaufte ich ihm 40 Stangen ab. Ich hatte keine Ahnung, dass er von der Polizei abgehört wird. Ich sagte zu ihm: ›Bring mir die Kippen einfach zum Trainingsgelände.‹ Dort verschenkte ich sie auf dem Parkplatz an Bekannte von mir, an Polen, denen ich vorher Bescheid gegeben hatte und von denen ich wusste, dass sie nicht viel Geld verdienten.«

Anfangsverdacht

Zur Erinnerung: Während der Corona-Hochphase gab es für Veranstaltungen eine sogenannte 2G+-Regel. Besucher mussten einen Impf- oder Genesenennachweis und einen zusätzlichen tagesaktuellen Corona-Test vorweisen. So lautete auch die Regel für eine Karnevalsparty am 11. November 2021, auf der **Markus Anfang** zu Gast war. Bloß, der damalige Werder-Coach war nichts von alledem, er kam nur am Türsteher vorbei, weil er seinen Impfpass gefälscht hatte. Als das rauskam, entließ ihn sein Verein. Das Sportgericht des DFB sperrte ihn für ein Jahr von allen Trainertätigkeiten, und das Amtsgericht Bremen erließ einen Strafbefehl über 36.000 Euro.

Die geklauten Glücksschuhe

Der Strawberry-Pub direkt neben dem Stadion von Newcastle United ist vollgehangen mit Memorabilia. Schals, Trikots, alte Spieltagsprogramme, Fotos von Peter Beardsley oder Alan Shearer. An einer Wand hängt auch ein wundervoller Brief, den der ehemalige NUFC-Spieler **David Batty** im März 1998 an einen Balljungen namens Norm geschrieben hat: „Ich habe gehört, dass du heute im St. James Park bist. Dieses Mal nicht als Balljunge, sondern als Maskottchen. Vielleicht erinnerst du dich, letzten Sommer hast du mir meine Glücksschuhe geklaut. Seitdem habe ich nur noch Pech, ich spiele schlecht und bekomme Gelbe Karten wie Konfetti. Ich würde mich sehr freuen, wenn du mir die Schuhe zurückgibst. Sonst muss ich andere Schritte in Erwägung ziehen." Es ist anzunehmen, dass der Balljunge die Schuhe nicht zurückgab, denn wirklich rund lief es für Batty nicht mehr. Im folgenden Spiel gegen Crystal Palace erhielt er erneut Gelb, danach stand er ein paar Spiele nicht im Kader. Zwei Monate machte er im FA-Cup-Finale gegen Arsenal sein letztes Spiel für Newcastle, es ging 0:2 verloren. Danach verließ er den Klub. Ein paar Monate später beendete er auch seine Nationalmannschaftskarriere.

Das geklaute Glückstrikot

Der Torhüter **Lee Harper** stand drei Jahre beim FC Arsenal unter Vertrag – machte aber nur ein einziges Spiel für den Klub. Am 15. März 1997 bei einem 2:0-Sieg gegen Southampton. Er war eigentlich dritter Torhüter, weil aber die Stammkeeper ausfielen, musste er ran. Er war damals schon 25, und es war sein erstes Profispiel überhaupt. Vielleicht ein kleiner Boost, denn später spielte er noch mehrere Jahre für die Queens Park Rangers und für Northampton Town. Das Trikot des Spiels, orange, Brustsponsor JVC, hielt er jahrelang in Ehren. Er hatte danach sogar alle Spieler des Kaders darauf unterschreiben lassen. Eine Ansammlung von Neunzigerjahre-Superstars: David Seaman, Dennis Bergkamp, Patrick Vieira, Tony Adams, auch Trainer Arsène Wenger signierte. 25 Jahre später, am 18. Mai 2022, schrieb Harper auf Twitter: „Bei uns wurde eingebrochen, und mein Arsenal-Trikot mit der Nummer 26 wurde aus dem Rahmen herausgerissen und gestohlen. Es bedeutet mir sehr viel. Wer kann helfen? Bitte retweeten!" Es wurde fast 6000-mal retweetet und über 100-mal kommentiert. Auch viele ehemalige Mitspieler beteiligten sich an der Suche. Die beste Idee hatte ein User: „Hol dir einfach ein Replica-Shirt und lass alle Spieler noch mal unterschreiben." Dass Harper da nicht selbst drauf gekommen war.

KAPITEL 17

ZWEI EIGENTORE

Nürnbergs Vlado Kasalo liebte Glücksspiel und Fußballwetten – dann schoss er zweimal ins eigene Tor. Mit Absicht?

»Du wirst mich erkennen«, sagte er, und ehe ich nach seiner Telefonnummer fragen konnte, legte er auf. Ein paar Monate hatte ich ihn gesucht. Hatte Typen auf Facebook angeschrieben, die sich Vlado K. nannten oder V. Kasalo. Hatte seine alten Vereine nach einem Kontakt gefragt, Nürnberg und Mainz, Dinamo Zagreb, keine Antwort. Ein Kollege des »Kicker« hatte mir eine alte Nummer gegeben, aber es meldete sich nur eine Mailbox. Irgendwann stieß ich auf einen ehemaligen Mitspieler, Guido Schäfer, der, so stellte sich im Verlauf des Gesprächs heraus, einer von Kasalos besten Freunden gewesen war. Sie hatten in Mainz zusammengespielt. Schäfer versprach mir, dass er Vlado meine Anfrage weiterleiten würde. »Der meldet sich dann!« Und das tat er wirklich.

Es war ein milder Tag im Januar 2014, und ich stand also, wie verabredet, auf einem Parkplatz am Flughafen von Zagreb und wartete. Du wirst mich erkennen! Aber wie? Am Anfang der Recherche hatte ich gedacht, es könnte großer Spaß sein, Vlado Kasalo zu treffen. Nun aber bekam die Geschichte etwas Mysteriöses. Warum hatte er sich von einer anonymen Nummer gemeldet? Warum gab er mir nicht einfach seine Adresse? Warum diese Geheimniskrämerei? Ein Wagen fuhr an mir vorbei, ein schwarzer BMW 318. Er kehrte um, fuhr noch mal an mir vorbei. Ich konnte nicht ins Innere des Wagens sehen, denn die Scheiben waren leicht getönt. Ich hob trotzdem mal die Hand zum Gruß. Aber das Schauspiel wiederholte sich noch zweimal. Dann hielt der Wagen. Die Tür öffnete sich, ein groß gewachsener Mann stieg aus. Blonde kurze Haare, Sonnenbrille, Jeans, Après-Ski-Daunenjacke, signalrote Turnschuhe. Er sagte: »Mein Freund, was macht das Leben? Setz dich rein!« Und dann ging es los. Vollgas durch die Stadt und ein Leben an der Grenze zum Wahnsinn.

Vlado Kasalo war im Sommer 1989 für die Rekordablöse von 1,3 Millionen Mark aus Zagreb zum 1. FC Nürnberg gewechselt. Franz Beckenbauer, der einmal mit Kasalo in einer Weltauswahl gespielt hatte, sagte: »Den könnt ihr blind nehmen.« Nürnbergs Präsident Gerd Schmelzer glaubte, einen »richtig dicken Fisch« geangelt zu haben. Kasalo war, zumindest in seiner Heimat, eine große Nummer gewesen. Bei Dinamo galt er als einer der Topstars, er war Jugoslawiens Hoffnung für die WM 1990. Nun also Deutschland, Nürnberg, Mittelfranken, der Goldene Westen. Bald aber versackte er in den Etablissements der Nacht, im schummrigen Licht der Rotlichtviertel, in den verrauchten Hinterzimmern. Er zockte. Er fuhr ohne Führerschein Auto. Und irgendwann schoss er zwei Eigentore hintereinander, um seine Wettschulden zu bezahlen. Angeblich.

Im Januar 2014 fuhr Vlado Kasalo mich durch die Stadt und stellte mich alle paar Kilometer einem Freund oder Bekannten vor. Als wollte er sagen: Schau nur, in Zagreb kennt mich jeder, hier bin ich der König, der ich in Deutschland nie war. Als Erstes hielten wir an einem Fischrestaurant. Hallohallo. Sein Kumpel Ivo empfing uns, halblanges zurückgekämmtes Haar, aufgewachsen in Berlin, früher Gastwirt, heute Chef eines Zagreber Wettbüros, reiner Zufall. »Vlado ist der Beste«, sagte er. »Hätte Weltmeister werden müssen!« Dann fuhren wir zum Stadion Maksimir, wo Kasalo mit Zoran Mamić abklatschte. Auch ein ehemaliger Bundesligaspieler, VfL Bochum und Bayer Leverkusen, nun Trainer von Dinamo Zagreb. Ein Jahr später wurde er mit seinem Bruder Zdravko festgenommen. Den beiden wurde vorgeworfen, sich bei Spielerverkäufen bereichert und Steuern hinterzogen zu haben. Alleine beim Transfer vom Luka Modrić sollen sie insgesamt rund 15 Millionen Euro veruntreut und 1,5 Millionen Euro an Steuern hinterzogen haben.[5] Aber das wusste ich damals noch nicht. Und Kasalo? Vielleicht. Vielleicht auch nicht, mein Freund. Lass uns weiter.

Der nächste Stopp, ein Frisörsalon. Nana schnitt ihm die Haare, »die beste Friseurin von allen«, wie der König sie nannte. »Vlado, oh, Vlado«, sagte sie, »er kennt hier alle«, und Vlado lächelte. Als er zahlen wollte, winkte Nana ab, passt schon. Küsschen links, Küsschen rechts, wir sehen uns, Schätzchen. Kasalo wirkte wie die leicht überzeichnete Figur eines Balkan-Krimis: Alle Geschäfte erledigt? Klar! Also Sonnenbrille auf und den Fuß wieder aufs Gaspedal. Eine Hand am Steuer und immer auf der Suche nach dem nächsten Überholmanöver.

Als Kasalo im Sommer 1989 zu Vertragsverhandlungen im Büro von Club-Präsident Schmelzer saß, stellte er zur Überraschung seines Beraters Forderungen. »Ich will 30.000 Mark pro Monat und dasselbe Auto haben wie Sie«, sagte er zu Schmelzer, während der Berater in seinem Sessel versank. Für Kasalo hingegen war das ein bekanntes Spielchen, schon immer hatte er seine Deals ausgezockt. Bei seinem zweiten Profiverein, Olimpija Osijek, unterschrieb er nur, weil der Trainer versicherte, ihm eine besonders teure Lederjacke zu kaufen. Als nun der Berater beschwichtigen wollte, lachte Schmelzer laut auf und sagte: »Kein Problem, mein Freund!«, und Kasalo, der in Osijek ohne Vater als Sohn einer Kurierdienstfahrerin aufgewachsen war, der sich in seiner frühen Karriere mit Supermarkt-Bons statt mit regelmäßigen Gehältern durchgeschlagen hatte, sah mit einem

5 Besonders Zdravko war für seine cholerischen Anfälle gegenüber kritischen Journalisten und Politikern bekannt. Als er einmal den kroatischen Sportminister live im Radio beschimpfte, wurde er noch in der Sendung festgenommen.

Mal, dass er es in Deutschland zu etwas bringen könnte. Zumindest auf der Straße. Fortan fuhr er mit einem Mercedes-Coupé 300 durch die Stadt, kaufte sich Schuhe für 800 Mark, Anzüge für 1500 Mark und, wenn noch Geld übrig war, ein paar goldene Rolex für seine Freunde.

Doch sportlich lief es überhaupt nicht. Niemand verstand ihn, und er verstand niemanden. Mit Souleyman Sané spielte anfangs nur ein weiterer Ausländer in Nürnberg, doch der lebte schon über fünf Jahre in Deutschland. Und während sich der Senegalese bei Mannschaftsabenden mit den Mitspielern Witze erzählte, verschwand Kasalo so schnell wie möglich in seiner überdimensionierten Wohnung, schaltete den Fernseher ein und dachte, dass ihm die anderen mal den Buckel runterrutschen könnten.

Nach fünf Spielen verletzte sich Kasalo so schwer, dass er einige Monate ausfiel. Während die Presse über den Millionen-Fehleinkauf herzog, pendelte Kasalo zwischen Reha-Klinik und Einkaufspassage. Er fuhr jedoch ohne gültigen Führerschein, und die Polizisten in Deutschland waren aus anderem Holz als die in seiner Heimat. Als sie Kasalo zum dritten Mal erwischt hatten, musste er 25.000 Mark Strafe zahlen. Zudem bekam er eine einjährige Bewährungsstrafe.

Also ging es zu Fuß durch die fremde Stadt, in Diskotheken und Bars, in Boutiquen und Cafés. Wenn ihn Frauen ansprachen, zeigte er ihnen seine Uhren und seine Schuhe, und wenn Journalisten fragten, ob er Zeit für ein Interview habe, sagte er: »Natürlich, mein Freund!«, und lederte los. Einmal erzählte er, dass es für ihn keine Ehre sei, bei der WM 1990 für Jugoslawien zu spielen. Ivica Osim strich ihn prompt aus dem Kader. Ein anderes Mal fragte ihn ein Radiomoderator, ob er sich als Jugoslawe fühle. Kasalo antwortete, dass er einen jugoslawischen Pass habe, doch im Herzen ein Kroate sei. Kurze Zeit später lernte er in der Stadt ein paar Männer kennen. »Vlado, wir sind Kroaten, so wie du«, sagten sie, und Kasalo ging mit ihnen.

Vielleicht wäre vieles auch dann schiefgelaufen, wenn er damals nicht mitgegangen wäre. Vielleicht aber bedeutete dieser Moment den Anfang vom Ende in Deutschland. Denn Kasalo fand sich nun in Halbweltschuppen mit Namen wie »Tropicana« oder »Monte Carlo« wieder. Kasalo faszinierte dieses Milieu. Es war anders als die heile und immergleiche Welt der Mannschaftsabende, wo seine Mitspieler Schafkopf um ein oder zwei Mark spielten. Als er einmal mit einem Verband an der Hand auf der Geschäftsstelle erschien, fragte ihn sein Trainer Hermann Gerland, was passiert sei. »Bin die Treppe runtergefallen!«, antwortete Kasalo. In Wahrheit hatte er sich geprügelt, im »Tropicana« oder im »Monte Carlo«, irgendjemand war ihm dumm gekommen.

»Ich bin ein Kindskopf«, sagte Vlado Kasalo zu mir und fuhr den BMW vorbei am Nationaltheater und am Mimara-Museum. Er war damals 51 Jahre alt, 1,86 Meter groß, inzwischen brachte er fast 100 Kilo auf die Waage, seine Schultern waren breit, seine Gesichtszüge kantig, aber er hatte recht: Das Kind war immer noch da. Wenn ihm etwas in den Sinn kam, sprach er es sofort aus. Wortfetzen, Halbsätze, Assoziationsketten. Schweigen ertrug er auf unserer Spazierfahrt nicht. »Ich liebe Deutschland!«, sagte er, und dann folgte ohne ersichtlichen Grund der 77er-Kader des HSV: »Kargus, Kaltz, Memering, Nogly, Magath, Reimann, Volkert … Keegan!« Dann plötzlich Fragen nach alten Weggefährten. »Was macht Gerd Schmelzer? Was macht Dieter Eckstein?«, Namen, die auf einer Zagreber Stadtautobahn wohl noch nie gefallen waren. Tempo, Tempo, Höllentempo, da hinten die Lücke, rechts, dann links, noch einmal überholen, Gelächter. »Mein Freund, alles Spaß!«

Dann zündete sich Kasalo die siebzehnte Zigarette an diesem Tag an und setzte weitere Bruchstücke seiner Vergangenheit zusammen: wilde Partys in Berliner Diskotheken, ausufernde Shoppingtouren am Hamburger Neuen Wall und ein Lied, das er damals ganz gerne mochte: »Eins, zwei, Polizei, drei, vier, Grenadier.« Ein Euro-Dance-Hit aus den frühen Neunzigern von der Gruppe Mo-Do. Er klopfte den Rhythmus aufs Lenkrad, und erst als er den Wagen vor seinem Haus auf den Hof fuhr, war es kurz still und er für einen Moment ganz klar. Die Abende im »Tropicana« und »Monte Carlo«, jetzt sah er sie deutlicher: Spielkarten auf grünen Tischen, die lauter werdenden Signaltöne der Slotmaschine, vor ihm Scheine in der Geldklammer, neben ihm mal keine Freunde, mal echte Freunde, mal falsche Freunde. Typen, die in Deutschland gestrandet waren, einige aus Zagreb, andere aus Split. Typen, von denen es später hieß, dass sie in den Krieg gezogen seien. Doch sie alle kümmerten sich um ihn, und, was noch viel wichtiger war, sie schauten zu ihm auf. »Das war nicht illegal«, sagte Kasalo nun. Er legte den Kopf in den Nacken und holte Luft. Wieder Gelächter, so laut, als wollte er das, was er danach sagte, einfach übertönen. Also ganz schnell: »Aber auch nicht legal!«

Die ganz große Scheiße begann am 16. März 1991, als Vlado Kasalo gegen den VfB Stuttgart ein Eigentor köpfte. Zwar nannte ihn der »Kicker« da noch den »Herrn der Lüfte« und gab ihm die Note 2, doch weil Kasalo eine Woche später beim Karlsruher SC wieder ins eigene Tor traf, kursierten bald Gerüchte. Es hieß, Kasalo habe die Eigentore erzielt, um seine Schulden bei der kroatischen Wettmafia zu zahlen. Aber war das wirklich so? »Wenn das Absicht war, kann er im Zirkus auftreten«, sagte Otto Rehhagel. Tatsächlich war das zweite Eigentor akrobatisch: Kasalo setzte den Ball mit dem Hinterkopf in den Winkel. Doch auch Rehhagel konnte Kasalo nicht retten. Der Spieler selbst machte sogar alles noch schlimmer. Einem »Anpfiff«-Reporter versuchte er mit seinen paar Brocken Deutsch seine Situation zu erklären. »Große Pech für mich«, sagte er. »Jetzt für mich: ein bisschen Angst.« Ein bisschen Angst? Vor wem denn?

Es dauerte keine Woche, bis sich in der Presse alles vermischte, was man bislang über den Jugoslawen zu wissen glaubte: die dicken Autos, die verrauchten Casinos, die langen Haare, das viele Bargeld. Am Ende stand das Klischee: Jugo-Betrugo.

Am 5. April 1991, zwei Wochen nach dem zweiten Eigentor, saß Kasalo in seinem Lieblingscasino und fühlte sich zum letzten Mal wie der König von Nürnberg. Er hatte auf diesem Platz schon einmal 270.000 Mark verloren, doch an jenem Freitagabend fielen die Barbut-Würfel, wie er wollte. Kasalo gewann einen fünfstelligen DMark-Betrag und riss jubelnd die Arme in die Luft. Plötzlich zuckte er zusammen. »Hände hoch!«, rief jemand, Kasalo drehte sich um und blickte in die Pistolenläufe der Polizisten. »Ich habe sie doch schon oben!«, stammelte er. In der rechten Hand hielt er den Geldbatzen, in seiner linken den Würfelbecher. Wo Kasalo ist, ereignen sich Filmszenen. Diesmal: »Goodfellas« in Nürnberg.

Der Vorwurf lautete: Verdacht auf Spielmanipulation. Kurz darauf entzog ihm der DFB seine Spielerlizenz, der FCN suspendierte ihn, und weil Fluchtgefahr bestand, musste er seinen Reisepass abgeben und sich jeden Tag auf der Polizeiwache melden. »Wir hatten Hinweise bekommen«, sagte Sven Oberhof, damals Interimspräsident beim 1. FC Nürnberg. »Was für Hinweise?«, fragte Kasalo mich im Januar 2014, über 20 Jahre später. »Wo hätte ich denn wetten sollen?« Dann zählte er auf: »Führerschein? Okay, scheiße! Glücksspiel? Ja, auch das, scheiße! Aber Wettmafia und Manipulation? Niemals!« Die Anklage stützte sich auf den Hinweis eines Taxifahrers. Dieser hatte nach der Niederlage gegen den KSC zwei Gäste gefahren, die sich über die Eigentore freuten. Sie sollen zuvor Geld auf eine Nürnberger Niederlage gesetzt haben. »Die Anklage wurde fallengelassen, weil es keinerlei Beweise gab«, sagte Kasalos damaliger Anwalt Matthias Prinz.

Vlado und ich waren mittlerweile an seinem Haus angekommen, wo er mit seiner zweiten Frau Katarina und ihrem sechsjährigen Sohn lebte. Im Wohnzimmer ein Ledersofa, ein Flachbildfernseher, eine Wand in Violett, Bilder in Goldrahmen, ein paar Pokale in einer Glasvitrine. »Guck hier«, sagte Kasalo und zeigte auf ein Bild vom ersten Spiel der kroatischen Nationalmannschaft gegen die USA. Es fand am 17. Oktober 1990 statt, und der FCN verbot ihm damals, zum Spiel zu reisen. Kroatien war noch keine anerkannte Nation, weshalb die Versicherung für die Reise keine Haftung übernahm. Er scherte sich nicht darum und verschwand. Kroatien gewann 2:1. »Es war das wichtigste Spiel meiner Karriere!«, sagte Kasalo. Als er nach Nürnberg zurückkehrte, musste er 25.000 Mark Strafe zahlen. Er hätte auch 200.000 Mark bezahlt, sagte er später mal. Nun sagte er: »Das ist Leben. Leben ist scheiße.«

Es war Abend geworden in Zagreb. Vlado Kasalo zog sich um und fuhr zu einem Freund, der in einem Schrebergarten eine kleine Party schmiss. Es gab Fleisch und Bier. »Ich bin vermutlich der einzige Fußballprofi, der nichts hatte, als er aus dem Westen heimkehrte«, sagte Kasalo zu mir.

Er hatte Deutschland im Sommer 1991 mit 50 000 Mark Schulden verlassen. Doch auch in Zagreb kam er nicht zur Ruhe. Weil in Kroatien gerade Krieg herrschte, schnappte sich Kasalo eine Waffe und patrouillierte als Soldat durch die Stadt. Zwei Cousins und sein Patenonkel waren ermordet, Bekannte verschleppt worden. Da stand er nun, immer auf der Hut, immer in Sorge, dass gleich die Serben einmarschieren würden, und nachts weinte er sich in den Schlaf. »Wie kann ich das erklären?«, fragte er mich im Schrebergarten. »Was soll man denn tun, wenn Krieg ist?« Dann stand er auf. Dieser große Mann sah wieder aus wie ein Schuljunge, gutgläubig, euphorisch und immer auf dem Weg, auch dorthin, wo er nicht hätte hingehen sollen. Er sagte mir, dass er den Krieg am liebsten in einen großen Sack stecken und hinter dem Haus vergraben würde. Doch es ist, wie es ist: Was man behalten will, vergisst man, was man vergessen will, behält man. »Ich war nicht politisch, ich habe weder etwas gegen Muslime noch gegen Serben«, sagte er dann. »Ich war doch nur loyal.«

Eigentlich hatte Kasalo damals seine Fußballschuhe bereits an den Nagel gehängt. Doch dann, im Sommer 1992, kam der Anruf von Josip Kuze. »Vlado, mein Freund, ich brauche dich hier!«, sagte der Trainer, der kurz zuvor beim FSV Mainz 05 angefangen hatte. Kasalo ließ sich überzeugen, und auf einmal stand er wieder in der Kabine einer deutschen Fußballmannschaft. Auf den ersten Blick hatte sich nichts verändert, denn Kasalo war schon wenige Tage nach seiner Ankunft bei Versace shoppen gegangen. »Schon seine Sonnenbrille war teurer als alles andere in der Kabine«, sagte sein ehemaliger Mitspieler Guido Schäfer. Zudem gerieten die ersten Trainingseinheiten zur Tortur, denn Kasalo, eben noch Soldat, machte nach zwei Runden schlapp und schlief manchmal auf der Massagebank ein.

Und doch war es beim Zweitligisten anders als in Nürnberg. Zum einen spielte er bald so gut, dass er mehrmals in die »Kicker«-Elf der Woche und des Monats gewählt wurde. Außerdem fand er mit Schäfer einen Verbündeten. »Die langen Haare, sein Mercedes 500, die Schuhe, er war verdammt cool«, sagte Schäfer. Einmal kauften sie sich Handys, so groß wie Faxgeräte. Sie kosteten über 1000 Mark. Anrufen konnten sie sich aber nur gegenseitig, denn die Apparate waren die einzigen, die bis dahin in Mainz im Umlauf waren.

An den Abenden nahm Kasalo seinen neuen Freund mit in eine Welt, die dieser bis dahin nicht kannte. »In den kroatischen Cafés war er geachtet und gefürchtet«, sagte Schäfer. »Ich habe ihn nie darauf angesprochen, doch es war klar, dass Vlado Kontakte in Kreise hatte, die wir anderen vielleicht nur aus dem Kino kannten.« Als einmal bei einem Auswärtsspiel bei Tennis Borussia Berlin in die Kabine eingebrochen wurde, fragte Kuze, ob jemand etwas vermisse. Kasalo meldete sich: »Ja, Trainer, 25.000 Mark sind weg.« Schäfer und die anderen guckten irritiert, doch Kasalo zog die Schultern hoch. Er sagte, er habe so viel Bargeld bei sich gehabt, um später mit seinem Vater im KaDeWe shoppen zu gehen.

Doch in Mainz verzieh man ihm das wilde Leben, auch weil Kuze große Stücke auf seinen Landsmann hielt und die restlichen Spieler den Kroaten wegen seiner Leistung respektierten. Sie feierten in großen Runden Siege und Geburtstage, und einmal brachte Kasalo Julischka mit, eine kroatische Likörspezialität, die viele Mitspieler derart berauschte, dass sie sich damit am Ende des Abends gegenseitig einrieben. Sie trainierten zusammen wie eine Mannschaft von Freunden, Steffen Herzberger, Guido Schäfer, Thomas Zampach, und manchmal kam ein guter Freund Kasalos vorbei und tunnelte Holger Greilich oder schoss Stephan Kuhnert mit ins Tor. Als der Mainzer Jürgen Klopp erstaunt fragte, ob der Unbekannte auch Fußballprofi sei, antwortete Kasalo: »Das ist mein Kumpel aus Zagreb, er ist gerade nach Sevilla gewechselt. Merk dir seinen Namen: Davor Šuker!«

Die Mannschaft beendete die Saison 1992/93 auf Rang zwölf, und eigentlich hätte es immer so weitergehen können. Doch eines Nachts, im Frühjahr 1994, als Vlado Kasalo nicht einschlafen konnte, riss er einen Koffer aus dem Schrank und packte seine Sachen. Er setzte sich ins Auto und fuhr gen Südosten, immer weiter, bis er in Zagreb ankam. Ein paar Tage später erreichte Kuze ihn am Telefon. »Wo bist du?« – »Zagreb!« – »Warum?« – »Keine Lust mehr!« – »Komm bitte zurück!« – »Nein!« Kuze bot ihm noch an, mit nach Japan zu gehen, für die schnelle Million in einer Liga, wo Kasalo wieder mal einer der Superstars gewesen wäre. Doch auch das Angebot lehnte Kasalo ab. Am nächsten Tag stellte sich Kuze vor die Spieler: »Der Vlado kommt jetzt nicht mehr!« Es war das letzte Mal für viele Jahre, dass sie seinen Namen hören sollten.

Warum er abgehauen ist, konnte er auch im Januar 2014 in Zagreb nicht erklären. Irgendein wirrer Gedanke in der Nacht. Die Angst davor, dass es nicht mehr scheiße, sondern gut werden könnte. Das Kind, das weiterrennen muss, egal wohin. Der Wunsch, alles wieder auf eine neue Karte zu setzen. »So bin ich halt«, sagte er, und dann war es zum zweiten Mal an diesem Tag kurz still.

Zurück in Kroatien wurde er Sportdirektor bei Dinamo, doch kurze Zeit später ging wieder einiges schief. Er bekam Geldprobleme und war kein König mehr. Eines Tages wurde er wegen Waffenbesitzes verhaftet. Bald war es auch der kroatischen Justiz zu bunt. Kasalo musste für ein Jahr ins Gefängnis. »Wäre ich bloß nach Japan gegangen«, sagte Kasalo. »Dann wäre das nicht auch noch passiert.«

Erst in den vergangenen Jahren kam er ein wenig zur Ruhe. Auch wegen Katarina und ihrem Sohn. Jetzt noch ein Job als Scout für Dinamo, »alles super, mein Freund, alles super«. Ein paar Tage nach unserem Treffen wollte er sich einen 5er-BMW kaufen, in Weiß, noch ein bisschen dicker, noch ein bisschen breiter als der, den er schon hatte. Er öffnete ein Dosenbier und prostete seinen Kumpels zu, die ihn in die Mitte genommen haben, damit sie ja nichts verpassen von seinen Geschichten. Von dem Mann, über den man in Deutschland immer noch redet. Manchmal jedenfalls.

Danach fuhren wir zurück in die Stadt. Wieder die Straße, die Lichter, die Nacht, eine Hand am Steuer und Mo-Do im Ohr. Eins, zwei, Polizei. Später noch ein Likör in einer Bar. Auf dem

Bildschirm eine Zweitligapartie aus Portugal. Neulich, sagte er, hätte er beinahe im Euro-Lotto gewonnen. Es fehlte nur eine Zahl, dann wäre er Multimillionär gewesen. Es fehlte nur eine verdammte Zahl, doch sie kam nicht. »So ist Leben!«, sagte Kasalo zu mir. »Leben ist scheiße, mein Freund!«

Dieser Text erschien so ähnlich in »11Freunde«.

KAPITEL 18

DAS IST KEIN ÜBERFALL!

Erst hatte er kein Glück, dann kam auch noch Pech dazu: 1990 musste der vom Leben gebeutelte Erwin Kostedde für ein halbes Jahr ins Gefängnis – zu Unrecht.

1990 war ein gutes Jahr für Deutschland. Andreas Brehme schoss die DFB-Elf im Finale gegen Argentinien zum Weltmeistertitel. Matthias Reim sang »Verdammt, ich lieb' Dich«, und ein Typ namens Werner Wichtig forderte »Pump ab das Bier!«. Die Menschen freudetaumelten durch einen endlosen Sommer und das wiedervereinigte Deutschland, das angeblich voller blühender Landschaften war.

Für den ehemaligen Fußballer Erwin Kostedde begann in jenem Sommer die schlimmste Zeit seines Lebens. Nicht dass er vorher vom Glück geküsst worden war. Im Gegenteil. Er hatte schon allerhand Scheiße durchlebt. Er hatte aus einem vielversprechenden Fußballtalent zu wenig gemacht. War in Kneipen abgestürzt, saß wegen Schlägereien zwei Wochen im Bundeswehrgefängnis, verspekulierte sich mit fast all seinem Geld, das er als Fußballprofi eingenommen hatte. Er hatte Rassismus erlebt, immer wieder, seit seiner Kindheit. Er kam zur Welt als Sohn einer Deutschen und eines amerikanischen Besatzungssoldaten, den er nie kennengelernt hat. Auf der Straße im konservativen Münster riefen sie: »Was willst du denn hier, du Schwatter! Geh nach Afrika oder Amerika!« Seine Mitschüler sagten, er sollte sich die Hautfarbe abwaschen. Und seine Mutter wurde von ihren Freundinnen gefragt: »Wo hast du den denn gekauft?«

Im Fußball schoss er viele Tore, fast wie Gerd Müller. In seiner Biografie heißt es: »Kostedde schießt keine Tore, er jongliert und balanciert die Kugel ins Tor.« In Offenbach dribbelte er seinen Gegenspieler, Peter Nogly vom HSV, mit einem fünffachen Übersteiger aus. Nogly fiel einfach um – und applaudierte. Die Fans nannten den Trick »Erwin-Shuffle«.

Aber Kostedde kam nie an. Er wollte ständig weiter, musste ständig weiter, weg. Bremen, Lüttich, Hertha, Offenbach. Es war wie eine ewige Flucht oder eine endlose Suche. Osnabrück, Dortmund, Solingen, Duisburg. Immerhin, er machte drei Länderspiele. Der erste Schwarze im Trikot des DFB. Er fühlte sich gut, es war ein Traum. Aber einigen war das zu viel. Sie machten ihn fertig. Vor seinem ersten Länderspiel hörte er die Beschimpfungen von den Tribünen, spürte die Blicke. Kostedde spielte weiter. Er kämpfte, er fiel, und meistens stand er wieder auf.

Der Sommer 1990 aber zerbrach ihn. Eines Morgens im August standen Polizeibeamte vor seiner Wohnungstür und nahmen ihn fest. Angeblich hätte er mit gezogener Waffe die Spielhalle »Joy« im Münsterland überfallen und 160 Mark erbeutet. Der »Stern« schrieb vom »tiefen Fall des einstigen Publikumslieblings« und vom »braunen Bomber« und »schwarzen Schaf«. Sogar Uli Hoeneß wurde zu dem Fall interviewt. Der Bayern-Manager urteilte: »Solche Spieler machen alles falsch, was man nur falsch machen kann.«

Kostedde musste für sechs Monate in Untersuchungshaft. Dabei widersprachen sich die wenigen Zeugen. Die überfallene Kassiererin war sich bei einer ersten Gegenüberstellung »hundertprozentig« sicher, dass Kostedde der Täter ist. Vor Gericht konnte sie aber nicht mal sagen, ob Kostedde der Mann war, den sie bei der Gegenüberstellung gesehen hatte. Außerdem behauptete sie, der Täter hätte gebrochenes Deutsch gesprochen, Kostedde aber spricht akzentfrei. Auch ein Kioskbesitzer, Fan von Schalke 04, wollte den Ex-Fußballer erkannt haben: »Sie brauchen gar nicht weitersuchen: Das war Kostedde!« Die Arbeit der Polizei war in vielerlei Hinsicht fehlerhaft. So hätten den Zeugen bei der Gegenüberstellung mindestens sieben Personen vorgeführt werden müssen. Aber Kostedde blieb der Einzige. »Wir hielten es für ausgeschlossen, im Raum Münster noch fünf Farbige aufzutreiben«, sagte der Dienststellenleiter vor Gericht.

Das alles ist über 30 Jahre her. Aber Erwin Kostedde hat nichts vergessen. Wenn er über sein Leben spricht, ist diese Episode wichtig, denn im Grunde erzählt sie sein ganzes Leben – den Rassismus, die Vorverurteilungen, die Ungerechtigkeiten, das Pech. »Wissen Sie, was mich richtig traurig gemacht hat: die Reaktion von Otto Rehhagel«, sagt Kostedde heute. Rehhagel hatte ihn bei verschiedenen Vereinen trainiert; Kostedde hatte sich einst sogar beim damaligen Werder-Manager für Rehhagels Verpflichtung stark gemacht. Nun war dessen einzige Reaktion auf die Presseberichte: »Jeder ist seines Glückes Schmied.« Aber es gab auch Spieler, die zu Kostedde hielten. Willi Lippens, der mit ihm in Dortmund gespielt hat, sagte sofort: »Nie im Leben! Erwin ist unschuldig!«

In Haft aß Kostedde kaum noch, er verlor über elf Kilogramm. Er sackte vor seinem Zellenfenster zusammen. Als ihn die Wärter fanden, redete er wirres Zeug. Danach verbrachte er die meiste Zeit im Gefängniskrankenhaus. Als sich herausstellte, dass der Täter ein Äthiopier war, wurde Kostedde freigelassen. Die Entschädigung betrug 3000 Mark. Aber damit war die Sache ja nicht vorbei. Noch Jahre später hörte Kostedde die Leute in Coesfeld tuscheln, einige riefen ihn sogar »Knacki«. In Offenbach aber zeigten sie in all den Jahren ihre Solidarität. Und vier Jahre nach dem vermeintlichen Spielhallenüberfall gründete Anhänger der Kickers ein Fanmagazin mit dem Namen »Erwin«. Im September 2022 erschien die 100. Ausgabe – natürlich mit Erwin Kostedde auf dem Cover.

KAPITEL 19

MORD AM GARTENZAUN

Klar, laute Nachbarn nerven! Und Nachbarn, die Haustiere halten, sollte man umbringen. Das zumindest fand ein ehemaliger Polizist, der im November 1923 Aston Villas Tommy Ball erschoss.

Vor Gericht und auf hoher See weiß niemand, wo er am Ende landet. Man sollte also stets auf einen erfahrenen Kapitän oder einen guten Anwalt vertrauen. George Stagg, ein ehemaliger Polizist und Weltkriegssoldat, hatte weder den einen noch den anderen. Angeklagt war er wegen Mordes an einem Fußballer. Aber je länger der Prozess gegen ihn dauerte, umso mehr verstrickte er sich in Widersprüche. Es war alles ein Versehen, sagte er einmal. Eine unglückliche Verkettung von Zufällen. In einer anderen Vernehmung erklärte er, dass er in den Garten gekommen sei, weil er ein Geräusch gehört hatte. Als er dann jemanden sah, wollte er nur einen Warnschuss abgeben. Und dann, oh nein, war der Nachbar tot. Ein anderes Mal wollte er gesehen haben, dass ein Verdächtiger über seinen Zaun kletterte.

Er erkannte seinen Nachbarn, der stark betrunken gewesen sei und ihm und seiner Frau gedroht hätte. Es kam zu Handgreiflichkeiten, bei denen sich ein Schuss gelöst hätte.

Der Tote, zumindest daran bestand kein Zweifel, war Tommy Ball von Aston Villa. Er starb am 11. November 1923 im Alter von 23 Jahren. Heute gilt er als der einzige englische Profifußballer, der ermordet wurde. Und noch immer rätseln Fans, warum er sterben musste. Was um alles in der Welt war das Motiv des Mörders?

Thomas Edgar Ball wuchs in der Nähe von Middlesbrough auf. Er war eines von neun Kindern eines Kohlebergmanns, und als er Schule mit 13 verließ, ging er auch in den Bergbau. Im Fußball spielte er sich über lokale Vereine bis zu Newcastle United, für das er aber nie zum Einsatz kam. 1920 wechselte er zu Aston Villa, damals eines der Topteams in England, seit Gründung 1874 hatte der Klub je sechsmal den Pokal und die Meisterschaft gewonnen.

Ball war ein robuster Verteidiger, ein Defensivarbeiter, ein Staubsauger. Mit 22 Jahren übernahm er in der Stammelf die Position von Frank Barson, der zu Manchester United gewechselt war. »Er ist Villas zentraler Defensivspieler«, schrieb der »Mirror« in der Saison 1922/23. »Sein Spiel hat sich deutlich verbessert.« In jener Saison wurde Villa Sechster der First Division. Bald würde Ball, da waren sich die Experten einig, sein Debüt für die Nationalmannschaft geben. Sie täuschten sich.

Der 45-jährige George Stagg war ein ehemaliger Polizist aus Birmingham. Er hatte während des Ersten Weltkriegs als Soldat gekämpft und war als Invalide heimgekehrt. Um 1920 herum war er ein Frührentner, der eine mittelmäßige Pension bekam und sich mit ein paar Jobs in einer Fabrik über Wasser hielt. Aber er hatte Geld gespart, und 1921 kaufte er ein Doppelhaus in der Brick Kiln Lane. In die eine Hälfte zog er mit seiner Frau und seinen vier Kindern ein, die andere vermietete er an Tommy Ball und dessen Frau Beatrice.

Die beiden, Vermieter und Mieter, waren sich schnell spinnefeind. Oft stritten sie über den Zaun hinweg. Ball hielt Haustiere, im Garten hatte er ein paar Hühner. Stagg, dem Recht und Ordnung wichtig waren, gefiel dieses Bauernhofleben überhaupt nicht. Er drohte damit, die Hühner zu vergiften, und als sich an der Situation nichts änderte, überbrachte er Anfang November 1923 den Balls eine Kündigung und einen Räumungsbescheid.

Sein letztes Wochenende begann für Tommy Ball mit einem Auswärtsspiel bei Notts County, es war sein 74. Einsatz für Aston Villa. Rund 12.000 Zuschauer waren an der Meadow Lane, Villa gewann 1:0 und kletterte nach dem Sieg auf Platz drei der Tabelle. Einen Tag später gingen der Fußballer und seine Frau aus, sie tranken drei Pints, pünktlich zur damaligen Sperrstunde um halb zehn machten sie sich auf den Heimweg. Beatrice ging ins Haus, um das Abendessen vorzubereiten, Tommy wollte im Garten nach den Hunden schauen. Vielleicht wollte er noch mit ihnen spazieren, vielleicht waren sie davongelaufen.

Über die folgenden Minuten machten Stagg und Balls Frau Beatrice unterschiedliche Aussagen. Sicher ist, dass es zu einer lauten Auseinandersetzung kam. Dann fielen zwei Schüsse. Der erste verfehlte Ball, der zweite zertrümmerte seinen Brustkorb. Als Beatrice aus dem Haus stürmte, taumelte ihr Ehemann auf sie zu. »Oh, Bella!«, ächzte er, »er hat auf mich geschossen.« Sie rannte daraufhin zur Straße, um nach Hilfe zu rufen. George Stagg schoss auch noch einmal auf sie, aber die Kugel verfehlte sie. Staggs Ehefrau brüllte derweil aus dem Fenster: »Du weckst mit deinem verdammten Geschrei die Kinder auf!« Dann verstarb Ball. Stagg machte keine Anstalten zu fliehen. Als die Polizei eintraf, saß er auf seinem Sofa und ließ sich ohne Widerstand festnehmen.

Die Beerdigung fand eine Woche später statt. Die Spieler von Villa trugen Balls Sarg, begleitet wurden sie von Hunderten Fans, auch Anhänger von rivalisierenden Klubs kondolierten. Auf den

Grabstein gravierten sie die Inschrift: »To T.E. Ball – A token of esteem from his fellow players of Aston Villa« (Für T.E. Ball, als Zeichen der Wertschätzung von seinen Mitspielern). Noch heute wird die Ruhestätte von Villa-Fans besucht und gepflegt.

Am 19. Februar 1924 begann in Stafford der Prozess gegen den Täter. Vor Gericht musste Stagg ausgiebig über das Nachbarschaftsverhältnis aussagen. Er erklärte erneut, dass Ball oft betrunken war und am Gartenzaun wütete. Außerdem hätte er häufiger seine Frau geschlagen. Villas Trainer Alf Miles und Balls Frau Beatrice widersprachen. Miles sagte, Ball sei ein »vorbildlicher Mann gewesen, der stets in bester Verfassung war«. Beatrice erklärte, dass Tommy ein moderater Trinker war. Sie waren glücklich und frisch verheiratet, und er sei nie gewalttätig gewesen. Auch andere Teile von Staggs Aussage waren extrem löchrig. Warum etwa hätte Ball über den eineinhalb Meter hohen Gartenzaun klettern wollen, wie Stagg behauptete? Ball hätte einfach über eine kleine Mauer steigen müssen, die sich in der Mitte des Zauns befand.

Stagg wurde zum Tode verurteilt. Später wurde seine Strafe in eine lebenslängliche Haft umgewandelt. Er wurde in eine Psychiatrie eingewiesen und verstarb im Februar 1967 im Alter von 87 Jahren.

War es wirklich ein Nachbarschaftsstreit, der eskalierte? War es die Tat eines Haustier-Hassers? Oder gab es andere Gründe? Der Schriftsteller Paul Lester hat einige Jahrzehnte später ein kleines Buch über den Mord geschrieben. In »An Aston Villa Tragedy« bezweifelt er die Haustier-Theorie. Stagg sei eher frustriert vom Leben gewesen. Er hatte im Weltkrieg für sein Land gekämpft, war als Invalide heimgekehrt und musste nun mitansehen, wie andere erfolgreich wurden. Ball verdiente als Fußballer acht Pfund die Woche plus Prämien, eine Menge Geld damals.

Außerdem, so meint Lester, sei das Datum des Mordes wichtig gewesen, der 11. November 1923. Fünf Jahre zuvor wurde exakt an diesem Tag der Waffenstillstand von Compiègne zwischen dem Deutschen Reich und den beiden Westmächten Frankreich und Großbritannien geschlossen. Er beendete den Ersten Weltkrieg. In England wird jedes Jahr am 11. November an den »Armistice Day« erinnert. Lester glaubt, dass Stagg an jenem Tag besonders niedergeschlagen war.

Bei Villa spielten sie die Saison zu Ende. Auf den Tribünen sangen die Fans ein Lied auf Ball: »Twas on a Sabbath evening. In drear November days. Two friends were heard creating. In Perry Barry's byways. High words just fed the anger. Now this young man's life is fled. A shot and then another! And Thomas Ball lies dead.« Die Mannschaft wurde erneut Sechster. Im FA Cup kam sie ins Finale. Es wäre das größte Spiel in Balls Karriere gewesen. Vor 95.000 Zuschauern in Wembley spielte Villa gegen Balls Jugendklub Newcastle United – und verlor 0:2. Noch heute glauben Villa-Fans, dass ihr Team mit Ball gewonnen hätte. »Tommy Ball lag wortwörtlich die Welt zu Füßen«, schrieb Autor Lester in seinem Buch. »Er wäre ziemlich sicher ein sehr großer Spieler geworden.«

KAPITEL 20

SONNENKÖNIGE

Sie sind die Patriarchen und Herrscher ihrer Klubs. Sie wissen, wo es lang geht. Auch wenn sie oft ganz schön tief in der Scheiße stecken. Hier sind drei der größten Sonnenkönige.

Der Superfreak

»Jesús Gil ist superintelligent, weit über dem Durchschnitt. Wenn man ihn morgens nackt in New York aussetzt, geht er abends dort schick essen.« Das sagte niemand Geringeres als –

Jesús Gil. Superlustig, oder? Na gut, Sie ahnen bereits, dass dieser Mann, der 2004 im Alter von 71 Jahren starb, auch superverrückt war. Eine Karikatur beinahe. Ein Selfmademan, der mit ein paar Grundstückverkäufen und Immobilien zum Millionär wurde.

1987 übernahm er das Amt des Präsidenten von Atlético Madrid und blieb 16 Jahre auf seinem Stuhl kleben. In dieser Zeit verloren 26 Trainer ihren Job. Einmal führte er ein angeleintes Krokodil ins Stadion, ein anderes Mal erwarb er einen Flugzeugträger. Auf die Frage eines Journalisten, warum er den gekauft habe, sagte Gil: »Ich hatte noch keinen.« Mehrfach wurde er verurteilt, zeitweise führte er 80 Gerichtsverfahren gleichzeitig. Einige Male saß er wegen Veruntreuung und Korruption im Gefängnis.

Als Atlético in eine Aktiengesellschaft umgewandelt wurde, sicherte sich Gil 94,5 Prozent aller Anteilsscheine. Als De-facto-Alleinherrscher löste er danach die Nachwuchsabteilung auf und kaufte mit Geld aus der Vereinskasse fünf Reproduktionen eines Porträts von Ex-Diktator Franco für Familien- und Geschäftsfreunde. Der Verein war während seiner Ägide nicht sonderlich erfolgreich. 2000 stieg er sogar aus der Primera Division ab. Nur einmal, 1996, konnte Gil die Meisterschaft gewinnen. Er ließ danach Elefanten durch Madrid marschieren. Ehrensache.

OM – G

Bernard Tapie, der legendäre Präsident von Olympique Marseille, war ebenfalls ein Selfmade-Millionär mit allerhand schrägen Geschäftsmodellen und Hang zum Jähzorn. Einem Schiedsrichter schrie er mal entgegen: »Steht da Arschloch auf meiner Stirn? Glaubst du, ich sehe nicht, was du da treibst?« Und als ein Journalist kritisch über ihn berichtete, soll er einen Schergen vorbeigeschickt haben, der dem Pressevertreter angeblich eine Pistole an die Schläfe hielt.

Aufgewachsen war er in einfachen Verhältnissen in Paris und Le Bourget. Als junger Mann hielt er sich mit dem Verkauf von Fernsehgeräten über Wasser. Später sang er in Varietés und wurde Moderator einer TV-Show. Ab 1979 spezialisierte er sich auf den Kauf und die Sanierung insolventer Unternehmen. 1986 wurde er Präsident bei OM. Nur die Besten der Welt waren gut genug für seinen Verein, der eine Art Real Madrid oder Manchester City der Achtziger wurde. Er traf sich mit Jean-Pierre Papin, Rudi Völler, Chris Waddle – und bekam sie alle. Nur die Verhandlungen mit Diego Maradona platzten, weil Neapel Wind von einem Treffen bekam und den Wechsel verhinderte. Aber auch ohne D10S wurde Olympique Marseille einer der erfolgreichsten Klubs in Europa. Fünfmal in Folge gewann das Team die französische Meisterschaft, 1993 holte es die Champions League. Dabei war, man ahnt es, nicht alles mit rechten Dingen zugegangen. Einige Spieler waren gedopt, einige Spiele manipuliert. Alles soll von Tapie gesteuert worden sein, der mutmaßlich selbst in die Kabine kam und die Aufputschmittel verteilte.

Tapies Machenschaften flogen 1993 auf. Kurz vor Saisonende wurden drei Spieler von US Valenciennes mit je 250.000 Francs bestochen – sie sollten dafür sorgen, dass Marseille gewinnt. Einer von ihnen, Jacques Glassmann, bekam vor dem Anpfiff Gewissensbisse und packte aus. Der Meistertitel wurde OM aberkannt.

Wenige Tage später fand das Champions-League-Finale statt. In der Kabine wurde wieder fleißig gedopt, nur einer weigerte sich: Rudi Völler. Sein damaliger Mitspieler Jean-Jacques Eydelie erinnerte sich in L'Équipe: »Am Tag des Endspiels hat Bernard Tapie gefordert, dass alle Spieler mit einer verbotenen Substanz gespritzt werden müssen. Dann standen wir alle in einer Schlange, nur Rudi hat es nicht akzeptiert. Wütend hat er die Verantwortlichen von Marseille angeschrien und in deutscher Sprache geschimpft. Er war wirklich außer sich und konnte sich kaum beruhigen.« Völler durfte, zum Erstaunen einiger Mitspieler, trotzdem auflaufen. OM gewann das Spiel 1:0.

Als alles rauskam, die Bestechung der Valenciennes-Spieler und das Doping im Finale, musste OM zwangsabsteigen. Tapie wurde zu zwei Jahren Gefängnis verurteilt, davon 16 Monate auf Bewährung. Die Strafe fiel so gering aus, weil Tapie es geschafft hatte, viele Zeugen auf seine Seite zu ziehen. Selbst Jacques Glassmann fand vor Gericht auf einmal: »Bernard Tapie ist ehrlich und aufrichtig, das sieht man doch auf den ersten Blick.«

Der Zoowärter

Jorge Hank Rhon, der ziemlich exakt so aussieht wie Bud Spencer, kurz bevor er einen Stuhl auf dem Rücken eines Kontrahenten zertrümmert, hat kein Herz für Tiere. In den Achtzigern hielt er sich einen riesigen Orca, der es später als Keiko in Free Willy zu einiger Berühmtheit brachte. In den Neunzigern erwischte ihn der Zoll mit zwölf Koffern voller Felle bedrohter Tierarten. Einmal versuchte er auch einen weißen Sibirischen Tiger über die US-mexikanische Grenze zu schmuggeln – das Tier wurde konfisziert und in den Zoo in San Diego gebracht.

Aber woher hatte Hank das ganze Geld? Viele Spuren führten in die Unterwelt und zu den Drogenkartellen von Tijuana. Vor Gericht musste er sich mehrfach verantworten, eine Anklage lautete auch auf Mord. 1988 wurde ein Journalist erschossen. Der Todesschütze, so stellte sich heraus, arbeitete als Ordner an der Pferde- und Hunderennbahn, die Hank gehörte. Außerdem hatte der Mörder mit Hanks Vater zusammengearbeitet. Alles Zufall natürlich, sagte Hank, der glimpflich aus der Sache rauskam. Inhaftiert wurde er erst 2011, als die Polizei in seinem Haus 40 Gewehre, 48 Handgranaten, 9298 Schuss Munition und 70 Patronengürtel fand.

Im bürgerlichen Leben war Hank zwischen 2004 und 2007 Bürgermeister von Tijuana. Heute besitzt er die Grupo Caliente, die größte Sportwettenklitsche in Mexiko. Ab 2007 war er Eigentümer des Club Tijuana, ein Retortenverein, der sich mit einer fremden Spiellizenz in die zweite Liga einkaufte. Als Wappentier wählte er den mexikanischen Nackthund, den Xoloitzcuintle, weshalb der Verein im Volksmund Xolos heißt. Manchmal sitzt er mit einer Weste aus Nackthundleder auf der Tribüne. Er ließ ein neues Stadion bauen und etablierte den Klub in der ersten mexikanischen Liga. Heute hat er sich aus dem operativen Geschäft zurückgezogen, die Klubführung obliegt einem seiner 19 Söhne. Manchmal fragen ihn Leute, ob er nach San Diego fahre, um den weißen Sibirischen Tiger zu bestaunen. Dann lacht er. Für die USA hat er nämlich gar keine Einreiseerlaubnis mehr. Außerdem, was soll er im Zoo in San Diego? Er besaß doch längst sechs neue weiße Sibirische Tiger – und hielt sie in einem Privatzoo in seinem Garten.

KAPITEL 21

DIE ENTFÜHRUNG DES HEXERS

Quini vom FC Barcelona war einer der besten Stürmer Europas. Im März 1981 wurde er entführt. Dabei hatten es die Kidnapper ursprünglich auf Bernd Schuster abgesehen.

Schon am nächsten Tag meldeten sich die ersten Trittbrettfahrer. Eine Untergrundgruppe mit dem Namen »Spanisch-katalanisches Bataillon« aus Madrid bekannte sich bei einem Radiosender zur Entführung. Quini sei verschleppt worden, weil der

FC Barcelona ein separatistischer Verein sei und nicht Meister werden dürfe. Erst nach dem Spiel gegen Atlético Madrid am 11. März werde Quini freigelassen. In der Redaktion der Zeitung »La Vanguardia« rief ein Mitglied der Gruppe P.R.E. an und forderte ein Lösegeld von umgerechnet 8,75 Millionen Mark – sonst werde Quini sterben. Rechte Gruppen wiederum beschuldigten die ETA, Linke wähnten die Kidnapper im rechtsextremen Milieu. Am Ende stellten sich alle Vermutungen als falsch heraus. Die Entführer waren zwei Elektriker aus Saragossa, beide um die 30 Jahre alt. Sie wollten mit dem Lösegeld ihre hohen Schulden bezahlen.

Der Fall Quini hat sich tief in das kollektive Gedächtnis der spanischen Gesellschaft eingebrannt. Ähnlich wie in Deutschland die Geiselnahme von Gladbeck. Quini war extrem beliebt im Land, nicht nur unter Fußballfans; als er 2018 an Krebs starb, trauerte ganz Spanien.

Damals, im Frühjahr 1981, begleiteten die Medien die Entführung fast rund um die Uhr. Einige Journalisten hätten die Ermittlungsarbeit immens erschwert, sagte die Polizei später, denn sie standen sogar bei fingierten Lösegeldübergaben im Weg. Eine weitere Parallele zu Gladbeck. »Ohne die Presse hätten wir den Fall in sechs Tagen lösen können«, sagte Barcelonas Polizeichef.

Quini, mit vollem Namen Enrique Castro González, wurde am 1. März 1981 entführt. Barcelona hatte am Nachmittag 6:0 gegen Hércules CF gewonnen, Quini konnte zwei Tore zum Sieg beisteuern. Der Stürmer war damals einer der Topstars der Liga. Zwölf Jahre hatte er für Sporting Gijon gespielt und sagenhafte 215 Tore in 325 Spielen geschossen. Fünfmal war er Torschützenkönig gewesen. Sie nannten ihn »El Brujo«, den Hexer. Immer wieder hatte er Angebote von größeren Klubs bekommen, aber Sporting kämpfte um ihn. Sie verehrten ihn, die Fans riefen: »Ahora! Ahora! Ahora, Quini, ahora!« (Jetzt, Quini, jetzt!).

Gegen Rayo Vallecano hatte er einmal ein Tor erzielt, das in Spanien seitdem das »unmögliche Tor« genannt wird. Ein Volleyschuss aus einem spitzen Winkel, es ähnelt dem Treffer von Marco van Basten gegen die UdSSR, und es sieht wirklich so aus, als setzte es physikalische Gesetze außer Kraft.

Aber eines Tages wollte Quini los. Einmal noch bei einem richtig großen Klub spielen. Im Sommer 1980 wechselte er, mittlerweile 30 Jahre alt, zum FC Barcelona. Und er schlug sofort ein, bis zu seiner Entführung traf er 18-mal.

Nach dem Spiel gegen Hércules wollte Quini zum Flughafen, um dort seine Familie abzuholen, die ein paar Tage in Asturien verbracht hatte. Auf dem Weg zu seinem Auto fingen ihn die Kidnapper ab und stülpten ihm eine Kapuze über den Kopf. »Jetzt geht's auf eine lange Reise«, sagte einer. Sie fuhren knapp 300 Kilometer nach Saragossa und sperrten den Fußballer in ein neun Quadratmeter fensterloses Kellerverlies unter einer Autowerkstatt. Einmal am Tag gaben ihm die Entführer ein *Bocadillo* zu essen, ein belegtes Brötchen mit Käse oder Schinken. Ohne Zeitungen und Radio verlor Quini bald jedes Zeitgefühl. Erst in den letzten Tagen stellten ihm die Entführer einen Fernseher neben die Matratze – allerdings funktionierte nur der Ton.

Entführungen und Geiselnahmen waren in Spanien in jener Zeit nicht unüblich. Meistens aber hatten sie einen politischen Hintergrund. Erst eine Woche vor Quinis Verschleppung hatten die Spanier einen Putschversuch des spanischen Militärs miterlebt. Fünf Jahre nach Francos Tod wollten einige seiner Anhänger mithilfe des Militärs eine neuerliche Diktatur aufbauen. Eine Hundertschaft der Guardia Civil stürmte das Parlament in Madrid und nahm die Abgeordneten als Geisel. Auch im Fußball hatte es schon Entführungen und Drohungen gegeben. Real Madrids Alfredo Di Stéfano wurde 1963 für 79 Tage von der linksradikalen Guerillagruppe »Fuerzas

Armadas de Liberacion Nacional« (FALN) gefangen gehalten. »Wir haben nichts gegen Sie, wir machen das nur, um Aufmerksamkeit in der Presse zu bekommen«, sagten die Entführer. 1977 wurden Johan Cruyff und seine Familie überfallen. Dem Spieler des FC Barcelona wurde ein Gewehr an den Kopf gehalten, seine Kinder und seine Frau wurden gefesselt. Aber es gelang ihnen, die Nachbarn zu informieren, wenig später konnte die Polizei den Eindringling festnehmen. In den kommenden Monaten wurde Cruyff rund um die Uhr bewacht, zwei Polizisten schliefen sogar bei ihm im Haus, und zu den Spielen fuhr er nur noch mit einem Bodyguard. Aus Sorge vor einem weiteren Attentat verzichtete er auf die WM 1978 in Argentinien.

Das erste Zeichen der echten Quini-Entführer kam am Dienstag, zwei Tage nach der Entführung. Die Kidnapper verlangten 100 Millionen Peseten, umgerechnet damals etwa 1,2 Millionen D-Mark. Im Laufe der Wochen drohten sie, Quinis Frau einen abgeschnittenen Zeh ihres Ehemanns zu schicken. Dem Spieler selbst sollen sie immer wieder versichert haben, ihm nichts anzutun. Sie bewunderten sein Spiel. Später sagte Quini, die Entführer hätten ihn gut behandelt, trotzdem hätte er an Selbstmord gedacht.

Der FC Barcelona wollte das Lösegeld sofort zahlen, aber die Polizei intervenierte. Ein Sprecher sagte: »Wir verstehen, dass Barcelona Meister werden will und Quini braucht. Aber wenn wir zahlen, dann wird aus Entführungen von Fußballern eine Mode. Denken Sie nur daran, was das für die WM im nächsten Jahr in Spanien bedeutet!«

Die Mannschaft des FC Barcelona war damals keine eingeschworene Gemeinschaft. Das Team tat sich in jener Saison schwer, Anfang März 1981 lag es zwei Punkte hinter Spitzenreiter Atlético Madrid. Dabei war der Kader hochkarätig besetzt. Präsident Josep Lluís Núñez hatte ihn in den vergangenen Jahren zusammengestellt. 1978 war Hans Krankl zu Barça gewechselt, danach Alan Simonsen, Europas Fußballer des Jahres. Im Sommer 1980 kam neben Quini noch Bernd Schuster, der dreimal so viel verdiente wie einige seiner Mitspieler. Núñez bot außerdem umgerechnet 20 Millionen Mark für Diego Maradona, der zwei Jahre später dem Werben nachgab. Von einem »neuen Monstrum im spanischen Fußball« schrieb die Madrider Zeitung »Ya«. Einige glaubten, Núñez wollte aus Barça ein zweites New York Cosmos machen.

Nun war sich die Mannschaft uneins, wie sie mit der Situation umgehen sollte. Wäre ein Boykott die richtige Antwort? Bernd Schuster, der gut mit Quini befreundet war, zog sich direkt in sein Haus in den Bergen zurück. Vor dem Spitzenspiel gegen Atlético sagte er: »Ich werde nicht spielen, denn neben meinen Füßen habe ich auch noch ein Herz. Ich will nur, dass Quini wieder zurückkommt.«

Barça-Trainer Helenio Herrera wollte aber unbedingt antreten, denn er glaubte, dass Atlético gerade schwächeln würde. Auch die meisten Spieler plädierten dafür zu spielen. Und sogar Quini selbst hatte sie per Telefon gebeten, gegen Atlético aufzulaufen (und natürlich zu gewinnen). Wenige Tage vor dem Duell standen zwei Klubmitarbeiter vor der Tür von Bernd Schuster. Sie spielten ihm das Tonband von Quinis Anruf vor, und Schuster nickte. »Okay, dann werde ich spielen.« Kurz darauf fuhr die Mannschaft nach Madrid und verlor 0:1. Schuster kritisierte Herrera und warf ihm Unmenschlichkeit vor. Trotzdem spielte die Mannschaft weiter. Allerdings lief sie ohne die Nummer neun auf, was einer Sondergenehmigung des spanischen Verbands bedurfte, denn damals musste die Startelf von eins bis elf durchnummeriert sein. Auch das Trainingspensum wurde heruntergefahren. Barcelona holte in den 25 Tagen ohne Quini nur einen einzigen Punkt in sechs Spielen.

Nach dreieinhalb Wochen war der Spuk vorbei. Der entscheidende Hinweis war aus der Schweiz gekommen. Kurz nach Bekanntgabe der Lösegeldsumme hatte ein Mann aus Saragossa in Genf ein Konto eröffnet. Die spanische Polizei ging der Spur nach und landete am Ende im Versteck der Entführer: ein Keller in einem Wohnhaus in Saragossa. Am Abend des 26. März 1981 brachen Beamte die Tür ein und befreiten Quini, der vor Schreck hinter seine Matratze sprang. »Ich dachte erst: Jetzt erschießen sie dich!«, sagte er. Noch in der Nacht präsentierten die Polizisten den Fußballer vor ihrem Revier. Er hatte zwei, drei Kilo verloren und trug einen Vollbart. Und er hatte großen Hunger. Das Erste, was er nach seiner Befreiung sagte: »Gebt mir ein Bocadillo!«

Der Polizeichef erzählte nun stolz von dem Fahndungserfolg. Noch nie hätte es bei einer Entführung so viel Anteilnahme und so viele Hinweise aus der Bevölkerung gegeben, sogar die Unterwelt hätte sich an der Fahndung beteiligt. Dann wandte sich der Polizeichef zu Quini: »Jetzt kannst du nach Hause gehen und dich ausruhen.« Aber daran dachte der Stürmer nicht. Einen Tag später stand er wieder auf dem Trainingsplatz, 40.000 Fans feierten das Wiedersehen. Eine Woche später gab er sein Comeback gegen Real Valladolid. In den verbleibenden Spielen konnte Barcelona den Rückstand nicht mehr aufholen, das Team wurde nur Fünfter. Quini aber traf noch zweimal, er holte sich mit 20 Treffern die *Trofeo Pichichi* für den Torschützenkönig, und drei Monate nach seiner Befreiung gewann er mit Barcelona die Copa del Rey. Im Finale gegen Sporting Gijon machte er zwei Tore.

Der Gerichtsprozess gegen die Entführer begann knapp zwei Jahre später. Die Angeklagten gaben zu, dass sie eigentlich Bernd Schuster entführen wollten. Aber dann hätten sie gehört, dass der Deutsche einen komplizierten Charakter haben soll und (noch) kein Spanisch sprach. Schuster blieb noch über zehn weitere Jahre in Spanien, spielte für Real und Atlético Madrid. Und er wurde auch mehrfach bedroht. Ein vom Klub abgestellter Polizist bewachte zeitweise sein Anwesen. Allerdings sei einiges aufgebauscht worden, sagte Schuster später. Als die »Bild« zum Beispiel berichtete, dass seine zwei deutschen Schäferhunde vergiftet wurden, stellte er im »Spiegel« klar: »Ich habe nur eine Dogge, und die ist bis heute putzmunter.«

Im Januar 1983 fällte das Gericht sein Urteil im Quini-Prozess: zehn Jahre Gefängnis für die beiden Entführer. Dabei hatte die Staatsanwaltschaft 21 Jahre Haft gefordert, der FC Barcelona klagte sogar noch auf 670.000 Mark Schadensersatz. Vielleicht fiel das Urteil so mild aus, weil Quini vor Gericht sagte, dass er seinen Entführern verziehen habe. »Sie hatten kein Geld. Sie erhofften sich ein besseres Leben. Und sowieso: Wer bin ich, um über andere zu urteilen?«

KAPITEL 22

TRUE STOREY

Peter Storey war ein echter Allrounder: Für Arsenal spielte er als Sechser und als Außenverteidiger. Nach seiner Karriere fälschte er Schmuck, klaute Autos, führte ein Bordell und schmuggelte Pornofilme.

Der Fußball galt mal als »das schöne Spiel«. Irgendwann in den fünfziger Jahren kam der Begriff auf, denn der Fußball sah damals wirklich magisch aus. All die Wunderteams und Zauberspieler. Ungarns Goldene Elf mit Puskás und Hidegkuti, Pelés Brasilien, Di Stéfanos Real Madrid. Spätestens in den Siebzigern war das alles vorbei. Der »Guardian« beschrieb diese Dekade ganz simpel als eine »Kombination aus Gewalt und Dribbling«. Der Fußball war, zumindest in England, hart und hässlich geworden.

Jede britische Mannschaft hatte damals mindestens einen unfairen Spieler im Kader. Einen Aufräumer, einen zynischen Antifußballer. Bei FC Arsenal übernahm Peter Storey diese Aufgabe zwischen 1962 und 1977. Sie nannten ihn *Hatchet Man*, was wörtlich übersetzt Beilmann bedeutet. Es ist auch ein Slangwort für jemanden, der die Drecksarbeit übernimmt. Kurzum, Storey hackte alles weg – Flanken, Schüsse, Pässe, Schienbeine, Schneidezähne. »Der Trick war, so schnell wie möglich in den Zweikampf zu kommen«, schrieb er in seiner Autobiografie. »Dann musst du hart zuschlagen, dem Gegner das Gefühl geben, er wäre in einen Autounfall geraten oder gegen eine Mauer gefahren.«

Wenn er einen Gegenspieler verletzte, habe er nie so etwas wie Reue oder Mitleid gespürt. Er soll sogar mal seinen eigenen Torhüter Bob Wilson beschimpft und bespuckt haben, als dieser vor dem FA-Cup-Halbfinale 1972 an einer Knorpelverletzung laborierte. Arsenals damaliger Verteidiger Frank McLintock bezeichnete Storey als »Zerstörer«, sein Mitspieler Bob McNab beschrieb ihn als einen »Albtraum für jeden Gegenspieler«. Storey selbst wusste: »Ich hatte sehr viele Namen: Attentäter, Bastard, Tyrann, Beilmann, Schurke, Schläger. Es hört nicht auf!«

Nein, es hört wirklich nicht auf. Denn nach seiner Karriere wurde er noch: Geldfälscher, Autodieb, Bordellbesitzer, Pornofilmschmuggler. Und ja, man könnte sagen, einer wie er, der musste ja eines Tages im Knast landen.

Storey wurde 1945 in Farnhem geboren, einem Städtchen 40 Kilometer südwestlich von London. Schon früh begleitete er seinen Vater, ein Tischler, zu Spielen des FC Aldershot, ein Viertligist aus der Umgebung. Sein Herz schlug aber für Arsenal. Als er 14 war, prügelte er sich zum ersten Mal. »Ich verteilte ein paar Schläge – und ich bekam ein paar, das war okay.« Aber eigentlich galt er abseits des Platzes immer als umgänglicher Typ, es war, so sagten viele Mitspieler, als verwandelte sich Storey auf dem Rasen in den unglaublichen Hulk.

Zu seinem Herzensverein kam er 1961; Storey war 15 Jahre alt, als ihn Scouts der Gunners entdeckten. Vier Jahre später machte er sein Profidebüt, und schon bald ging es ans Eingemachte. Jim Storrie von Leeds streckte ihn mit einem Kopfstoß nieder: »Ich bin rückwärts gestolpert und habe versucht, auf meinen Füßen zu bleiben.« Vielleicht dachte Storey da, dass er dagegenhalten muss, hart am Mann arbeiten, auf dem Platz und auch daneben. 1966/67 stieg er gegen Manchester Citys Mike Summerbee so heftig ein, dass dieser für mehrere Wochen ausfiel. Der »Daily Express« fand: »Storey übertreibt das Toughguy-Ding!« Seine Trainer und Mitspieler hingegen hatten vor dem Anpfiff oft nur eine Anweisung: »Du weißt, was du zu tun hast, Peter!«

Anfangs war Storey rechter Verteidiger, später wechselte er ins defensive Mittelfeld. Er war ein kompakter Typ, 1,76 Meter groß, 80 Kilo schwer, das Trikot spannte. Mit Arsenal gewann er 1970 den Messepokal und 1971 das Double aus Meisterschaft und FA Cup. Er brachte George Best, Giorgio Chinaglia oder Günter Netzer zur Verzweiflung. Für England lief er 19-mal auf. Am Ende seiner Karriere, nach über 500 Einsätzen für Arsenal, spielte er noch eine Saison für Fulham. Trotz aller Meriten wäre er heute vermutlich nur eine etwas längere Fußnote der englischen Fußballgeschichte, wenn sein Leben irgendwann nicht völlig aus dem Ruder gelaufen wäre. Storey, so schien es, trat nach der aktiven Karriere nicht in den Ruhestand, sondern in einen kriminellen Unruhestand. Ab Ende der Siebziger versuchte er immer wieder, einen vorherigen Fehler auszumerzen, und schlidderte dabei nur weiter Richtung Abgrund. Eine ewige Verschlimmbesserung.

»Der größte Fehler war der Pub«, sagte er. »Danach ging es bergab.« Es war 1975, in seinem vorletzten Jahr bei Arsenal, als er das Jolly Farmers übernahm, eine Kneipe in der Nähe des Highbury-Stadions. 5000 Pfund zahlte Storey für einen Dreijahresmietvertrag. »Der Laden war ein bisschen runtergekommen, aber ich dachte, mit meinem Namen an der Tür würde er bald wieder brummen. Vor allem an Spieltagen.«

Dass ein Profifußballer in die Gastronomie ging, war damals nicht unüblich. Günter Netzer machte in der Gladbacher Altstadt das Lover's Lane auf, Arsenals Frank McLintock besaß ein paar Weinbars, West Hams Frank Lampard Sr. führte den Britannia Pub im Londoner East End. Auch Storey witterte einen guten Nebenverdienst, vielleicht sogar eine Vorsorge für die Zeit nach dem Fußball. Es stellte sich aber heraus, dass der Pub zwei große Nachteile hatte. Zum Ersten trank Storey selbst ganz gern, weshalb er zu seinem besten Gast wurde. »Das war natürlich so nicht geplant. Ich dachte, ich übergebe das Management an jemand anders, und ich komme ein-, zweimal die Woche auf ein Pint vorbei und überprüfe die Einnahmen.« Das zweite Problem war das Publikum. Die Unterwelt Londons war damals in der Hand von Familienclans, die Stadt war aufgeteilt unter den Kray-Zwillingen, den Tibbses, den Frasers, den Richardsons und einigen anderen. Dazu kamen Typen wie der Posträuber Tommy Wisbey, Howard »Mr. Nice« Marks, Englands größter Drogenhändler, die Barry-Brüder John und Tony. Viele von ihnen kehrten regelmäßig bei Storey ein, das Jolly Farmers galt irgendwann als Hotspot der Londoner Unterwelt. Mit den Barrys freundete sich der Ex-Profi an, und irgendwann 1979 hatten sie die absolut bescheuerte Idee, eine Half-Sovereign-Goldmünze zu fälschen. Angeblich, so sagten sie vor Gericht, wollten sie damit Souvenirs verzieren und diese überteuert an Touristen verkaufen. Storey hatte 2000 Pfund zur Anschaffung einer Münzpresse dazugegeben.

Die Sache flog auf, weil ein V-Mann schon einige Monate an den Fersen der Barry-Brüder hing. Endlich konnten sie das kriminelle Duo mitsamt ihrer Entourage hinter Gitter bringen, jubelten die Behörden und die Zeitungen. Storey war vermutlich die kleinste Nummer, aber das interessierte jetzt niemanden mehr. Den Ex-Fußballer beschlich die Panik, als Teil eines großen Mafia-Syndikats in den Bau zu wandern. Also schmiedete er seinen nächsten Plan: Er wollte nach Spanien abhauen. Eines Tages, wenn die Barry-Brüder längst verurteilt waren, würde er wiederkommen und seine Mittäterschaft verhandeln. Für seine Flucht brauchte er aber Geld. Der nächste (nicht so gute) Blitzeinfall: ein Bordell. So jedenfalls konnte man es später in den empörten Berichten der Boulevardpresse lesen: »Ex-Profi führt Puff!« In Wahrheit ließ Storey drei Frauen in einer Zweizimmerwohnung für sich anschaffen. Er druckte Visitenkarten und Flyer seines »Calypso Massage Parlour« und verteilte diese selbst in der Nachbarschaft. »Es gibt keine Entschuldigung dafür«, sagte er. »Ich bin nicht stolz darauf, und es war nicht klug. Aber ich war verzweifelt, und verzweifelte Männer tun hoffnungslose Dinge.« Storey wurde natürlich erkannt und schon nach einigen Tagen verpfiffen. Es gab sechs Monate auf Bewährung, dazu noch eine Geldstrafe von 700 Pfund. Blöd nur, dass ihn das Gericht nun auch für die Fälscherei verurteilte. Ab September 1980 ging er für zwei Jahre in den Bau.

»Ich war nie ein kriminelles Superhirn. Nur ein dummer Ex-Fußballer mit mehr Geld als Verstand«, schrieb er in seiner Autobiografie – und man mag ihm nicht widersprechen. Denn Storey drehte auch danach einige krumme Dinger, die wie aus dem Drehbuch eines Coen-Films klingen. Als er das erste Mal aus dem Gefängnis kam, eröffnete er ein Taxiunternehmen – und klaute dafür zwei Autos. Zwölf Monate auf Bewährung. Ein anderes Mal reiste er mit einem Kumpel aus dem Rotlichtmilieu ins liberale Holland, sie kauften dort Sexvideos, die sie in England raubkopieren und in großer Auflage vertreiben wollten. Bei ihrer Rückreise versteckten sie 20 Filme im Ersatzreifen von Storeys Jeep. Sie fielen der Polizei auf, weil sie verdächtig am Hafen herumkurvten und die Beamten dort auf der Suche nach Drogenschmugglern waren. Beide mussten für 28 Tage ins Gefängnis. Dieselbe Strafe bekam Storey ein anderes Mal, nachdem er einen Verkehrspolizisten beschimpft hatte.

Oft mit einem Bein im Knast humpelte Storey auch danach durchs Leben. Einmal arbeitete er als Chauffeur in der Firma von Tommy Adams, einem Mitglied der Adams-Family, die einige nur das A-Team nannten. Der Gang wurden über 20 Morde zugeschrieben. Irgendwann wurde es aber ruhiger um ihn. Er arbeitete an einem Marktstand im Londoner Viertel Notting Hill, bezog Arbeitslosengeld, verkaufte seine Medaillen und andere Memorabilia. Heute arbeitet er als Taxifahrer in London. Nicht selten erzählt er am Steuer aus seinem Achterbahnleben. Von den Tacklings in Arsenal, von der Schmuggelware aus Amsterdam. Aber am Ende winkt er gerne ab. So wie in seinem Buch. »Klingt alles ganz schön wild und glamourös«, schreibt er dort. »Dabei habe ich eigentlich nur ein paar Typen Geld geliehen, damit die billigen Schmuck fälschen können.«

KAPITEL 23

DAS SPIEL BREIT MACHEN

Koks? Gras? Heroin? Diese Spieler haben ein absolut reines Gewissen!

Grasgeflüster

Der niederländische Torhüter **Eddie van Boxtel** war nie eine große Nummer im Weltfußball. Als Jugendlicher kickte er mal bei Leeds United, überwarf sich aber mit dem Trainer. Danach stand er für irische Klubs wie Dundalk FC oder Galway United im Tor, sein größter Erfolg ist vermutlich ein Testspiel gegen Manchester United im Jahr 1994. Das Spiel gehört heute zur britischen Fußballfolklore, denn es war das erste Mal, dass Éric Cantona mit einem Elfmeter scheiterte – an Eddie van Boxtel.

Wie auch immer, Boxtels Karriere ging um die Jahrtausendwende zu Ende, danach verdiente er sein Geld als Taxifahrer und als Mitglied des berüchtigten Kinahan-Kartells aus Dublin. Er war ein Bote, der haufenweise Cannabis durch die Stadt transportierte. 2008 erhielt er einen Haftbefehl, blieb aber auf freiem Fuß – und machte sich vom Acker. In den nächsten fünf Jahren tingelte er undercover durch England und Holland; er änderte seinen Namen in Thomas Anthony Fitzgerald, ließ sich einen Bart wachsen und ein Tattoo mit dem Namen seiner Frau durch ein Keltenkreuz übertätowieren. Außerdem nahm er mehrere Kilo ab. 2013 glaubte er, wieder nach Irland einreisen zu können, ohne dass ihn jemand erkennt. Er sollte sich irren. Eines Tages standen die Ermittler vor seiner Tür, Boxtel wanderte für siebeneinhalb Jahre ins Gefängnis. Immerhin, einer erinnerte sich noch daran, dass er mal ein Fußballtorhüter war: Éric Cantona erwähnte Boxtels Namen in seiner Autobiografie.

Pletsch & Chong

In Gladbach war **Marcelo Pletsch** das, was man im Fußball einen Kultspieler nennt. Die Fans nannten ihn wegen seines kantigen Körpers »Ikea, der Kleiderschrank«. Einige gründeten sogar einen Fanklub mit dem Namen »Pletsch Planet«, auf ihrer Website huldigten sie ihm: »MP ist einer, der lieber an seinen 100-Meter-Kerzen feilt, als Stammgast im Solarium oder bei der Pediküre zu sein. Er ist also einer wie wir: Null Fußballtalent, aber das Herz eines Löwen!« Bei seinem Trainer Hans Meyer klang das dann so: »Dem bringe ich das Fußballspielen auch nicht mehr bei.« Und auch Meyers Nachfolger Dick Advocaat hielt nur wenig von dem limitierten Verteidiger. Er setzte ihn zu Beginn der Saison 2004/05 auf die Bank, danach wurde der Brasilianer in die zweite Mannschaft versetzt. Irgendwann hatte Pletsch genug. In einem Interview keilte er ordentlich gegen seine Vorgesetzten aus, Borussia Mönchengladbach bezeichnete er als »beschissenen Verein« und Sportdirektor Christian Hochstätter als »linke Bazille«. Die Suspendierung folgte prompt.

Pletsch wurde danach ein kleiner Journeyman. Er spielte für Kaiserslautern, in Griechenland, auf Zypern, in Serbien, bis er schließlich zurückkehrte in seine Heimat Brasilien, wo er sich dem FC Cascavel anschloss und eine Schweinefarm führte. Es hätte ein entspanntes Fußballrentnerleben sein können, nur eines Tages im November 2015 geriet ein Lkw seiner Speditionsfirma »Transportadora Pletsch« in eine Polizeikontrolle und wurde beschlagnahmt. Auf dem Dach klebten 793 Kilogramm Marihuana, gepresst in 854 Platten. Die Fahnder hatten wohl einen anonymen Hinweis erhalten. Ein Gericht verurteilte Pletsch 2016 zu neun Jahren und zwei Monaten Haft. Er selbst beteuert bis heute seine Unschuld.

Das Leben des Byron

Der ehemalige Schiedsrichter **Byron Moreno** wurde 2010 auf dem Kennedy Airport in New York verhaftet. Er hatte versucht, sechs Kilogramm Heroin in die USA zu schmuggeln. Bekannt war der Ecuadorianer bis dahin für fragwürdige Entscheidungen auf dem Fußballfeld gewesen: Einmal stellte er in einer Partie sechs Spieler vom Platz, in einer Saison brachte er es auf 1,08 Rote Karten pro Spiel; bei der WM 2002 leitete er das Achtelfinale Italien gegen Südkorea, bei dem er Francesco Totti runterschickte und der Squadra Azzurra ein reguläres Tor aberkannte. Die »Gazzetta dello Sport« kürte Moreno danach zum »schlechtesten Schiedsrichter aller Zeiten«, und Christian Panucci war gar nicht mehr zu halten: »Er wurde nur eingesetzt, um Italien zu eliminieren, er ist ein Bandit, bezahlt von der FIFA. Und überhaupt, schaut ihn euch an: Er ist viel zu fett, um ein richtiger Schiri zu sein!« Moreno nahm's mit Humor. Er trat später sogar mal in der italienischen TV-Show »Stupido« auf und ließ sich dort beschimpfen. »Gab gutes Geld«, sagte er. Als Gigi Buffon von der Verhaftung des Schiedsrichters in New York erfuhr, fragte er: »Sechs Kilo Drogen? Meines Erachtens hatte er die schon 2002. Aber nicht in der Unterwäsche, sondern im Körper!« Heute arbeitet Moreno als Schiedsrichterausbilder.

Dop gelaufen

Roland Wohlfarth war nicht nur torhungrig, sondern schlug auch am Esstisch gerne ordentlich zu. Ab Mitte der Neunziger nahm er deswegen den Appetitzügler Recatol ein. In der Apotheke wurden die Tabletten als unbedenklich verkauft, allerdings enthielten sie das auf der Dopingliste stehende Aufputschmittel Norephedrin. Im Februar 1995 wurde Wohlfarth, damals beim VfL Bochum unter Vertrag, zu einer zweimonatigen Sperre verurteilt. Er war damit der erste überführte Doping-Täter in der Bundesliga. Es folgten einige weitere Spieler, die fast alle unwissentlich gedopt hatten: Zum Beispiel wurde Bochums **Thomas Ernst** 1998 ein kreislaufstabilisierendes Medikament verabreicht, in dem ein auf der Dopingliste stehendes Mittel enthalten war. **Nemanja Vučićević** von 1860 nahm ein Haarwuchsmittel mit der verbotenen Substanz Finasterid ein und wurde für sechs Monate gesperrt. Noch ärgerlicher: Das Mittel war ein totaler Flop – Vučićević trägt heute Glatze.

Unter falschem Namen

Jhon Viáfara, ein ehemaliger kolumbianischer Nationalspieler und Southampton-Profi, wurde 2021 von einem US-amerikanischen Gericht zu elf Jahren Gefängnis verurteilt. Der Richter sah es als erwiesen an, dass Viáfara Teil des Drogenkartells Clan del Golfo war, das eng mit dem mexikanischen Sinaloa-Kartell zusammenarbeitet und für die Hälfte des kolumbianischen Kokain-Exports verantwortlich ist. Viáfara transportierte die Drogen in Schnellbooten von Kolumbien und Mexiko in die Vereinigten Staaten. Er benutzte dabei die Decknamen »Futbolista« (Fußballer), »Goleador« (Torjäger) und »Makelele«.

How to sell drugs online (fast)

Walter Kelsch war mal ein ganz passabler Fußballer, der es in den siebziger und achtziger Jahren auf 202 Spiele und 51 Tore für den VfB Stuttgart brachte. 1984 wurde er mit dem Team sogar Deutscher Meister. Für die deutsche Nationalmannschaft bestritt er vier Länderspiele und schoss drei Tore.

Nach seiner aktiven Karriere war er Präsidiumsmitglied bei den Stuttgarter Kickers. Außerdem leitete er eine Versicherungsagentur in Esslingen. Bergab ging es, als er sich mit Immobilien verspekulierte. Irgendwann soll er von Banken keinen Kredit mehr bekommen haben, weshalb er Freunde anpumpte, auch ehemalige Mitspieler wie Roland Mall. »Walter Kelsch hat über Jahrzehnte Freundschaften ausgenützt, auch unsere«, sagte Mall in der »Welt«. »Wir wollten zusammen Immobiliengeschäfte machen. Er hat hohe Renditen versprochen. Ich habe ihm vertraut und ihm – vertraglich abgesichert – 100.000 Euro geliehen. Gemessen an den anderen Personen, von denen er hohe Summen bekommen hat, war ich nur ein kleiner Fisch. Das Geld habe ich nie wieder gesehen.«

So weit, so (einigermaßen) normal. Als aber 2016 die Generalstaatsanwaltschaft Koblenz Anklage gegen Kelsch erhob, ging es auch um eine andere Sache: Er soll mit Komplizen Drogen über einen illegalen Onlineshop namens »Chemical Love« vertrieben haben. Zum Angebot gehörten Ecstasy, Marihuana, Crystal Meth, Kokain, LSD, Heroin, MDMA und Amphetamin. Bis zu 50 Sendungen sollen täglich verschickt worden sein, der Großteil der Ware stammte aus den Niederlanden. Im Prozess stellte sich heraus, dass Kelschs Sohn der eigentliche Kopf der Bande war, Kelsch Senior soll gelegentliche Kurierfahrten übernommen haben. Rund 3,5 Millionen Euro Umsatz hätte Kelsch Junior mit zwei Komplizen in einem knappen Jahr gemacht. Wo das Geld ist? Es lagert angeblich auf Bitcoin-Adressen, allerdings fehlen die Zugangsdaten. Kelsch Junior sagte vor Gericht aus, er könnte sich nicht an die Passwörter erinnern. Sein Anwalt fand das verständlich: »Sie können ihm doch nicht vorwerfen, dass er sich sein Gehirn ein bisschen weggekokst hat.«

Gib das Koks hair!

Der Holländer **Kees Bregman** war ein Spätberufener, erst mit 23 Jahren wurde er Fußballprofi. Zuvor hatte er als Frisör in Amsterdam gearbeitet. Aber im holländischen Fußball suchten sie damals gute Stürmer, und weil Bregman für seine Amateurteams viele Tore schoss, wurden erst der HFC Haarlem und dann ADO Den Haag auf ihn aufmerksam. 1974 wechselte er zum MSV Duisburg. Dort schulte er um zum Libero mit Hang fürs Grobe. Gefürchtet war er nicht nur bei Gegenspielern, sondern auch bei Schiedsrichtern; einmal grätschte er einen Unparteiischen um – sechs Monate Sperre. Sein ehemaliger Trainer Rolf Schafstall erzählte in »11Freunde« von Bregmans letztem Spiel für den MSV: »Er kam zu mir und sagte: ›Trainer, ich muss heute was Besonderes machen.‹ Ich sagte: ›Mach ein ordentliches Spiel, das werden die Zuschauer honorieren.‹ Aber dem armen Kerl gelang gar nichts. Als er zehn Minuten vor Schluss den Ball bekam, nahm er ihn mit der Hand auf, bedankte sich per Handschlag beim Schiedsrichter, drückte die Pille einem Rollstuhlfahrer auf der Aschenbahn in die Hand und ging.« Nach der Karriere ging es turbulent weiter, denn Bregman versuchte sich nun als Drogendealer. Ärgerlich: 1989 verkaufte er einem verdeckten Ermittler der Polizei ein Kilo Kokain. Dafür ging der Ex-Profi für zwei Jahre in den Knast. »Das war eine schlimme Zeit für mich«, sagte er in »11Freunde«. »Es fällt mir nach wie vor schwer, darüber zu sprechen. In Holland tue ich es nie. Wenn ein Journalist kommt und mich danach fragt, schicke ich ihn sofort weg. Ich war damals einfach sehr naiv. Die Geschäfte gingen schlecht, und dann kamen Leute, die gesagt haben: ›Du fährst doch immer nach Amsterdam.‹ Na ja, und dann war ich blödsinnig.«

KAPITEL 24

DIE KUGEL IN SEINEM KOPF

Salvador Cabañas war einer der besten Stürmer Paraguays, 2010 führte er die Nationalelf zur Weltmeisterschaft – dann schoss ihm ein Gangster in den Kopf.

Am Sonntag, den 24. Januar 2010, machte der paraguayische Stürmer Salvador Cabañas sein letztes Spiel als Fußballprofi. Mit dem Club América aus Mexiko City verlor er gegen Monarcas Morelia 0:2. Am Abend besuchte der 29-Jährige mit seiner damaligen Frau und seinem Schwager eine Bar, die besser war als alle anderen in Mexiko City, offenbar sogar doppelt so gut, denn sie hieß »Bar-Bar«. Hier waren regelmäßig Prominente zu Gast, Madonna, Jon Bon Jovi oder Diego Maradona, aber auch die mexikanische Unterwelt feierte gern in der »Bar-Bar«. Cabañas, so gab er später zu Protokoll, bestellte an jenem Abend vornehmlich Whisky. Er hielt gut durch, bis in den Morgengrauen. Gegen fünf Uhr ging er auf Toilette, wo sich ihm ein Mann in den Weg stellte.

»Bis du Cabañas?«, fragte ihn der Mann.

»Ja. Warum?«, sagte Cabañas.

»Du bestiehlst uns Mexikaner. Du verdienst hier unendlich viel Kohle und nimmst es mit nach Paraguay«, sagte der Mann.

»Ich beklaue euch nicht, ich arbeite hier«, sagte Cabañas.

»Das ist der letzte Tag deines Lebens«, sagte der Mann und zog eine Pistole.

»Drück doch ab, wenn du dich traust«, sagte Cabañas, und dann schoss eine Kugel vom Kaliber .25 in seinen Kopf und blieb im linken Gehirnlappen stecken. Später erzählte Cabañas, dass er in diesem Moment Gott gesehen habe. »Er sagte: Mein Sohn, es wird noch lange dauern, bis du ins Paradies kommst.«

Salvador Cabañas, geboren und aufgewachsen in der Nähe von Asunción, war 2003 in die mexikanische Primera División gewechselt und dort zu einem der besten Stürmer avanciert. Für Chiapas und América bestritt er 218 Spiele und schoss 125 Tore. Er wurde Torschützenkönig in der Liga und in der Copa Libertadores. 2009 konnte er sich mit seiner Nationalelf für die WM qualifizieren, Paraguay hatte gegen Brasilien und Argentinien gewonnen, er selbst hatte in der Runde sechs Tore erzielt. Manchester United und der FC Sunderland interessierten sich für ihn. Im Januar 2010 also war Cabañas auf dem Höhepunkt seiner Karriere. Bis zu dem Abend in der »Bar-Bar«. Er überlebte den Kopfschuss zwar, aber er verlor viel – den Fußball und das Vertrauen.

Eigentlich beginnt die Geschichte dieses Attentats schon einige Zeit zuvor, im Mexiko der neunziger Jahre. Das Land gleicht damals dem Kolumbien der Achtziger. Drogenkartelle kämpfen um Macht und Einfluss und vor allem um die Kokain-Exportroute in die USA. Einige dieser Kartelle gibt es seit Jahrzehnten, aber die meisten wachsen erst jetzt zu beträchtlicher Größe an. Sie kommen aus Michoacán, Ciudad Obregón, Sinaloa, Tijuana oder Ciudad Juárez. Aber anders als in Kolumbien zeigt sich die mexikanische Politik entschlossen, gegen diese Kartelle vorzugehen. 2006 gewinnt Felipe Calderón die Präsidentschaftswahl, und sein Hauptanliegen ist der Kampf gegen die organisierte Kriminalität. Nur wenige Tage nach seiner Vereidigung schickt er 6500 Soldaten in den Bundesstaat Michoacán, wo Nazario Moreno González das Sagen hat. Er ist zwischenzeitlich der meistgesuchte Narco Mexikos. In einem Manifest preist er die besonders grausame Behandlung seiner Feinde, sein Spitzname ist passenderweise »El Más Loco«, der Verrückteste.

Die folgenden Straßenschlachten in Michoacán zwischen Militär und Kriminellen gelten als Beginn des Drogenkriegs in Mexiko, der bis heute andauert und mehr als 300.000 Tote gekostet hat. Im Laufe der Zeit werden die Kämpfe immer brutaler und skrupelloser. Zur Abschreckung hinterlassen die Kartelle Warnungen, sogenannte Narco-Botschaften. Im Touristenparadies Acapulco werden einmal 15 Tote an einem Einkaufzentrum abgelegt, 14 von ihnen sind enthauptet; an einer Unterführung in Veracruz findet die Polizei auf einem Laster 35 zerstückelte Leichen. In Tijuana und in Sinaloa baumeln leblose Körper von Brücken. In einigen Landesteilen verliert der Staat irgendwann sein Gewaltmonopol, es sind selbstverwaltete Orte, in denen die Waffen der Kartelle regieren. Städte wie Tijuana und Juárez haben regelmäßig die höchsten Mordstatistiken der Welt.

Wie in Kolumbien interessieren sich auch die mexikanischen Drogenbarone für Fußball; sie pflegen enge Verbindungen zu den Vereinen und Topstars, sie sonnen sich im Glamour und Luxus, und natürlich waschen sie gerne ihr Geld. Das meiste passiert im Verborgenen, 2018 sorgt aber ein Fall weltweit für Aufsehen. Rafael Márquez, Rekordnationalspieler und Barcelona-Legende, werden Geschäftsbeziehungen ins Milieu vorgeworfen. Mit zahlreichen seiner Firmen und Stiftungen soll er für das Drogenkartell von Raúl Flores Hernández, genannt »El Tio«, Geldwäsche betrieben haben. Die Vorwürfe basieren auf jahrelanger Ermittlungsarbeit der amerikanischen Antidrogenbehörde DEA, von Zoll- und Grenzschützern sowie der mexikanischen Regierung. Laut einer Zeitung soll Hernández außerdem Patenonkel von Márquez' ältester Tochter sein. Der Profi weist alle Vorwürfe zurück.

Die Verbindungen zwischen Drogenpaten und dem Fußball werden in jener Zeit immer sichtbarer. Von Mexikos Stürmer-Legende Cuauhtémoc Blanco existiert ein Foto, auf dem er Arm in Arm mit drei Gangstern zu sehen ist. Er sagt später, dass er nicht wusste, mit wem er dort stand. Tirso Martinez, der unter anderem für Joaquín »El Chapo« Guzmán tätig war, gibt nach seiner Verhaftung zu, dass er verschiedene mexikanische Fußballvereine mit Drogengeld gekauft hat, darunter den CF La Piedad und Venados Yucatán. Viele Fußballprofis in Mexiko kennen dieses halbseidene Umfeld, die Verbindungen, die Gerüchte. Die meisten arrangieren sich. Einmal sollen Spieler des Hauptstadtklubs UNAM Pumas mit einem Banner auflaufen: »Fuera Narcos«, Drogenhändler raus. Aber sie weigern sich aus Angst um ihre Familien, denn natürlich kommen solche Botschaften bei den Kartellen nicht gut an, es sind Kriegserklärungen. Auch der ehemalige HSV-Profi Marcelo Díaz, mittlerweile in Diensten von Pumas, soll sein Unbehagen geäußert haben.

Der Mann, der Salvador Cabañas in den Kopf schießt, kommt auch aus dem Kartellmilieu. Er heißt José Jorge Balderas Garza, seine Spitznamen sind »Jesús el JJ" und »El Modelo«. Er steht im Dienst von Edgar Valdez Villarreal, ein berüchtigter Drogenboss, der »La Barbie« gerufen wird. Nach dem Mordversuch kursieren schnell zahlreiche Versionen über den Tathergang. Eine Tänzerin der »Bar-Bar« erzählt der Polizei, dass Cabañas ihr nachgestellt habe. Ein Unbekannter sei daraufhin durchgedreht und dem Fußballer aufs Klo gefolgt. Eine Reinigungskraft erzählt hingegen, dass die Situation wegen Fußball eskaliert sei. »Warum schießt du keine Tore mehr?«, soll der Unbekannte gefragt haben. »Wer bist du denn?«, habe Cabañas geantwortet, woraufhin der Unbekannte die Waffe zog und abdrückte.

Die Polizei stellt anhand von Überwachungsvideos fest, dass der Gesuchte der stadtbekannte JJ ist. Er ist ebenfalls Stammgast in der »Bar-Bar« und ein Freund des Hauses. Er kommt, auch das ist auf den Videos zu sehen, problemlos mit Waffe in die Disko, er wird nicht kontrolliert, weil er den Besitzer kennt. Die beiden umarmen sich am Eingang. Der Besitzer wird nach dem Attentat auf Cabañas sehr unruhig. Er bietet der Frau des Fußballers sogar Geld, damit sie erzählt, das Attentat hätte sich vor seinem Club abgespielt. Sie lehnt ab.

Aber was passierte wirklich? Warum sollte Cabañas sterben? JJ sagt später aus, dass Cabañas ihn beleidigt hätte. Cabañas hingegen sagt, dass JJ und einige mächtige Narcos beim Spiel von América gegen San Luis falsch gewettet hätten – nämlich auf eine Niederlage. América gewann aber, Cabañas schoss zwei Tore und bereitete eines vor.

Als er ins Krankenhaus eingeliefert wird, ist Cabañas noch bei Bewusstsein. »Wir schaffen das!«, flüstert er. »Wir schaffen das!« Dann versetzen ihn die Ärzte in ein künstliches Koma. Paraguay bangt um seinen berühmtesten Patienten. Und auch in Mexiko nehmen die Menschen Anteil. Sein Team América läuft beim nächsten Heimspiel nur mit zehn Mann auf. Der Argentinier Fernando Cáceres, der früher für Celta de Vigo und River Plate gespielt hat, schickt Genesungswünsche. Cáceres wurde 2009 ebenfalls Opfer eines Überfalls, bei dem ihm drei Minderjährige ins Gesicht schossen. Er lag acht Wochen im Koma. Nun schreibt er: »Du kannst es schaffen, es gibt Wunder.«

Cabañas hat nur geringe Überlebenschancen, in 80 Prozent der Fälle sind Kopfschüsse tödlich. Aber der Fußballer kämpft. Nach einer Woche erwacht er aus dem Koma, nach 23 Tagen verlässt er die Intensivstation. Im paraguayischen Fernsehen sagt er: »Papa, ich werde bei der Weltmeisterschaft in Südafrika mitspielen.« Aber erst nach vier Monaten darf er wieder nach Hause, und die folgenden Reha-Maßnahmen dauern über zwei Jahre. Die Ärzte sagen, dass er nie wieder Fußball spielen wird. Cabañas antwortet, dass sie sich irren. Er träumt von einem großen Klub, von einer neuen Chance in der Nationalmannschaft, die es bei der WM ohne ihn ins Viertelfinale geschafft hat. Beim 0:1 gegen Spanien vergibt sein Stellvertreter Óscar Cardozo einen Elfmeter. Viele Fans in Paraguay glauben, dass Cabañas ihn verwandelt und sie zum Weltmeister gemacht hätte.

Aber wie soll es jetzt weitergehen? Das Projektil steckt immer noch im Kopf, es ist hinter dem linken Ohr eingekapselt. Die Sehkraft auf dem linken Auge beträgt nur noch 50 Prozent. Und América hat ihm tatsächlich den Vertrag gekündigt. Sein Geld rinnt durch seine Finger, er verarmt. Er kehrt zurück in die Heimat und hilft seinen Eltern in ihrer eigenen Bäckerei. So jedenfalls berichtet es die BBC 2014. Laut dieses Berichts soll sich seine Frau von ihm getrennt haben und mit den Kindern in ihre Millionen-Villa gezogen sein. Auch seine Anwälte nähmen ihn aus. Er besitze nichts mehr außer seinem Auto. Später erklärt Cabañas in Interviews, dass er zwar Geld verloren habe, aber nicht in Armut lebe. Vor allem die Geschichte mit der Bäckerei nervt ihn. Er sagt, er hätte die Bäckerei gekauft und seinen Eltern geschenkt.

Fußball spielt er gelegentlich auf Amateurlevel. Er läuft für seinen Jugendklub 12 de Octubre auf, aber er schießt keine Tore mehr. Er spielt auch für den brasilianischen Drittligisten Tanabi. 2019 arbeitet er als Technischer Direktor bei Cafetaleros de Chiapas, und 2022 sagt er, er wollte Sportdirektor werden. Am liebsten von América.

JJ taucht nach dem Anschlag unter. Sein Patron La Barbie versteckt ihn mehrere Monate in einer Wohnung in der Nähe von Mexico City. Cabañas sagt: »Ich vergebe ihm. Er wird die Strafe für seine Tat verbüßen.« Was nur teilweise stimmt. Im September 2010 spüren ihn Ermittler auf, aber erst 2019 verurteilt ihn ein Richter zu 20 Jahren Gefängnis. Nicht wegen des versuchten Mordes, sondern wegen seiner Verbindungen zu »Barbie«.

KAPITEL 25

WAS 'NE PFEIFE!

Der Berliner Schiedsrichter Robert Hoyzer wollte ganz schnell ganz reich werden. Also manipulierte er Fußballspiele. Reich wurde er trotzdem nicht.

Jeder weiß, wo er war, als die Flugzeuge ins World Trade Center einschlugen. 9/11 ist eines dieser Ereignisse, die sich in das Gedächtnis eingebrannt haben. In der Wissenschaft nennt man so etwas »Flashbulb Memories«, Blitzlichterinnerungen.

Ältere HSV-Fans haben auch so einen Tag, nämlich den 21. August 2004. Damals spielten die Hamburger in der ersten Pokalrunde beim Regionalligisten Paderborn. Es war ein Spiel, das lange Spuren nach sich zog. Einige Fans glauben, dass an diesem Tag der schleichende Abstieg begann. Für Klaus Toppmöller bedeutete die Niederlage das Ende seiner Trainerkarriere in der Bundesliga.

Dabei ist die Stimmung im Sommer 2004 in Hamburg ganz gut. Nach einem mittelmäßigen achten Platz in der Vorsaison versprechen die Namen der Neuzugänge eine bessere Zukunft: Emile Mpenza, Benjamin Lauth, Daniel van Buyten und Khalid Boulahrouz, dazu noch die alten Leistungsträger Sergej Barbarez, Raphael Wicky und David Jarolím. Das Ziel ist ein Champions-League-Platz, und vielleicht geht ja sogar endlich mal wieder etwas im Pokal.

Gut 7000 Zuschauer sind in das Paderborner Hermann-Löns-Stadion gekommen. Die Sonne scheint, die mitgereisten Fans aus Hamburg singen vom Europacup und von der Meisterschaft, und nach einer halben Stunde führt der HSV 2:0. Alles läuft nach Plan.

Aber dann übernimmt Robert Hoyzer das Spiel.

Der Schiedsrichter pfeift in der 36. Minute einen (unberechtigten) Elfmeter für Paderborn und stellt den HSV-Stürmer Mpenza vom Platz. Noch vor der Pause gleicht der Underdog aus. In der zweiten Halbzeit geht es so weiter. Paderborn schießt gegen die dezimierten und demoralisierten Hamburger das 3:2, und als sich der Bundesligist noch mal aufbäumt, schenkt Hoyzer den Paderbornern einen weiteren Elfmeter, 4:2. »Ich habe noch nie ein Spiel gegen einen Schiedsrichter verloren, das war heute das erste Mal«, sagt HSV-Verteidiger Bastian Reinhardt nach dem Abpfiff. »Hier war was faul«, ahnt Trainer Toppmöller.

Über das Spiel wird in den kommenden Tagen viel diskutiert, auch in den Medien. Vor allem die »Hamburger Morgenpost« interessiert sich für einige Entscheidungen des Referees: »Wurde der HSV vom Schiri betrogen?« Zwei HSV-Spieler hätten in der Kabine ein Gespräch belauscht. »Spielt ihr ruhig so weiter«, soll Hoyzer einem Paderborner zugeraunt haben. Der »Morgenpost«-Artikel schließt mit dem Satz: »Sollten sich die Verdächtigungen gegen Hoyzer bestätigen, wäre einer der größten Fußball-Skandale der deutschen Nachkriegsgeschichte perfekt.« In den nächsten Monaten wird die Zeitung immer wieder auf das Spiel zurückblicken, bis sie irgendwann, fast resignierend, schreibt: »Beweisen lassen werden sich die Vorwürfe gegen Hoyzer wohl nie.«

Sie irrt. Im Januar 2005 ergeben die vielen Puzzleteile endlich ein stimmiges Bild. Manuel Gräfe, einer der renommiertesten deutschen Schiedsrichter, hat seit dem Pokalspiel in Paderborn Beweise für Hoyzers Manipulationen gesammelt. Nun informiert er gemeinsam mit drei Kollegen den DFB-Kontrollausschuss, der eine Untersuchung gegen Hoyzer einleitet. Am 22. Januar 2005 um 19:01 Uhr veröffentlicht »Spiegel Online« eine Eilmeldung: »Ermittlungen gegen DFB-Schiedsrichter«. Zunächst bestreitet Hoyzer die Vorwürfe, das Pokalspiel manipuliert zu haben, aber fünf Tage später gibt er alles zu, und er räumt sogar Beeinflussungen bei anderen Spielen ein. Er hätte sich vom vielen Geld blenden lassen, sagt er. Von seinen Milieu-Kumpels mit den schnellen Autos und teuren Uhren, von Luxus und Spaß ohne Anstrengung.

Aber wie war es überhaupt so weit gekommen?

Robert Hoyzer, Berliner, Charlottenburger, gilt in jungen Jahren als großes Schiedsrichtertalent. Dabei hilft ihm seine Körpergröße, mit 1,98 Meter verfügt er über eine natürliche Autorität. Die Karriereleiter eilt er in Windeseile hinauf: mit 18 Jahren pfeift er Verbandsliga, mit 19 Oberliga, zwei Jahre darauf Regionalliga. Er scheint das Schiedsrichterwesen zu lieben, in Charlottenburg-Wilmersdorf leitet er eine Gruppe von Nachwuchsreferees.

Am 18. August 2002, kurz vor seinem 23. Geburtstag, debütiert er als Assistent bei einem Zweitligaspiel am Millerntor. »Das erste Mal mit dem DFB-Logo auf der Brust aufzulaufen und dann auch noch vor 20.000 Zuschauern, das war ein tolles Erlebnis«, sagt Hoyzer. Ein Jahr darauf, 22. August 2003, leitet er sein erstes Zweitligaspiel, Ahlen verliert 1:2 gegen Karlsruhe. Die Bundesliga ist nicht mehr fern, in den kommenden Monaten darf Hoyzer einige Male als Assistent im Oberhaus auflaufen. »Blendende Aussichten im Profifußball«, bescheinigt ihm Bernd Schultz, Präsident des Berliner Fußball-Verbandes.

Hoyzer verdient zu diesem Zeitpunkt 1500 Euro für ein Zweitligaspiel, dieselbe Summe bekommt er als Assistent für die Bundesliga. Als leitender Schiedsrichter hätte er in der höchsten Liga 3000 Euro pro Spiel erhalten. Es sind, wohlgemerkt, Einkünfte für einen Nebenjob. Privat studieren die meisten Schiedsrichter oder arbeiten bereits in festen Berufen. Hoyzer ist an der Fachhochschule Salzgitter für Sportmanagement eingeschrieben.

Als Ende Januar 2004 alles rauskommt, wundern sich viele über Hoyzers eher mickrige Gewinne aus den verschobenen

Spielen. Elf Partien, die er geleitet hat, werden vom DFB-Sportgericht analysiert. Insgesamt soll der Schiedsrichter bei acht Partien Manipulationen versucht haben, bei einigen funktioniert die Beeinflussung, bei anderen nicht. 67.000 Euro und einen Plasmafernseher hätte er insgesamt von der Wettmafia erhalten.

Im Frühjahr 2005 wird der Skandal täglich größer und klarer. Es zeigt sich bald, dass Hoyzer nur die Speerspitze ist, denn es öffnet sich eine Tür in verrauchte Vor- und Hinterzimmer von Wettlokalen, wo Männer nicht nur Bargeld hin- und herschieben, sondern auch Schiedsrichter wie Schachfiguren über ihre Spielfelder führen. Hoyzer verkehrt damals gerne im Berliner Café King in der Rankestraße, unweit der Schickimickiwelt des Ku'damms. Er wird später sagen, das Café King sei wie sein zweites Wohnzimmer gewesen. Doch nach Wohnzimmer sieht es in der Kneipe eigentlich gar nicht aus. Zur Bar schlängelt man sich vorbei an schwarzen Speckledersofas, der hintere Teil erinnert an ein Spiegelkabinett auf dem Jahrmarkt. An der Fassade prangt zwischen humorlosen Neonröhren im knalligen Rot das Wort: »King«. Darüber eine goldene Krone. Natürlich auch im Neonlicht.

Besitzer ist der Kroate Milan Sapina, geboren in einem Dorf an der dalmatinischen Küste. Mitte der Siebziger siedelt er mit seinen Eltern und seinem Bruder Filip nach Duisburg über. Kurz darauf kommt der dritte Bruder, Ante, zur Welt. Als der Vater 1988 überraschend stirbt, wird Milan zum Familienoberhaupt. Sie ziehen nach Berlin. Die Mutter arbeitet als Reinigungskraft, Milan verdient Geld als Automatenaufsteller und eröffnet das Café Mississippi in Moabit.

Sein jüngster Bruder Ante ist ein geselliger Typ Ende 20 mit einer Begabung für Mathematik, das Abitur meistert er mit Leichtigkeit. Er beginnt ein Studium der Volkswirtschaftslehre, sein Geld verdient er mit Sportwetten. Akribisch wertet er Spielansetzungen aus und sammelt Informationen. Er kennt jede

Liga, jeden Wettbewerb, jede Sportart. Seine Brüder nennen ihn »Navigator«. Seinen ersten großen Coup landet er 1999. In einem Charlottenburger Café, in dem einer der ersten Wettautomaten Deutschlands steht, gewinnt er 76.000 Mark. 50.000 setzt er zu Beginn der Saison auf den FC Bayern als Deutschen Meister, dafür bekommt er 100.000 Mark. Den Gewinnschein trägt er jahrelang als Glücksbringer bei sich. Bald geht er kaum noch zur Uni, er analysiert lieber Quoten und Spiele. Sein Motto: Nur wer hoch einsetzt, kann hoch gewinnen.

Das Café King wird in den kommenden Jahren zu einem Szenetreff. Es ist nicht nur ein Tummelplatz für Kleinganoven, sondern auch beliebt unter Berliner Amateurfußballern, hin und wieder schauen sogar Bundesligaspieler vorbei. Und natürlich laufen sich Sapina und Hoyzer hier bald in die Arme. Der Pate weiht den Schiedsrichter in die Geheimisse des Wettens ein. »Ganz leicht verdientes Geld«, sagt er und zeigt Hoyzer einen Gewinnschein, 47.000 Mark steht drauf. Es ist ein Köder, und Hoyzer beißt an.

Für die Sapinas ist Hoyzer ein Hauptgewinn. Sie müssen nicht mehr mühsam Spieler überreden, einen Elfmeter zu schinden, Zweikämpfen aus dem Weg zu gehen oder ein Eigentor zu köpfen, sie platzieren nun direkt beim Spielleiter ihre Wünsche. Es fühlt sich fast so an, als könnten sie ein Fußballspiel wie ein Computerspiel lenken.

Das erste Mal erhält Hoyzer am 21. Mai 2003 Geld von Sapina. Die Männer treffen sich in Paderborn, wo am Tag darauf das Regionalligaspiel gegen den Chemnitzer FC stattfinden soll. Sapina holt Hoyzer in einem E-Klasse-Mercedes ab. »Hau gleich zu Beginn drauf«, rät er dem Parteiischen. Paderborn müsse zur Halbzeit führen, zwei Verteidiger der Chemnitzer seien instruiert; einer von ihnen, so stellt sich später heraus, ist Steffen Karl. Hoyzer nickt, das bekommt er hin. Dann übergibt Sapina ihm das Geld, 16 Scheine à 500 Euro, Vorkasse, aber auch Druckmittel, Hoyzer soll ja nicht mehr abspringen.

Es läuft anders als erhofft. Kurz vor dem Pausenpfiff steht es immer noch 0:0, Hoyzer wird langsam nervös, dann aber sieht er bei einem Zweikampf an der Strafraumkante seine Chance, er zeigt auf den Elfmeterpunkt. Bloß seine Assistentin Inka Müller bewertet die Situation anders, sie protestiert an der Außenlinie vehement, das Foul wäre außerhalb des Strafraums gewesen. Der unsichere Hoyzer nimmt den Elfmeter zurück und entscheidet auf Freistoß. Sapina tobt, 215.000 Euro sind ihm durch die Lappen gegangen, Hoyzer entschuldigt sich und gibt die 8000 Euro zurück.

Aber er bekommt eine zweite Chance, und diesmal nutzt er sie. Wuppertal soll gegen Werders Amateure gewinnen, Hoyzer erhält dafür 3300 Euro. Er weiht auch seinen Assistenten Felix Zwayer ein und bietet ihm mutmaßlich 300 Euro. Zwayer bestreitet das später. Wuppertal gewinnt tatsächlich 1:0. Das Erfolgserlebnis motiviert Hoyzer zum Weitermachen. »Er trägt nun nur noch ein Schiedsrichterkostüm, er ist ein Schauspieler«, heißt es später in einer ZDF-Dokumentation über ihn. Er selbst sagt: »Ich war kein Unparteiischer, ich war der Spielmacher der Mannschaft, die gewinnen oder verlieren sollte.«

In kniffligen Szenen, 50:50-Situationen, entscheidet Hoyzer stets zu seinem Vorteil. Er nutzt seinen Ermessensspielraum voll aus. Es zeigt sich aber oft, wie kompliziert es sein kann, Spiele zu manipulieren – für alle Beteiligten. Vor dem Pokalspiel in Paderborn sitzt Hoyzer mit den Sapinas zusammen. »Das Spiel ist sehr wichtig für uns«, sagt Ante. Sie haben 175 Wettscheine ausgefüllt und insgesamt 83.000 Euro eingesetzt, alles auf Sieg des Außenseiters. Hoyzer sagt später, er sei nach den schnellen HSV-Toren sehr beunruhigt gewesen. Er kommt deshalb weit aus der Deckung und flüstert Paderborns Thijs Waterink zu: »Macht mal was, den Rest erledige ich.« Und Waterink, der ebenfalls auf der Lohnliste der Sapinas steht, macht was: Nach einer Flanke lässt er sich im Strafraum fallen. Hoyzer zeigt sofort auf den Punkt.

Läuft doch. Und es läuft noch besser, als Mpenza ihn anschließend ein »Arschloch« nennt. »Ich konnte ihn berechtigt mit Rot runterstellen«, sagt Hoyzer.

Am Abend knallen im Café King die Champagnerkorken, die Männer um König Ante Sapina jubeln über 700.000 Euro Gewinn. Hoyzer steht in ihrer Runde und macht eine Handbewegung. Die Runde lacht. Mit dieser Geste hat er in Paderborn Mpenza des Feldes verwiesen. »Du bist unser Schatz, du bist unser Houdini«, jubeln die Männer. Hoyzer lächelt. Er gehört jetzt dazu.

Aber das staatliche Wettunternehmen Oddset wird skeptisch. 175 Wettscheine auf Paderborn? Ist alles sauber gewesen? Die Firma sperrt zunächst die Auszahlung und lädt Ante Sapina zu einem Gespräch in die Zentrale der Deutschen Klassenlotterie Berlin ein. Dort erklärt der Wettkönig sein ausgeklügeltes System, zumindest den legalen und mathematischen Teil. Die Oddset-Mitarbeiter sollen anerkennend genickt haben – dann zahlen sie ihn aus. Am Ende erhält Sapina noch ein Portemonnaie und einen Lotto-Kugelschreiber.

Es ist ein ewiges Auf und Ab der Gefühle. Katastrophal läuft es zum Beispiel beim Spiel Unterhaching gegen den 1. FC Saarbrücken im November 2004. Alle drei Sapina-Brüder reisen an, sie haben viel Geld auf einen Heimsieg gewettet. Hoyzer, ihr Houdini, bekommt 50.000 Euro vorab, 35.000 für das anstehende Spiel, 15.000 Restzahlung für eine Partie in Ahlen. Aber es geht alles schief. Saarbrücken führt bereits nach 22 Minuten 2:0. In der Halbzeitpause sitzt Hoyzer nervös in der Kabine, er hat eine SMS auf dem Handy, Ante Sapina ist wütend, erhöht aber die Prämie auf 50.000 Euro. Die Unterhachinger schießen den Anschluss, dann schenkt Hoyzer ihnen sogar einen Elfmeter, aber er hat heute kein Glück – Francisco Copado verschießt. Das Spiel endet 1:3. Die Sapinas werfen ihrem Mann auf dem Feld Tatenlosigkeit vor, aber Hoyzer ist, so sagt er später, zu diesem Zeitpunkt schon alles egal. Er will aussteigen, denn er sieht, dass seine Leistungen öffentlich stärker diskutiert werden. Im Ranking der besten deutschen Schiedsrichter ist er innerhalb weniger Wochen von Platz sechs auf Platz 20 abgerutscht.

Er weiß zu dem Zeitpunkt noch nicht, dass Schiedsrichterkollegen längst misstrauisch geworden sind. Einer von ihnen ist Manuel Gräfe, der ebenfalls aus Berlin stammt und mit Hoyzer einige Zeit befreundet war. Am Tag des Pokalspiels zwischen Paderborn und dem HSV ist er auf dem Weg zu Freunden nach Soltau. Im Radio hört er von einem »Riesenärger in Paderborn«. Er denkt zunächst, jetzt hat es den Robert auch erwischt, harte Kritik bekommt jeder Schiedsrichter irgendwann in seiner Karriere mal zu hören. Als Hoyzer sich im Café King feiern lässt, ist Gräfe in Soltau angekommen. Auf einem kleinen Fernseher schaut er sich die Highlights des Spiels im Sportstudio an. »Dieser zweite Elfmeter war so schräg, er passte nicht zu Robert und seiner Klasse«, sagt Gräfe später in »11Freunde«. Er beginnt nun genauer hinzuschauen und bei Kollegen nachzufragen. »Ich musste sehr vorsichtig vorgehen, denn falsche Unterstellungen wären in diesem Zusammenhang fatal gewesen. Öffentlich geäußert hätten sie mich wohl meine Karriere gekostet.«

Als Gräfe am 4. Dezember 2004 auf dem Weg zu einem Auswärtsspiel in München ist, spricht ihn sein Assistent an: »Manuel, wir müssen später reden. Alleine.« Sie verabreden sich an der Hotelbar im Hilton. Der Assistent berichtet von einer Unterhaltung mit Hoyzers Assistenten. Dieser hatte erzählt, dass Hoyzer mit neuen Freunden verkehrt, und auf dem Weg zu den Spielen »zähle Robert Quittungen im Tausenderbereich«. Gräfe geht in die Offensive. Er kontaktiert Lutz Michael Fröhlich, den erfahrensten Berliner Schiedsrichter, eine Vertrauensperson. Fröhlich hört sich alles an. Aber es bleiben Zweifel. »Kann das nicht auch ein Missverständnis sein? Eine Verkettung von Zufällen?«

Bald ist sich Gräfe aber sicher, dass Hoyzer manipuliert. Sein Schiedsrichterkollege Felix Zwayer erzählt, dass Hoyzer ihn vor einem halben Jahr angesprochen hätte. Man könne »Extrageld« machen, soll der junge Referee gesagt haben. Auch andere Zeugen sagen, dass Hoyzer geprahlt habe, man könnte durch Schiebung »echt Kohle« machen. Gräfe und seine Kollegen Lutz Michael Fröhlich, Olaf Blumenstein und Felix Zwayer informieren den DFB, und am 22. Januar 2005 macht der Verband die Vorwürfe öffentlich. Am Abend steht die Meldung auf der »Spiegel«-Website, und einen Tag später prangt Hoyzers Foto auf der Titelseite der »Bild am Sonntag«: »Wie viele Spiele hat ER verschoben?«

Kurz vor der WM liegt Deutschlands Fußball am Boden. Sogar die »New York Times« berichtet: »Das Land taumelt in den größten Fußball-Skandal seit mehr als 30 Jahren.« Viele Funktionäre äußern sich fassungslos. Darunter auch einige, die später selbst unter Korruptionsverdacht stehen. Franz Beckenbauer, der Chef des WM-Organisationskomitees, befürchtet einen immensen Imageschaden: »Wenn vor der WM noch so etwas passiere, dann können wir zusperren.« Und FIFA-Präsident Sepp Blatter lobt die nun folgende Aufklärungsarbeit des DFB: »Sie sollte ein Warnschuss für alle anderen Betrüger sein.«

Im November 2005 wird Robert Hoyzer vor dem Landgericht Berlin zu zwei Jahren und fünf Monaten ohne Bewährung wegen Beihilfe zum Betrug verurteilt. Er sitzt gut die Hälfte der Strafe ab. Auch der Schiedsrichter Dominik Marks, ebenfalls ein verlängerter Arm der Sapinas, erhält ein Jahr und sechs Monate auf Bewährung. Die drei Sapina-Brüder bekommen zwischen einem und drei Jahren Gefängnisstrafen. Ante Sapina wird nach Entlassung wieder straffällig, als er im Juli 2008 über einen Londoner Wettmakler Geld auf verschobene Spiele in Asien platziert.

Vom DFB wird Hoyzer zunächst lebenslang gesperrt. Er darf weder als Schiedsrichter noch als Trainer oder Spieler fungieren.

Später akzeptiert der damalige Verbandspräsident Theo Zwanziger Hoyzers Gnadengesuch, sodass der Ex-Schiedsrichter wieder im Amateurfußball aktiv werden kann. Er kickt danach für die Senioren des FSV Spandauer Kickers, 2015/16 arbeitet er als Sportdirektor von Viktoria Berlin.

Von Hoyzers verschobenen Spielen wurde nur eines wiederholt (LR Ahlen gegen Wacker Burghausen 1:3). Nicht aber die Pokalpartie zwischen Paderborn und dem HSV. Die Hamburger bekamen vom DFB immerhin eine Entschädigung von zwei Millionen Euro. Für Klaus Toppmöller war das Spiel der Anfang vom Ende seiner Karriere. Auch in der Bundesliga verlor sein Team nach dem Pokalschock Spiel um Spiel und rutschte auf den letzten Tabellenplatz ab. Toppmöller wurde entlassen. Danach arbeitete er noch als georgischer Nationaltrainer, in die Bundesliga kehrte er nie wieder zurück. Vergessen hat er das Pokalspiel bis heute nicht. In »11Freunde« erzählte er, dass er sich damals schon bei der Stadionbegehung vor dem Spiel gewundert hätte: »Daniel Cartus und Christian Weber, die ich in Saarbrücken trainiert hatte und die nun bei Paderborn spielten, begrüßten mich so merkwürdig. Normalerweise wären die mir um den Hals gefallen. Aber an diesem Tag sind sie mir regelrecht ausgewichen. Im Verlauf der Partie wurde mir dann klar: Hier stimmt irgendwas nicht! Und ein paar Minuten nach Schlusspfiff kam die Frau unseres Co-Trainers Ralf Zumdick zum Platz und rief: ›Das war Betrug! Der hat euch verpfiffen!‹ Sie hatte recht. Aber damals wollte uns niemand zuhören.«

Vergessen werden die HSV-Fans das Spiel niemals. Und auch der Name Robert Hoyzer wird für ewig in Erinnerung bleiben. Er ist zum Synonym für schlechte Schiedsrichterleistungen geworden, es gibt sogar das Kunstverb »hoyzern«. Wer es heute bei einem Fußballspiel verwendet, kann mit Rot bestraft werden.

KAPITEL 26

AUS DEM KNAST

Einige Häftlinge holen im Gefängnis ihren Schulabschluss nach. Andere arbeiten in der Gärtnerei oder in der Bibliothek. Jamie Lawrence trainierte hinter Gittern, um Fußballprofi zu werden. Mit Erfolg.

Am 15. Oktober 1993, einem Freitag, unterschrieb Jamie Lawrence einen Profivertrag beim FC Sunderland. Zwei Tage später stand er zum ersten Mal im Kader. Sie spielten auswärts in Middlesbrough. Knapp 13.000 Zuschauer waren in den Ayresome Park gekommen. Lawrence, ein dynamischer Außenstürmer, 1,76 Meter groß, musste sich zunächst mit einem Bankplatz begnügen. Aber dann drohte sein Team unterzugehen, schon zur Halbzeit stand es 0:3. Trainer Terry Butcher musste reagieren, etwas Überraschendes machen. Also schickte er seinen Neuzugang zum Warmmachen. Lawrence zog sich das Trikot über und trabte hinters Tor. Er wollte selbstbewusst aussehen, aber er musste grinsen. Über Lautsprecher erklang Elvis Presleys »Jailhouse Rock«, Gefängnis-Rock.

Die Fußballgeschichte ist, wie dieses Buch zeigt, reich an Spielern, die *nach* ihrer Karriere ins kriminelle Milieu abrutschten. Einige kamen sogar *während* ihrer aktiven Zeit mit dem Gesetz in Konflikt. Und ein paar Fußballer wurden schon *vor* ihrer Profilaufbahn straffällig. Aber wie viele Spieler gibt es, die als Amateurkicker ins Gefängnis wanderten – und als Fußballprofi wieder rauskamen? Jamie Lawrence ist einer von ihnen, vielleicht sogar der einzige, und das hier ist seine Geschichte.

Sie begann in Battersea, zentrales London, nur ein paar Meter entfernt vom Craven Cottage und der Stamford Bridge.

Lawrence wuchs hier als Sohn jamaikanischer Einwanderer auf. Er spielte Fußball, seit er drei war. Hatte Talent, war schnell und agil auf den Außenbahnen, aber er war unsichtbar. Ihm fehlten die Kontakte zu Beratern, Nachwuchstrainern und Vereinen. Chelsea und Fulham fragten nie an, nicht mal semiprofessionelle Teams. Als er 17 war, gingen seine Eltern zurück nach Jamaika. »Komm mit uns«, sagten sie, aber er wollte bleiben, denn er träumte doch davon, Fußballprofi in England zu werden. Mit seiner Schwester zog er in eine kleine Wohnung in Croydon, Süd-London, hartes Pflaster, prädestiniert für eine Karriere auf der schiefen Bahn statt auf der Außenbahn. »Wir hatten beide kein Geld, also begann ich, kleine Dinger zu drehen«, sagte er im »Guardian«. Mit 19 wanderte er das erste Mal ins Jugendgefängnis, er hatte Autos geklaut und Raubüberfälle begangen. Ein gutes Jahr musste er absitzen. Hinter Gittern trainierte er weiter, jeden Tag, jede freie Minute. Schon bald, draußen, in Freiheit, würde er Probetrainings absolvieren. Sie würden nicht mehr an ihm vorbeikommen. Daran glaubte er fest.

Einen Monat vor seinem 21. Geburtstag hatte Lawrence seine Strafe abgesessen. Aber der Fußball stand erst mal hinten an, denn er hatte Sachen zu klären mit ehemaligen sogenannten Freunden. Einen schlug er zusammen, danach raubte er ihn aus. Wieder stand er vor Gericht, wieder ging es ins Gefängnis. Seine Mutter reiste aus Jamaika an. »Junge«, sagte sie, »warum tust du mir das an?« Und der Junge weinte.

Dieses Mal wurde er in das berüchtigte Männergefängnis Camp Hill auf der Isle of Wight verlegt, einer kleinen Insel südlich von Portsmouth. Ein übler Knast, viel Gewalt. Aber immer noch war Lawrence überzeugt, dass er es eines Tages als Fußballprofi schaffen würde.

Er schloss sich dem Gefängnisteam an. Er war der Beste, den sie dort je gesehen hatten. Ob er Profi sei, fragten sie. »Nein, aber bald!«, sagte er. Am Boxing Day 1992 lief er für die Knastelf gegen das lokale Non-League-Team Cowes Sports auf. Er spielte seine Gegner schwindelig und machte zwei Tore. Cowes' Trainer fragte nach, wie lange dieser Typ denn noch sitzen müsse und ob er nicht für ihren Amateurklub spielen könne. Die Gefängnisleitung lachte.

»Ich hatte Glück, dass mich Eddie Walder mochte«, sagte Lawrence. »Er war unser Sportlehrer im Gefängnis. Er hat Himmel und Hölle in Bewegung gesetzt, damit ich für Cowes spielen konnte.« Lawrence durfte sogar zu Auswärtsspielen aufs Festland reisen. Ohne Security, ohne Begleiter. Seine Mitspieler integrierten ihn schnell. Sie holten ihn jeden Samstag um zehn Uhr ab, dann spielte er, schoss ein paar Tore, trank ein paar Bier, und auf dem Rückweg stopfte er sich eine ganze Packung Kaugummi rein, damit die Wärter den Alkohol nicht rochen.

Er spielte oft gut, manchmal brillant. Wurde eine lokale Insel-Berühmtheit, und irgendwann tauchten Scouts von Profiteams auf. Was hatte es mit diesem Knastkicker auf sich, über den die lokale Presse in Südengland berichtete?

Am Tag seiner Entlassung war Lawrence 23 Jahre alt. Im Gefängnis hatte er Ambrose Mendy kennengelernt, ein berühmter Boxpromoter, der allerhand Kontakte hatte. Auch im Fußball. Bald durfte Lawrence bei Wimbledon vorspielen, dann bei Millwall. Viele Trainer sahen Potenzial, aber nur Sunderlands Terry Butcher, der ehemalige englische Nationalspieler, den viele wegen seines blutgetränkten Turbans bei einem WM-Qualifikationsspiel gegen Schweden in Erinnerung haben, traute sich, dem Ex-Knacki einen Einjahresvertrag zu geben. »Ich kam am Montag nach Sunderland, trainierte am Dienstag mit, spielte am Mittwoch gegen die Reserve von Leeds, und am Freitag unterschrieb ich den Vertrag«, sagte er. Dann kam Middlesbrough, Jailhouse Rock.

Lawrences Zeit in Sunderland endete schnell, weil Butcher entlassen wurde und dessen Nachfolger nicht auf ihn setzte. Lawrence machte nur vier Spiele für die Black Cats. Trotzdem ist er dem Verein und Trainer Butcher bis heute dankbar. Denn es sei der ideale Neuanfang für ihn gewesen, weit weg von seinen alten Freunden, weit weg vom alten Viertel in London. Das hatten sie ihm im Gefängnis immer wieder gesagt: Wenn du nicht rückfällig werden willst, musst du dein soziales Umfeld ändern. »Ohne Terry Butcher säße ich heute lebenslang in irgendeinem Gefängnis oder wäre tot. Eins von beidem. Fußballprofi wäre ich sicherlich nicht«, sagte Lawrence.

Außerdem stand er nun im Notizbuch von vielen Trainern, er war nicht mehr unsichtbar, er war ein ehemaliger Zweitligaprofi, der für den Traditionsklub Sunderland gespielt hatte. In den kommenden Jahren schaffte er es weiter nach oben, er wurde Nationalspieler Jamaikas und machte 24 Länderspiele, darunter auch einige WM-Qualifikationsspiele. 1995 wechselte er zu Leicester City, Premier League. Mit dem Team gewann er 1997 den League Cup. Danach ging's weiter zu Bradford, wo er seine erfolgreichste Zeit hatte und fünf Jahre blieb. Die Fans liebten ihn, denn er zeigte ihnen fantastische Dribblings auf der Außenbahn und wechselte beinahe wöchentlich seine Haarfarbe, mal lila, mal pink, mal gelb.

Auch sein größtes Spiel machte er für Bradford – am 14. Mai 2000 gegen den FC Liverpool. Es war der letzte Spieltag, und beide Teams brauchten einen Sieg. Bradford, um die Klasse zu halten. Liverpool, um die Champions League zu erreichen. Einen Tag vor dem Spiel bekam Lawrence einen Anruf aus Jamaika, sein Vater sei gestorben. Er sagte seinem Trainer Paul Jewell, dass er nicht spielen wollte. Jewell antwortete: »Ich glaube, dein Vater hätte es gern gesehen, wenn du uns heute rettest.« Okay, dachte Lawrence. Und dann zauberte er auf dem Platz. Bradford gewann durch ein Tor von David Wetherall 1:0. Die Mannschaft hatte die Liga gehalten. In der Kabine nahm Jewell Lawrence in den Arm: »Das war für deinen Vater.«

Nach seinem Karriereende hat Jamie Lawrence wie so viele englische Ex-Fußballer seine Autobiografie geschrieben. Sie heißt »From Prison to the Premiership«, wie auch sonst. Darin erzählt Lawrence, dass er nach der Profizeit beinahe rückfällig geworden wäre. Er fiel in ein Loch, trank viel, hatte finanzielle Sorgen. Kurz bevor er ein nächstes Ding drehen wollte, wusch ihm ein guter Freund aber den Kopf: »Er sitzt im Knast, hat 30 Jahre oder so. Eines Tages sagte er zu mir: Krieg dein Leben auf die Reihe! Du willst nicht bald wieder neben mir in der Zelle sitzen.« Lawrence bekam die Kurve. Er wurde Trainer, übernahm Teams wie Kingstonian und Whitewark, arbeitete als Fitnesscoach für die ghanaische Nationalmannschaft und Sutton United. Heute hat er eine eigene Fußballschule und tritt regelmäßig als Speaker und Podcast-Gast auf. Wenn er auf Veranstaltungen spricht, spielen sie zur Begrüßung manchmal »Jailhouse Rock«. Er lächelt dann.

KAPITEL 27

KLEIN, KLEIN

Die etwas andere Meinung:

»Unser Haus wurde gebaut mit Vertrauen als Fundament, Solidarität und Demokratie als den Wänden, Einigkeit als Decke und Universalität als Dach.« (Sepp Blatter feiert seine Wiederwahl zum FIFA-Präsidenten 2002.)

Das absolut reine Gewissen:

»Diese Haarprobe wurde unter notarieller Aufsicht entnommen, versiegelt und wird heute dem Institut für Gerichtsmedizin in Köln übergeben. Ich tue das, weil ich ein absolut reines Gewissen habe.« (Christoph Daum hat nie gekokst. Oder etwa doch?)

Guter Tipp:
»Uli Hoeneß würde ich nicht als Steuerberater nehmen.«
(Zlatan Ibrahimović über den Bayern-Boss 2014. Apropos ...)

URLAUB AUF DEN KAIMANINSELN

Briekastenfirmen in der Karibik? Ein Konto in der Schweiz? Nicht verzollte Rolex? Acht ausgewählte Steuertrickser.

28,5

Uli Hoeneß, Funktionär
Nummernkonto in der Schweiz
Steuerschuld: 28,5 Millionen Euro
Rückzahlung: 43 Millionen Euro
Strafe: 3 Jahre und 6 Monate Haft (vorzeitige Entlassung nach einem Jahr und acht Monaten)

5,7

Cristiano Ronaldo, Spieler
Firmengeflecht in Irland und auf den Jungferninseln
Steuerschuld: 5,7 Millionen Euro
Rückzahlung: 18,8 Millionen Euro
Strafe: 23 Monate und 30 Tage Haft (auf Bewährung)

5,6

Radamel Falcao, Spieler

Briefkastenfirmen auf den Jungferninseln, in Panama und Irland

Steuerschuld: 5,6 Millionen Euro

Rückzahlung: 8,2 Millionen Euro

Strafe: Eine 16-monatige Haft wurde zu einer Geldstrafe in Höhe von 96.000 Euro umgewandelt.

4,1

Lionel Messi, Spieler

Briefkastenfirmen in Belize, Uruguay, Großbritannien und Schweiz

Steuerschuld: 4,1 Millionen Euro

Rückzahlung: 15 Millionen Euro

Strafe: 21 Monate Haft (auf Bewährung) und Geldstrafe in Höhe von 3,7 Millionen Euro

3,3

José Mourinho, Trainer

Briefkastenfirmen in Irland, Neuseeland und auf den Jungferninseln

Steuerschuld: 3,3 Millionen Euro

Rückzahlung: 2 Millionen Euro

Strafe: 1 Jahr Haft (auf Bewährung) und eine Geldstrafe von etwa 2 Millionen Euro

1,5

Javier Mascherano, Spieler

Wohnsitz im Steuerparadies Sarnen
im Schweizer Kanton Obwalden

Steuerschuld: 1,5 Millionen Euro

Strafe: 1 Jahr Haft (auf Bewährung) und Geldstrafe in Höhe von 815.000 Euro

0,87

Luka Modrić, Spieler

Briefkastenfirma in Luxemburg

Steuerschuld: 870.000 Euro

Rückzahlung: 1,4 Millionen Euro

Strafe: 8 Monate Haft (auf Bewährung)

0,019

Karl-Heinz Rummenigge, Funktionär

Einführung von zwei steuerpflichtigen
Rolex-Uhren im Wert von 100.000 Euro

Steuerschuld: 19.000 Euro

Strafe: Geldstrafe in Höhe von 250.000 Euro

ELF KRIMINELLE MÜSST IHR SEIN

Ludwig Räuber, 1860 Rosenheim
Per Edmund Mordt, IFK Göteborg
Koke, Atlético Madrid
Fred Crack, Grimsby Town
Harald Killer, Eintracht Braunschweig
Jens Todt, SC Freiburg
Chedi Krimi, Stade Tunisien
C.W Messer, Royal Antwerp
Constantin Pistol, Steaua Bukarest
Brynn Gunn, Nottingham Forest
Alex Lawless, Luton Town

ZAHLEN, BITTE

Ein brennendes Haus, ein zu gut haltender Torhüter und ein waschechter Profi-Hooligan.

101 Tage

verbrachte der Torhüter **Lutz Pfannenstiel** in einem Gefängnis in Singapur, weil er an Spielmanipulationen mitgewirkt haben sollte. Kurios: Er wurde unter anderem beschuldigt, »auffallend gut« gehalten zu haben. Die Vorwürfe stellten sich als haltlos heraus.

5 Menschen

verletzte **Diego Maradona**, als er im Februar 1994 mit einem Luftgewehr auf Journalisten schoss. Ein Gericht verurteilte ihn zu zwei Jahren und zehn Monaten auf Bewährung. Fortan ließ Maradona seine Waffen im Schrank und konzentrierte sich auf seine andere Leidenschaft: Koks.

10 Zentimeter

lang war die Klinge des Klappmessers, das dem HSV-Spieler **Oliver Möller** am 12. Januar 1994 im Rücken steckte. Mit seiner Mannschaft nahm er an einem Hallenturnier in der Stuttgarter Schleyerhalle teil, als ihn eine psychisch kranke und taubstumme Frau angriff. »Das Messer habe ich reflexartig rausgezogen«, sagte Möller der »Hamburger Morgenpost«. Wie in Trance ging er danach durch die Katakomben in die Kabine, wo er von Masseur Hermann Rieger und vom Mannschaftsarzt der Stuttgarter Kickers versorgt wurde. Dann traf der Notarzt ein. Möller beendete ein Dreivierteljahr später seine Karriere; kurz nachdem er wieder auf die Beine gekommen war, teilte ihm der damalige Vorstand mit, dass der Verein nicht mehr mit ihm plane. Die Täterin kam in psychiatrische Behandlung. Zehn Jahre später erstach sie ihre Mutter.

40.000 Mark

befanden sich in dem Geldkoffer, den die **Spieler von Schalke 04** vor der Partie gegen Bielefeld am 17. April 1971 annahmen. Das machte in etwa 2300 Mark für jeden Spieler. Beim DFB leugneten sie die Manipulation vehement. Auch vor einem Zivilgericht hatten sie unter Eid geschworen, kein Geld angenommen zu haben. Der Prozess zog sich mehrere Jahre. Erst vor dem Essener Landgericht gestanden sie – und konnten dadurch eine Gefängnisstrafe abwenden. In jener Zeit firmierte das Team bei Fans als »FC Meineid 04«.

899.000 Follower

hat der iranische Torhüter **Sosha Makani** auf Instagram. Anfang Januar 2016 postete er dort ein Foto, auf dem er neben zwei Frauen steht – und wanderte dafür ins Gefängnis. Die Begründung der Sittenpolizei lautete: Die Frauen auf dem Foto waren unverschleiert und damit anti-islamisch. Das Veröffentlichen solcher Bilder würde der Korruption und Prostitution in der iranischen Gesellschaft Vorschub leisten. Makani kam wenige Tage später wieder frei, seine Anwälte hatten erklärt, dass sein Account gehackt worden war. Hashtag: Mausgerutscht.

3 Sprengsätze

wurden am 11. April 2017 beim Anschlag auf den **Mannschaftsbus von Borussia Dortmund** gezündet. Das Team befand sich auf dem Weg zum Westfalenstadion, wo am Abend das Champions-League-Spiel gegen Monaco stattfinden sollte. Durch die Explosion wurden ein Polizist und der BVB-Verteidiger Marc Bartra verletzt. Der Täter Sergej W. wurde wegen 28-fachen Mordversuchs zu 14 Jahren Haft verurteilt. Er hatte auf einen Kurssturz der BVB-Aktie gehofft und einen gleichzeitigen Anstieg von Verkaufsoptionsscheinen, die er am Vormittag des Anschlagtages gekauft hatte.

107 Spiele

machte der Waliser **David John »Dai« Thomas** für Klubs wie Swansea, Cardiff und Watford. Wenn er nicht Fußball spielte, kloppte er sich. So zum Beispiel bei der EM 2000, als er sich an der Seite von Hooligans einen Kampf mit der Polizei lieferte. 2002 wanderte er sogar ins Gefängnis. Nachdem Cardiff City in einem FA-Cup-Spiel gegen Leeds United gewonnen hatte, beteiligte er sich an einem Platzsturm. Wohlgemerkt, er spielte nicht mehr für Cardiff, sondern war als Fan im Stadion. Auf einem Video war zu sehen, wie er eine Werbetafel auf einen Anhänger von Leeds United warf. Thomas wurde zu 60 Tagen Knast verurteilt und erhielt eine Sperre von sechs Jahren für sämtliche Fußballstadien in Großbritannien. Ob er jemals mit Stig Tøfting um die Häuser zog?

11.000 Euro

war der Listenpreis eines Toyota Yaris, der 2011 der berüchtigten Berliner Machetenbande als Fluchtwagen diente. Fahrer war **Süleyman Koç**, damals Profi beim Drittligaligaklub Babelsberg 03. Zwischen Februar und April 2011 überfiel die Bande mehrere Automaten-Casinos und Cafés. Dabei gingen sie oft brutal vor. Die Spielautomaten hebelten sie mit der Brechstange auf, die Angestellten bedrohten sie mit einem Samuraischwert, einem Dolch oder einer Machete. Einmal schlugen sie einem Kellner einen Aschenbecher auf den Kopf. Weil Koç tatsächlich nur das Fluchtfahrzeug fuhr und nie gewalttätig war, kam er mit drei Jahren und neun Monaten glimpflich davon. Ende 2013 wurde er vorzeitig aus der Haft entlassen und schaffte sogar ein beeindruckendes Comeback im Profifußball – mit seinem neuen Verein Paderborn stieg er im Sommer 2014 in die Bundesliga auf.

DIE FEINEN HERREN

Gehen Sie direkt ins Gefängnis! Gehen Sie nicht über Los und ziehen Sie keine 20 Millionen Dollar ein! Am 27. Mai 2015 wurden sieben FIFA-Funktionäre im Zürcher Hotel Baur au Lac aus dem Schlaf gerissen und von der Kantonspolizei verhaftet. Die US-Justizministerin Loretta Lynch sagte auf einer Pressekonferenz in New York: »Sie haben das weltweite Fußballgeschäft korrumpiert, um sich selbst zu bereichern. Sie haben es immer und immer wieder gemacht. Jahr um Jahr, Turnier um Turnier.« US-Senator Richard Blumenthal verglich die FIFA in seiner Eröffnungsrede mit einem mafia-ähnlichen Syndikat: »Wobei, mich lässt der Formulierung alleine etwas zögern, dass ein Vergleich der FIFA mit der Mafia fast eine Beleidigung für die Mafia wäre, denn die Mafia würde ihre korrupten Geschäfte niemals in einer solch himmelschreiend unverdeckten und arroganten Weise abwickeln.«

Der Verband gab sich selbstkritisch, so wie man ihn kennt: Er wechselte das Hotel. Seit 2016 treffen sich die Funktionäre nicht mehr im Baur au Lac, sondern im Park Hyatt. Das sehe mehr nach Arbeit und weniger nach Luxus aus, sagte FIFA-Vizepräsident Victor Montaglian. Außerdem schaffte Gianni Infantino die Korruption ab. Bitte, was? Ja, echt, und es war sogar ganz simpel. Das Wort »Korruption« fand sich 2018 auf den überarbeiteten Seiten des »FIFA Ethikkodex 2018« kein einziges Mal wieder. Es war einfach aus dem Dokument gelöscht worden und somit kein Strafbestand mehr. Genial, oder?

Wie auch immer, hier zur Erinnerung die Namen der Verhafteten:

Eugenio Figueredo, Vizepräsident des Südamerikanischen Fußballverbandes (CONMEBOL) und Vizepräsident der FIFA, uruguayischer Staatsangehöriger

Eduardo Li Sánchez, Präsident des Fußballverbandes von Costa Rica (FEDEFUTBOL) und Funktionär der FIFA, costa-ricanischer Staatsangehöriger

José Maria Marin, Exekutivmitglied des Südamerikanischen Fußballverbandes (CONMEBOL), brasilianischer Staatsangehöriger

Julio Rocha, ehemaliger Präsident des Fußballverbandes von Nicaragua und FIFA-Funktionär, nicaraguanischer Staatsangehöriger

Costas Takkas, ehemaliger Generalsekretär des Fußballverbandes der Cayman Islands, britischer Staatsangehöriger

Jeffrey Webb, Präsident des Nord- und Zentralamerikanischen und Karibischen Fußballverbandes (CONCACAF) und Vizepräsident der FIFA, britischer Staatsangehöriger

Rafael Esquivel, Präsident des venezolanischen Fußballverbandes und Exekutivmitglied des Südamerikanischen Fußballverbandes (CONMEBOL), venezolanischer Staatsbürger

KAPITEL 28

TRAININGSLAGER MIT DEM HSV

Stig Tøfting prügelte sich, hatte Freunde im Rockermilieu und soll einem Verbrecher ein Fluchtauto besorgt haben. Im Gefängnis machte er stündlich 50 Liegestütze.

Stig Tøfting sah aus wie eine Figur aus einem Marvel-Comic. Die Arme brückenpfeilerdick, der Nacken ledrig, die Stirn eine Wand aus Stahl. Es gibt ein Foto, da wartet das dänische Kraftpaket auf den Beginn eines Boxkampfes und trägt ein T-Shirt mit der Aufschrift: »If you don't like me – fight me!« Auf einem anderen Bild hat Tøfting die Fäuste gehoben, sein Oberkörper voller Tätowierungen, Tribals, Muster, Slogans, auf seinem Bauch in schwarzer Tinte: »No regrets!«. So heißt auch seine Biografie. Darin schreibt er über die Hell's Angels und seinen Gefängnisaufenthalt. Über China und Kopfnüsse. Über Duisburg, Hamburg und Bolton. Über Tod, Trauer und Wut.

Wir trafen uns einmal zu einem Interview im HSV-Stadionrestaurant »Die Raute«. August 2011 war das. Ich war sehr pünktlich und saß direkt am Fenster, Blick auf den Rasen des Volksparkstadions. Mir war etwas mulmig zumute. Man muss ja nur den Namen Tøfting googeln. Tøfting, der Schläger. Tøfting bei den Hell's Angels. Tøfting im Knast. Tøfting, der sogar einem Verbrecher einst ein Fluchtauto besorgt haben soll. Einmal boxte er einen Passanten um, weil dieser ihm blöd gekommen war. Ein anderes Mal, nach der WM 2002, feierte Tøfting mit seinen dänischen Mitspielern in einem Café, als ihn der Kellner bat, seine lallenden Gesänge auf eine erträgliche Lautstärke zu reduzieren. Der Profi beantwortete das Gesuch mit einer Kopfnuss. Auf der Flucht über Tische und Bänke verpasste er dem Türsteher einen Schlag ins Gesicht. Er flog bei Aarhus raus, bei den Bolton Wanderers. Knapp vier Monate saß er wegen Körperverletzung ein. Im Gefängnis mähte er Rasen und machte stündlich 50 Liegestütze. »Pitbull« nannten ihn die Fans, wie auch sonst.

Was also würde mich heute erwarten? Ich blickte zur Tür, dann zum Notausgang. Dann kam er herein, setzte sich. Der Bizeps spannte das schwarze T-Shirt, die grünen Augen funkelten. Sein siebenjähriger Sohn war dabei. Er bestellte ein Wasser und eine Cola. Durchatmen.

Irgendwann Anfang der Neunziger besuchte ein Freund von mir mal ein HSV-Training. Als ich ihn am nächsten Spieltag in der Kurve traf, sagte er beiläufig zu mir: »Übrigens: Wir haben offenbar einen neuen Fitnesstrainer. Sah ein bisschen amerikanisch aus. Wie eine Actionfigur.« Noch während er den Satz aussprach, lief der angebliche Fitnesstrainer auf das Feld des Volksparkstadions. Auf dem Trikot stand sein Name: Tøfting.

An jenem Tag im August 2011 war Tøfting in Hamburg, weil der HSV ein Freundschaftsspiel gegen den FC Valencia bestritt. Tøfting hatte für sich und seinen Sohn Karten von seinem Freund Bernd Wehmeyer geschenkt bekommen. Er blickte auf den Rasen, spulte die Szenen vom großen Champions-League-Spiel gegen Juventus Turin im September 2000 ab. Der Däne wurde damals in der 27. Minute für Martin Groth eingewechselt und stand die restliche Zeit Alessandro Del Pierro auf den Füßen. Von da an war er in der Startelf gesetzt. Nun, im Restaurant, sagte er: »Wenn ich Fußball spielte, spürte ich eine große Freiheit. Das Leben fühlte sich mit einem Mal so leicht an. So war es auch im Spiel gegen Juve.«

Sein Leben abseits des Fußballs war oft schwer. Er wuchs in einem Arbeiterbezirk in Aarhus auf, der Vater war Busfahrer und

Alkoholiker, die Mutter arbeitete als Arzthelferin. Der junge Stig trug Zeitungen aus oder belieferte alte Leute mit Lebensmitteln. »Mein Leben bestand aus Arbeit, Schule, Fußball und wenig Geld«, sagte er. Nur einmal, am Tag seiner Konfirmation, gab es ein großes Geschenk: eine Stereoanlage. Wochenlang hörte er Schallplatten von Boney M., bis er eines Tages nach Hause kam und seinen Vater in einer Blutlache liegen sah, neben ihm das Jagdgewehr. Ein paar Schritte weiter, in der Küche, seine Mutter. Wie sich herausstellte, hatte sein Vater zunächst sie, dann sich selbst umgebracht. Der Junge, noch keine 14 Jahre alt, drehte sich um und rannte los. Und im Grunde tat er die nächsten 20 Jahre nichts anderes.

Er bat die Presse damals, nicht über den Mord und den Suizid zu berichten. Trotzdem versteckte sich bei der Trauerfeier ein Fotograf im Kirchenschiff und machte Bilder, die am nächsten Tag im »Ekstra Bladet« erschienen. Danach gab es ein Stillhalteabkommen, auch weil Tøftings Kinder noch nichts über den Doppelmord wussten. Die Journalisten schwiegen beinahe zwei Jahrzehnte. Im Sommer 2002, kurz vor Dänemarks WM-Spiel gegen Senegal, veröffentlichte aber die Boulevardzeitung »Se og hör« Details der Story. Tøftings Mitspieler waren außer sich, sie riefen zum großen Medienboykott auf. Tøfting hingegen soll ruhig geblieben sein: »Ich rief nur meinen Onkel an, damit er den Kleinen erzählen konnte, was in den nächsten Tagen los sein wird.«

Tøfting hat beinahe 500 Profispiele bestritten, er hat bei zwei Weltmeisterschaften teilgenommen, mit Duisburg stand er 1998 im Pokalfinale, mit dem HSV spielte er in der Champions League – und doch steht sein Name bis heute vornehmlich für Ärger. Im Restaurant »Die Raute« erzählte er sehr gelassen. Sogar über seine Zeit im Gefängnis. »Das war wie ein Trainingslager mit dem HSV«, sagte er. »Aber ja, ich weiß schon, wenn man Tøfting im Internet sucht, dann bekommt man das Gefühl, ich sei ein ziemlich übler Kerl. Wenn mich die Leute dann kennenlernen, merken sie, dass ich ein ganz ordentlicher Typ und gar nicht so leicht zu provozieren bin.« Kaum zu glauben, oder? »Na gut, ich war schon ein harter Typ. Aber mal ehrlich: Mit wem würden Sie lieber in den Krieg ziehen: Mit mir oder mit einem Grinsemann?«, fragte er. Ich sagte, dass ich am liebsten gar nicht in den Krieg ziehen würde, und der Muskelmann schaute mich ein wenig entgeistert an.

Dann passierte etwas, was für gewöhnlich nur in RTL-Vorabendserien oder Arztromanen passiert. Ein Mann vom Nebentisch stand auf. Er hatte unser Gespräch 90 Minuten lang belauscht, hatte mitbekommen, wie Tøfting vom Jagdgewehr auf dem Küchenboden berichtete oder vom Tod seines Sohnes Jon erzählte. Der Mann legte seine Hand auf Tøftings Schulter und sagt: »Stig, du hast vielleicht keine großen Titel gewonnen, doch du hast mein Herz gewonnen.« Stig Tøfting blickte den Mann an, dann schaute er aufs Spielfeld. Er sah sehr friedlich aus.

KAPITEL 29

DER MYSTERIÖSE TOD DES TED ROBLEDO

Die chilenischen Robledo-Brüder gewannen 1952 mit Newcastle United den FA Cup. Der Jüngere der beiden fuhr nach seiner Karriere zur See – und kehrte nie zurück.

Beginnen wir mal mit etwas Schönem: mit einer Platte von John Lennon. Oft rätseln Fans ja darüber, wie die Beatles eigentlich zum Fußball standen. Waren sie Anhänger des FC Everton oder des FC Liverpool? Was fanden sie an dem Stürmer Albert Stubbins, der auf dem Cover von »Sgt. Pepper's Lonely Hearts Club Band« abgebildet ist? Waren die rot-weißen Schals auf dem Filmplakat zu »Help« ein Hinweis auf ihre Liebe zu den Reds? Aber warum kokettierte McCartney manchmal mit Everton? Hunter Davies, Biograf und Freund der Band, machte vor einiger Zeit allen Spekulationen ein Ende. Er sagte, dass sich weder Lennon noch die anderen Beatles-Mitglieder großartig für Fußball interessierten. »Sie hatten neben den vielen Auftritten und Studioterminen gar keine Zeit dafür. Sie waren die Beatles, rund um die Uhr.«

Trotzdem, es gibt handfeste Beweise, dass John Lennon zumindest in seiner Kindheit ein Fußballfan war. Am 3. Mai 1952 saß der damals Elfjährige vor dem Fernseher und schaute das FA-Cup-Finale, das Newcastle United 1:0 gegen Arsenal gewann. Das Siegtor, ein feiner Kopfball, malte er auf ein Blatt Papier; die Zeichnung kennen wir, weil sie über 20 Jahre später auf dem Cover seines Soloalbums »Walls and Bridges« zu sehen war. Man sieht darauf Arsenals geschlagenen Torhüter George Swindin, Newcastles Sturmlegende Jackie Milburn und den Torschützen – George Robledo. Der wiederum war der Bruder von Ted Robledo, der an jenem Tag ebenfalls für Newcastle auflief. Womit wir bei einem großen Mysterium der englischen Fußballgeschichte sind. Denn noch heute treibt Fans und Hinterbliebene im Norden Englands die Frage um: Wieso starb Ted Robledo?

Die Robledo-Brüder waren eigentlich zu dritt: George, Walter und Ted. Ihr Vater Aristides war Chilene, ihre Mutter Elsie war Engländerin, die kurz nach dem Ersten Weltkrieg nach Santiago ausgewandert war. 1932 kehrte sie aber zurück, und sie nahm die drei Kinder mit. Ihre neue Heimat wurde West Melton, ein Nest wenige Meilen nördlich von Sheffield. Einige glaubten, der Vater sei fremdgegangen. Andere sagten, der Vater ging Zigaretten holen. Vielleicht war es auch die Wirtschaftskrise und die instabile politische Lage in Chile, die Elsie zurück nach England trieb. Die drei Robledo-Jungs und ihre Mutter wurden danach unzertrennlich, sie schworen sich ewige Treue.

Der beste Fußballer von ihnen war George, ein Stürmer, der aus allen Lagen traf. Er wurde Profi, und wenn er den Verein wechselte, zog die Familie mit. Schon bei den Vertragsverhandlungen bestand George darauf, dass er nur im Paket mit seinem Bruder Ted zu haben sei. So spielten die beiden gemeinsam für Huddersfield Town, den FC Barnsley, Newcastle United und Colo-Colo, den größten Klub in Chile. Die Magpies zahlten 26.500 Pfund für beide Robledos, 23.000 für George, 3500 für Ted. Walter, der sich weniger für Fußball interessierte, gaben sie einen Job, der ihm einen Wochenlohn von drei Pfund einbrachte.

George traf überall, 45 Tore in 105 Spielen für Barnsley, 91 Tore in 166 Spielen für Newcastle, Torschützenkönig 1952, FA-Cup-Sieger 1951 und 1952. Gleich in seinem ersten Spiel traf er gegen den Rivalen Sunderland; er machte einen Doppelpack gegen Liverpool und einen Hattrick gegen Tottenham, und als sich gegen Manchester United der Torhüter verletzte, ging er sogar ins Tor. Fast ein halbes Jahrhundert war er der erfolgreichste Überseespieler in England, bis sein Rekord von Dwight Yorke gebrochen wurde.

Ted wiederum machte in vier Jahren nur 47 Spiele für Newcastle. Er war ein solider und verlässlicher Verteidiger, ein geselliger Typ, der das Mannschaftsgefüge zusammenhielt. Mit seinem Bruder gewann er nicht nur den FA Cup, beide liefen auch gemeinsam für Chiles Nationalelf auf und holten bei den Südamerikameisterschaften 1955 den zweiten Platz. Bald fanden auch die Chilenen Gefallen an den beiden verlorenen Söhnen aus dem Mutterland.

Also nahmen die beiden ein Angebot des chilenischen Traditionsklubs Colo-Colo an. Besonders für George war der Wechsel attraktiv, denn die Chilenen zahlten hohe Prämien für Tore.

Also machte er in Südamerika weiter, wo er in England aufgehört hatte – er schoss Tore, Tore, Tore, am Ende waren es 84 in 153 Spielen. Mutter Elsie und Walter kamen natürlich wieder mit ans andere Ende der Welt. Walter arbeitete nun als Chemiker in chilenischen Kupferminen. Allerdings gingen die Lebenswege in Südamerika zum ersten Mal auseinander. George blieb auch nach seiner Zeit bei Colo-Colo in Chile. Er heiratete und wurde Vater einer Tochter. Walter ging in die USA, später nach England, wo er die meiste Zeit in London arbeitete. Auch Ted kehrte zurück nach England und spielte noch ein paar Mal für Notts County.

Ted hatte zwischenzeitlich geheiratet, aber irgendwann Ende der Sechziger ging die Ehe in die Brüche. Er heuerte bei einer US-amerikanischen Ölfirma im Persischen Golf an. Was danach passierte, ist bis heute ein Rätsel. Sicher ist, dass Ted Robledo im Dezember 1970 in Dubai an Bord des 350-Tonnen-Küstentankers »Al Sahn« ging, als Passagier wohlgemerkt, er soll einer Einladung des deutschen Kapitäns Heinz Bessenich gefolgt sein. Angeblich kam es nach einigen Tagen zu einem Streit mit Bessenich. Danach verschwand Robledo spurlos. Als die Sache ans Licht kam, wurde Bessenich festgenommen.

Vor Gericht behauptete er, dass Robledo vermutlich Selbstmord begangen habe oder betrunken über die Brüstung gestürzt sei. Crewmitglieder sagten wiederum aus, Bessenich hätte ihnen erzählt, dass Robledo kurz vor Abfahrt des Schiffes keine Lust mehr gehabt hätte und gar nicht erst an Bord gegangen war. Ein Crew-Mitglied soll er sogar instruiert haben, vor Gericht auszusagen, ihr Schiff hätte gar keine Passagiere befördert. Dasselbe Crew-Mitglied berichtete von einem fehlenden Messer in der Schiffsführerkabine. Auch die Staatsanwaltschaft brachte einige Ungereimtheiten vor. So leitete der Kapitän keine Suche nach Robledo ein. Er setzte nicht mal SOS-Signale ab oder machte einen Eintrag im Logbuch. Er meldete das Verschwinden weder in Dubai noch am Zielort Maskat. Trotzdem sprach das Gericht Bessenich aus Mangel an Beweisen frei.

Die Mutter starb bald danach. George Robledo sagte 1981 in einem Interview, sie hätte den Tod von Ted nicht verkraftet. Auch er selbst zog sich zurück und starb 1989 im Alter von 63 Jahren. Bruder Walter reiste mehrmals mit Anwälten nach Dubai, um selbst Nachforschungen anzustellen – ohne Erfolg. Eine Leiche wurde nie gefunden.

Bis heute erinnern Newcastles Fans an die Robledo-Brüder. Im Internet gibt es Tributseiten, das Fanzine »True Faith« hat verschiedene Artikel zu den Brüdern veröffentlicht und einst sogar Walter, den letzten lebenden Robledo, aufgespürt. Im April 2022 wurde an der 97 Barnsley Road in West Melton, ihrer ersten Wohnung in England, eine blaue Erinnerungsplakette angebracht. »Das ist eine gute Sache«, sagte Walter. »Es bedeutet, dass wir immer da sein werden.«

KAPITEL 30

THE ITALIAN JOB

Wie manipuliert man eigentlich Spiele? Juventus Turins ehemaliger Generaldirektor Luciano Moggi brauchte dafür sechs Handys und sehr viele ausländische SIM-Karten.

Wenn man das Leben von Luciano Moggi auf ein einziges seiner Zitate bringen müsste, dann vielleicht auf dieses: »Die Leute nannten mich nicht Lucky Luciano. Sie nannten mich Lucky. Und Glück hat man nicht einfach so. Das Glück muss man suchen.« So sieht es der ehemalige Generaldirektor von Juventus Turin, der für einen der größten Manipulationsskandale der Fußballgeschichte verantwortlich ist, den sogenannten Calciopoli. Sein Glück, so kam 2006 heraus, suchte er in täglichen Telefonaten mit Schiedsrichtern, Obmännern, Funktionären, Polizisten, Spielern und Journalisten. Jahrelang manipulierte Moggi Fußballspiele – ohne zu bestechen. Er schuf ein System von Abhängigkeiten, Kumpanei, Gunst und Einfluss. Er war skrupellos, ein mafiöser Strippenzieher. Alleine in Juves Meistersaison 2004/05 sollen 29 von 38 Spielen der Alten Dame beeinflusst gewesen sein. Moggi wurde verurteilt, Juventus musste in die zweite Liga absteigen. Italien, in den achtziger und neunziger Jahren das gelobte Fußballland, lag am Boden.

Das ist die Kurzversion der Geschichte.

Die lange Geschichte beginnt mit dem filmreifen Aufstieg eines kleinen Mannes. Die Moggis waren arm. Vater Damiano arbeitete als Holzfäller. Sein Sohn Luciano, geboren 1937, ging nach der Schule zur Eisenbahn und blieb dort beinahe 20 Jahre. Die meiste Zeit war er als Bahnhofsvorsteher in der toskanischen Kleinstadt Monticiano tätig, später wurde er Chef des Fahrkartenverkaufs in Civitavecchia bei Rom. Seine eigentliche Liebe galt aber dem Fußball. An den Wochenenden tingelte er über die Plätze der Region und hielt Ausschau nach Talenten. Er hatte ein gutes Auge und ein noch besseres Näschen. Anfang der Siebziger lotste er die jungen Paolo Rossi und Claudio Gentile aus der Provinz zu Juventus Turin, zwei Spieler, die 1982 mit Italien Weltmeister wurden. Weil Juventus ihm aber keine Festanstellung anbot, ging er in die Hauptstadt und arbeitete dort als freier Scout für die AS Rom und Lazio. »In der Stadt lernte er, sich wie eine Schlange unter den Blättern zu bewegen, im Schatten zu arbeiten, wo in Italien die Regeln aus Ausnahmen bestehen«, schrieben die anonymen Autoren in der ersten Moggi-Biografie 1998.

Moggis Netzwerk wuchs. Bald nannten sie ihn »Re del Mercato«, den König des Marktes. Seine ersten Schritte als Sportdirektor machte er während der magischen und wilden achtziger Jahre in Neapel. Wobei er dort eher eine Art Aufpasser für den kokainsüchtigen Diego Maradona war. Mit Fremdurin half er dem Superstar mehrmals durch Dopingkontrollen. In jener Dekade arbeitete Moggi auch für die AC Turin. Schon damals ahnten viele, dass der kleine Mann mit der Halbglatze trickste. In den Kurven sangen die Fans: »Moggi! Moggi! Quanti soldi rubi oggi?« (Moggi, Moggi, wie viel Geld klaust du heute?) Als die AC Turin in den Neunzigern insolvent ging, stolperte die Staatsanwaltschaft über nicht zu identifizierende Ausgaben. Turins Schatzmeister sagte: »Die waren für Prostituierte und Geschenke an die Schiedsrichter der UEFA-Cup-Spiele.« Moggi sagte: »Oh, ich dachte immer, das seien Dolmetscherinnen gewesen.« Der Ahnungslose wurde trotzdem für vier Monate gesperrt und musste 1,5 Millionen Euro Strafe zahlen.

Aber so wundersam es klingt: Moggi blieb trotzdem über all die Jahre beliebt in Italien. Als 2005, ein Jahr vor dem Calciopoli, ein großes Meinungsforschungsinstitut Jugendliche nach dem idealen Vater fragte, landete Moggi auf Platz fünf. Er sei der einflussreichste Mann im Fußball, so die Begründung der Teenager.

Moggi durfte 1994 endlich bei seinem Traumverein Juventus Turin anfangen, zeitgleich wurde Silvio Berlusconi zum ersten Mal Ministerpräsident von Italien. Die beiden waren befreundet, ihre Strippenzieher-Systeme funktionierten ähnlich, nach dem Prinzip Macht und Kontrolle. Sie verknüpften die wichtigsten Figuren aus Politik, Sport, Kultur und Presse zu einem engmaschigen Netz. Den meisten Untergebenen ging es dabei weniger um Geld als vielmehr um Vorteile. Außerdem suggerierten die Systeme von Berlusconi und Moggi Alternativlosigkeit. Nur wer sich den Allmächtigen anschloss, würde auch belohnt werden. »Alle reden von Macht. Aber Macht ist kein Verbrechen. Ich hatte Macht, weil ich gut arbeitete«, sagte Moggi.

Eine weitere Parallele ist, dass beide, Moggi und Berlusconi, außerhalb ihrer selbst geschaffenen Reiche kaum ernst genommen wurden. Moggi wirkte außerhalb Italiens wie eine Witzfigur, seine Ausführungen in internationalen Medien hatten fast Comedy-Charakter. »Telefonieren ist doch kein Verbrechen«, sagte er in der »Financial Times«. »Ich musste eine Welt voller Teufel kontrollieren und musste dafür kämpfen, dass mein Verein respektiert wurde. Deshalb war ich so oft am Telefon.«

Das System implodierte wenige Wochen vor der WM 2006. Die Squadra Azzurra war gerade im Trainingslager in Coverciano bei Florenz, als das italienische Nachrichtenmagazin »L'Espresso« eine Beilage mit dem Titel »Das schwarze Buch des Fußballs« veröffentlichte. Auf 428 Seiten erstreckten sich Gesprächsprotokolle brisanter Telefonate zwischen den Mächtigen der Serie A und der Serie B. Wiederkehrende Protagonisten: Luciano Moggi und Schiedsrichter Massimo de Santis.

Wettskandale haben fast schon Tradition im italienischen Fußball. 1927 wurde dem FC Turin (später AC Turin) die Meisterschaft aberkannt; Funktionäre hatten Juve-Spieler Luigi Allemandi 50.000 Lire angeboten, damit dieser in der entscheidenden Meisterschaftspartie schlecht spielte. Allemandi ließ sich aber nicht darauf ein, die Sache flog auf. 1979/80 erlebte der italienische Fußball seinen ersten breiten Manipulationsskandal, in dessen Folge Milan und Lazio in die Serie B absteigen mussten und fünf weitere Teams mit Punktabzügen bestraft wurden. 20 Spieler, darunter auch Paolo Rossi, erhielten mehrjährige Sperren. Der Skandal bekam den Namen »Totonero«, also schwarze Wetten, die Profis selbst illegal neben dem offiziellen Fußballtoto platzierten – auch und vor allem auf eigene Spiele. Die Idee dazu hatte ein römischer Restaurantbesitzer, der mit vielen Lazio-Spielern befreundet war. Der Totonero wies zwei interessante Ähnlichkeiten zum Calciopoli auf. Sowohl 1982 als auch 2006 wurde

Italien nach dem Skandal Weltmeister. Und: Luciano Moggi war auch zur Zeit des Totonero schon ein wichtiger Akteur im italienischen Fußball. Er wurde Ende 1979 bei der AS Rom als Sportdirektor entlassen, weil aufflog, dass er am Vorabend eines Spiels gegen Ascoli mit dem angesetzten Schiedsrichter zu Abend gegessen hatte. »Manchen macht es Spaß, meinen Namen mit Skandalen zu verbinden«, sagte er damals. »Ich fürchte nichts.«

Auch Juventus Turin musste über all die Jahrzehnte wenig fürchten, es schien gar, als käme die Alte Dame bei den Skandalen oft erstaunlich glimpflich davon. Viele Fans in Italien behaupteten schon vor dem Calciopoli, dass Juventus bevorteilt werde. In den Kurven von Inter, Neapel oder Florenz etablierte sich der Terminus »Rubentus Juventus«, vom italienischen *rubare*, stehlen.

Am 29. Juni 2006, elf Tage bevor Fabio Cannavaro den WM-Pokal in den Himmel von Berlin streckte, begann der Prozess. Die Staatsanwaltschaft untersuchte 10.000 abgehörte Telefongespräche, in Turin, Rom und Mailand ermittelte sie. Moggi, so kam heraus, führte durchschnittlich 416 Anrufe pro Tag, dafür benutzte er sechs Handys und Hunderte ausländische SIM-Karten. Mal gab er den Schiedsrichterobmännern Pierluigi Pairetto und Paolo Bergamo konkrete Anweisungen, mal erkundigte er sich bei Unparteiischen nur nach ihrem Wohlbefinden. Man kann sich Moggi wie einen klischeehaften Film-Paten vorstellen, der in seinem Ledersessel sitzt, seine weiße Katze streichelt und Schachfiguren über ein Feld bewegt.

Moggi: Für Messina schick mir Consolo und Battaglia … mit Cassara, eh?
Pairetto: Habe ich schon gemacht.
Moggi: Und wen hast du geschickt?

Pairetto: Ich glaube, Consolo und Battaglia. Ich habe mich auch schon um das Freundschaftsspiel in Livorno gekümmert. Es ist alles fein.
Moggi: In Livorno, Rocchi, eh?
Pairetto: Ja, es ist Rocchi in Livorno.
Moggi: Und gegen Milan … da muss es Pieri sein.
Pairetto: So weit sind wir noch nicht.
Moggi: Okay, wir checken das später.

Die Schiedsrichter wussten, wie sie sich im System Moggi zu verhalten hatten. Viele agierten im vorauseilenden Gehorsam. »Wenn du für Juve gepfiffen hast, warst du in der Serie A, wenn nicht, in der Serie B«, sagte der Schiedsrichter Danilo Nucini im Prozess aus. Einmal hielt er sich selbst nicht an dieses Credo. In einem Spiel zwischen Bologna und Juventus gab er in der Schlussphase einen berechtigten Elfmeter – für Bologna. Julio Ricardo Cruz verschoss. Zum Glück für Nucini, der nach dem Spiel eine klare Ansage von Schiedsrichterboss Bergamo erhielt: »Er sagte, dass meine Schiedsrichterkarriere vorbei gewesen wäre, wenn Cruz getroffen hätte.« Trotzdem wurde Nucini wegen schlechter Leistungen für 40 Tage beurlaubt. In der nächsten Saison durfte er nur noch in der Serie B pfeifen. Beispiele wie dieses finden sich zuhauf. So soll Moggi den Schiedsrichter Gianluca Paparesta nach einer 2:3-Niederlage gegen Reggina in der Kabine eingeschlossen haben. »Ich habe sogar den Schlüssel zum Flughafen mitgenommen«, brüstete sich Moggi in einem seiner abgehörten Telefonate. »Jetzt müssen sie die Tür eintreten, um ihn zu befreien. Paparesta haue ich in Stücke, aber das lasse ich andere erledigen. Morgen lasse ich ihm den Führerschein wegnehmen.«

Moggi waltete überall. Auch in den Medien. In der Fernsehsendung »Il Processo di Biscardi« (Biscardis Prozess) analysierte

Fabio Baldas knifflige Entscheidungen. Der ehemalige Schiedsrichter, der unter anderem bei der WM 1994 gepfiffen hatte, war ein guter Freund von Moggi, und natürlich wusste er ganz genau, welche Schiedsrichter er wie bewerten muss.

Fabio Baldas: Mach dir keine Sorgen, ich kümmere mich um alles. Dann ist da noch dieser Linienrichter in Rom, dieser Maggiani.
Luciano Moggi: Maggiani ist ein Freund.
Baldas: Na bitte, va bene, dann lassen wir Maggiani in Ruhe. Und Grilli?
Moggi: Grilli heißt der?
Baldas: Ja, ist er dir egal?
Moggi: Ja, ja, den kenne ich nicht.
Baldas: Ach ja, wegen dieser Sache mit Cagliari, da ist dieses Abseits, 80 Zentimeter, ich muss mal gucken, ob es Mitro oder Rossomando war.
Moggi: Aber nein, wir müssen den Schiri retten.
Baldas: Klar … dann … dann laden wir die Schuld auf die Linienrichter.
Moggi: Wer waren die Linienrichter?
Baldas: Mitro und Rossomando.
Moggi: Lad die Schuld auf Rossomando.
Baldas: (Lacht.) Ja, und was hat der dann auf der anderen Seite gemacht? Ich weiß nicht, ob er es war oder ob er auf der anderen Seite war.
Moggi: Wenn er es war, gut. Wenn nicht, gib Mitro die Schuld.
Baldas: In Ordnung, habe verstanden, va bene!

Aber der Calciopoli-Skandal betraf nicht nur Juventus Turin. Auch Vereine wie Lazio, AC Florenz, AC Mailand oder Reggina Calcio waren involviert. Und sogar Inter, das 2005 den Titel zugesprochen bekam, geriet ins Visier der Staatsanwaltschaft.

Moggis Anwälte präsentierten vor Gericht zahlreiche Telefonate des damaligen Inter-Präsidenten Giacinto Facchetti. Wenn schon untergehen, dann mit allen anderen, dachte sich Moggi wohl. Tatsächlich sprach auch Facchetti oft mit Schiedsrichterobmann Paolo Bergomi über die Ansetzungen von Referees. Allerdings hatten diese Telefonate ein anderes Niveau, Facchetti benutzte auch keine ausländischen SIM-Karten, um Abhörmaßnahmen vorzubeugen.

Moggi blieb im Prozess stets zuversichtlich. »Ich verliere den Mut nicht, weil ich überzeugt davon bin, nichts getan zu haben«, sagte er in einem Fernsehinterview. Es erinnerte ein bisschen an Profi-Rennradfahrer, die trotz bewiesenem Doping gerne erklären, dass sie nichts Regelwidriges gemacht haben. Der Subtext: Alle machen es, warum sollte ich es nicht tun?

Der Hauptprozess gegen Moggi begann 2009 in Neapel. Er wurde zu fünf Jahren und vier Monaten verurteilt. Aber er musste nie ins Gefängnis. Erst wurde die Strafe auf zwei Jahre verkürzt, dann war sie verjährt. Die Fristen hatte Berlusconi einst gekürzt. Moggi, der größte Verbrecher im italienischen Fußball, hat daher zwar ein lebenslanges Berufsverbot, aber er ist im Grunde rehabilitiert. Im Stadion ist er ein gern gesehener Gast, und im Fernsehen analysiert er Fußballspiele. Als ob nie etwas gewesen wäre.

Auch Juventus Turin kehrte ein Jahr nach dem Zwangsabstieg wieder in die Serie A zurück. Wichtige Spieler wie Gigi Buffon, David Trezeguet und Alessandro Del Piero hielten dem Klub die Treue, außerdem wurde der Punktabzug stark reduziert. 2008 schon spielte das Team wieder in der Champions League. Lucky, würde Moggi sagen. Rubentus, sagen andere.

KAPITEL 31

FALSCH ABGEBOGEN

Fußballer lieben Autos. Aber die wenigsten kennen offenbar die Straßenregeln, einige haben nicht mal einen Führerschein.

Lebbe geht weider!

Anfang der Neunziger spielte Eintracht Frankfurt aufregenden Fußball. Im Mittelfeld zauberten Jay-Jay Okocha, Uwe Bein und Andi Möller, vorne machten Jørn Andersen und Anthony Yeboah die Tore. Vom »Fußball 2000« sprachen die Bundesligaweisen. Auch **Maurizio Gaudino** gehörte zu diesem magischen Eintracht-Team. Er spielte nicht nur brillant Fußball, sondern sah auch blendend aus. Lockige Haare, Sonnenbrille, halboffenes Hemd, Brusthaar, Goldkette. Mode 2000. Als wäre er direkt vom Casting zu »Manta, Manta« im Waldstadion gelandet. Um das Klischee perfekt zu machen, hatte Gaudino neben dem Fußball noch ein zweites großes Hobby: Autos. Oder besser gesagt: schnelle Flitzer, heiße Schlitten. Im »Spiegel« stand später: »Oft soll sich der leidenschaftliche Raser damit gebrüstet habe, die Autobahnstrecke Stuttgart-München in weniger als einer Stunde zu schaffen. Aus Mannheim kommt er mitunter langsamer zurück, weil er bepackt ist wie ein fahrender Händler. Einmal habe er einen Kleiderständer voller Skianzüge dabei gehabt. Nach dem Werberuf: ›Billig, billig, im Laden kostet das doppelt so viel‹ ging es in der VfB-Kabine zu wie am Wühltisch beim Winterschlussverkauf. Selbst der damalige VfB-Manager Dieter Hoeneß habe zugegriffen, weil er zwei Wochen später in den Skiurlaub fuhr.«

Gaudino soll in jenen Jahren allerdings noch andere Nebengeschäfte betrieben haben. Einige waren wohl nicht ganz legal, wie das deutsche Fernsehpublikum Mitte Dezember 1994 erfuhr. Da nämlich saß Gaudino in Thomas Gottschalks »Late Night Show«, erzählte ein bisschen aus dem Leben, tanzte mit Kati Witt auf Inlinern Tango und war bester Laune. Als er das Studio verließ, empfingen ihn Polizeibeamte. Versteckte Kamera? Nein, Gaudino wurde wegen versuchten Versicherungsbetruges im Zusammenhang mit Autoschiebereien festgenommen. Die Luxusautos sollen zu Unrecht als gestohlen gemeldet und die Versicherungssummen in Höhe von fast 200.000 Mark abkassiert worden sein. Auch Gastgeber Gottschalk war irritiert, reagierte aber gekonnt: »Der übliche Weg ist es ja, erst verhaftet zu werden und dann in eine Talkshow zu gehen. Dass das jetzt andersherum abläuft, ist mir auch neu.« Gaudino wurde damals zu einer Freiheitsstrafe von zwei Jahren verurteilt, die auf drei Jahre zur Bewährung ausgesetzt wurde. Außerdem musste er 180.000 Mark Strafe zahlen. Aber hey, wie sagte sein Trainer Dragoslav Stepanović einst so schön: »Lebbe geht weider!«

Spiegel-Affäre

Patrick Ebert und **Kevin-Prince Boateng**, zwei aus der goldenen Hertha-Generation. Käfigkicker. Straßenkönige. Magier am Ball. Zumindest Ebert hätte viel mehr aus seiner Karriere machen können. Aber es ging ja schon blöd los. Mit 20 Jahren wurde er von der Polizei beim Fahren unter Alkoholeinfluss erwischt, er musste für ein knappes Jahr seinen Führerschein abgeben. Zwei Jahre später, nach einer Feier zu seinem 22. Geburtstag, soll er mit Kevin-Prince Boateng bei mehreren Autos die Seitenspiegel abgetreten und einen Motorroller demoliert haben. Beide akzeptierten anschließend einen Strafbefehl über je 56.000 Euro. Herthas Fans nahmen es Ebert nicht krumm. Im Oktober 2009, als die Alte Dame am Tabellenende der der Bundesliga stand, skandierten sie: »Außer Ebert könnt ihr alle geh'n!« Außerdem widmeten sie ihm einen Song: »Patrick Ebert, du alter Rowdy, du trittst die Spiegel ab, machst Kratzer in den Lack und schmeißt die Roller um.« Bei der Aufstiegsparty 2011 griff Ebert dann selbst zum Mikrofon und performte das Lied.

Übrigens, Ebert war einst selbst einmal Opfer eines Auto-Verbrechens. Im Juni 2008 wurde sein brandneuer Porsche Cayenne Techart Magnum im Wert von rund 150.000 Euro gestohlen. Was echt blöd war, denn Ebert hatte gerade erst seinen Führerschein zurück, den er wegen der Alkoholfahrt (siehe oben) verloren hatte.

Lappen-Affäre

Mit Namen von Fußballprofis, die ohne Führerschein, zu schnell oder alkoholisiert beim Autofahren erwischt wurden, könnte man ganze Bibliotheken füllen. Einfacher wäre es vermutlich, eine Liste mit Spielern zu erstellen, die sich auf der Straße stets an die StVO gehalten haben. Ailtons Weisheit steht stellvertretend für viele: »Es ist leichter, Tore zu schießen als den deutschen Führerschein zu machen.«

Eine der absurderen Fahren-ohne-Führerschein-Fälle erlebten wir 2014, als die Polizei den Fahrer eines Aston Martins anhielt, der auf dem Weg vom BVB-Trainingsgelände in Richtung Dortmunder Innenstadt war. Am Steuer saß: **Marco Reus**. Es war ein Routinecheck. Die Beamten verlangten den Führerschein des Fußballprofis – und der zeigte ihn vor. Blöd nur, es war eine gefälschte holländische Fahrlizenz. Das jedenfalls berichtete der WDR unter Berufung auf den Strafbefehl. Weitere Recherchen ergaben, dass Reus nie einen Führerschein gemacht hatte. Der Strafzettel war nicht ganz günstig. Er wurde nämlich anhand des Einkommens berechnet. Bei 90 Tagessätzen ging die Staatsanwaltschaft von einem Netto-Monatseinkommen von 180.000 Euro aus. Am Ende musste Reus 540.000 Euro bezahlen. Er zeigte sich reumütig und erklärte, dass er mit 18 Jahren angeblich einige Fahrstunden absolviert hatte, aber irgendwie vergaß, eine Prüfung abzulegen. Wer kennt es nicht? Ich habe auch mal ein paar Wochen Medizin studiert und später als Chirurg gearbeitet, bis mir auffiel: Verdammt, hab ganz vergessen, ein paar Prüfungen zu machen.

Wie auch immer, die Geschichte beschäftigte die Medien über Wochen. Die »Süddeutsche Zeitung« interviewte sogar einen Fahrlehrer, der erklärte: »Reus muss auf jeden Fall eine Therapie beim Verkehrspsychologen machen, die etwa zwölf bis 15 Sitzungen umfasst. Wenn er sie nicht macht, braucht er gar nicht zur MPU gehen, denn da würde er durchfallen.« Am 16. August 2016 meldete die »Autobild« dann in großen Lettern: »Marco Reus darf Auto fahren!« Einen Tag zuvor hatte er die praktische Prüfung bestanden.

Der Tiger brüllt

Stefan Effenberg war eine Art Dauergast bei Polizeikontrollen. Mal fuhr er zu schnell, weil er dringend zu einem wichtigen Spiel musste. Mal fuhr er betrunken, weil er vom Oktoberfest kam. Eine eher mittelmäßige Idee hatte der Tiger bei einer Verkehrskontrolle 2003, als er die Aufforderung eines Polizisten nach dem Führerschein mit einem nonchalanten »Arschloch« quittierte. Er wurde zu 90.000 Euro Strafe verdonnert. Auch nicht besser war die Idee, danach in Berufung zu gehen. Effenberg verlor erneut – und musste am Ende 110.000 Euro zahlen.

Alleskäufer

Die österreichische Version von Effenberg heißt **Marko Arnautović**, und der hatte einen ähnlichen Blitzeinfall, als ihn ein Polizist 2012 kontrollierte. Der Fußballer, damals in

Diensten von Werder Bremen, soll nämlich gesagt haben: »Ich verdiene so viel, ich kann dein Leben kaufen.« Der Polizist war allerdings nicht an einem Verkauf seines Lebens interessiert – er zeigte Arnautović wegen aggressiven Verhaltens nach Paragraf 82 des österreichischen Sicherheitspolizeigesetzes an.

Oh Jonny!

Am 25. August 1979 machte **Jonny Hey** sein letztes Spiel für den Grasshopper Club Zürich, beim 5:0-Sieg gegen den FC La Chaux-de-Fonds schoss er sogar ein Tor. Zwei Wochen später musste sich der frühere Bundesligaprofi (u. a. Duisburg und Bielefeld) vor Gericht verantworten und wurde zu einer Freiheitsstrafe von zwei Jahren auf Bewährung verurteilt. Laut der »Neuen Zürcher Zeitung« gab er »unter der bedrückenden Last von Beweisen« zu, einen silbergrauen Porsche Turbo gestohlen zu haben. Eingefädelt haben soll die Sache Rudi Elsener, der ebenfalls beim Grasshopper Club spielte. Bei einem privaten Händler hätte er sich interessiert an dem Wagen gezeigt und eine Probefahrt gemacht. Am Ende dieser Fahrt überließ er den Wagen noch seinem Mitspieler Jonny Hey, der flugs den Schlüssel nachmachen ließ. Elsener gab den Wagen scheinheilig zurück. Kein Interesse. Der Verkäufer parkte den Wagen, der einen Tag später, potzblitz, wie von Geisterhand verschwunden war.

Der Boss im Knast

Dass **Helmut Rahn** gerne mal ein Bier trank, wussten die meisten. Nationaltrainer Sepp Herberger soll ihm sogar erlaubt haben, eine Flasche im Spint zu haben. Aber Alkoholprobleme? Er selbst sagte 1979 in einem Interview: »Ich will nicht leugnen, ich habe immer mein Bier getrunken. Ich kenne wenig Fußballer, die nach dem Spiel nicht ihr Bierchen getrunken haben.« Nach seinem Tod häuften sich die Gerüchte über Exzesse in seiner Lieblingskneipe, der Essener »Friesenstube«. Er hätte dort seine Zigaretten mit einem 20-Mark-Schein angezündet. Und sein ehemaliger Duisburg-Trainer Rudi Gutendorf erzählte, dass sich Rahn am Vorabend eines Spiels gegen Köln eine halbe Kiste Bier reingetan habe. Am nächsten Tag sei er beim 3:3 der beste Mann auf dem Platz gewesen. Sicher ist, dass er sich mehrmals wegen Trunkenheit am Steuer verantworten musste. 1957 fuhr er alkoholisiert in eine Baugrube, legte sich mit dem Polizisten an – und wurde zu zwölf Tagen Gefängnis verurteilt. Herberger hielt trotzdem weiterhin zu Rahn, der es ihm bei der WM 1958 dankte und sechs Tore schoss.

Wodka-Andy

Auf dem Rasen galt **Andreas Sassen** als einer der talentiertesten Mittelfeldspieler seiner Generation. In Uerdingen spielte er zusammen mit Oliver Bierhoff, beim HSV mit Yordan Letchkow. Aber er führte auch ein Leben auf der Überholspur – ohne Anschnallgurt. Als die Polizei nach einer Alkoholfahrt (für die Statistik: 1,6 Promille, Geldstrafe: 12.500 Mark) seinen Führerschein kassieren wollte, verkündete Sassen amüsiert: »Geht nicht, ich habe keinen.« Ein anderes Mal pöbelte er einen türkischen Taxifahrer an: »Fahr schneller, Ali!« Bloß, der Taxifahrer hieß gar nicht Ali und fand das alles auch gar nicht witzig. Sassen verlor die Lust am Reden und verpasste dem Fahrer eine. Irgendwann in der Zeit erhielt Sassen den Spitznamen »Wodka-Andy«. Passenderweise wechselte er irgendwann in die Ukraine zu Dnipro Dnipropetrowsk. Dort lief's aber auch nur mäßig. Nach seiner Karriere las man 1997 wieder von ihm, als er in Essen mit einer Gaspistole in eine Kneipe stürmte und die Wirtin bedrohte. Später arbeitete er als Hilfsgärtner der Stadt Essen und zog das Fazit: »Ich habe alles versoffen und verzockt.« Mit 36 Jahren erlag er einem Gehirnschlag.

Simply The Best

Okay, irgendwo musste das Zitat ja auftauchen, also bringen wir es hinter uns: »Ich habe viel von meinem Geld für Alkohol, Weiber und schnelle Autos ausgegeben. Den Rest habe ich einfach verprasst.« Das sagte **George Best**, irgendwann irgendwo. 1984, zehn Jahre nach seinem Abschied von Manchester United, wurde ihm die Sache mit den Autos und dem Alkohol zum Verhängnis. Bei einer Verkehrskontrolle stellte ein Polizist fest, dass Best ordentlich gebechert hatte. Der abgehalfterte Profi blaffte den Beamten an – und musste dafür drei Monate ins Gefängnis. Sogar Weihnachten 1984 saß er hinter Gittern. Der Mythos, dass Best in einer Knastmannschaft spielte, stimmt allerdings nicht.

Autoposer

Im Spätsommer 2017 gründete sich in Hamburg die »Soko Autoposer«. Was nach einer neuen Serie auf Sat.1 klang (»True-Crime im Tuning-Milieu!«), war in Wahrheit eine Ermittlergruppe, die sich auf verdächtige aufgemotzte Schlitten konzentrierte. Einer der ersten Poser, der der Soko ins Netz ging, war **Tim Wiese**. Im Dezember 2017 ballerte er mit seinem 740 PS starken Lamborghini Aventador durch die Hamburger Innenstadt. Er überschritt dabei die Dezibel-Grenzwerte deutlich – in der City sind nur 88 Dezibel zugelassen, Wieses Karre lärmte aber mit 139 Dezibel. Die Polizei konfiszierte den Lambo. Nur fünf Monate später gab es wieder Ärger für Wiese, als er seinen Lamborghini auf einem Behindertenparkplatz abstellte und den VW Golf eines Rentners blockierte. Als dieser sich beschwerte, nannte Wiese ihn erst einen »alten Sack« und dann einen »müden Sack«. So müde war der 92-Jährige aber nicht, denn er zerrte den Ex-Nationaltorhüter vor Gericht. Dort wurde Wiese zu einer Geldstrafe von 25.000 Euro verurteilt, auch weil er den Rentner geduzt hatte. Wiese verließ nach der Urteilsverkündung das Gericht – nicht im Lamborghini, sondern im SUV.

KAPITEL 32

THE GRANT SECRET

Gavin Grant spielte für Millwall und Bradford. Einige Experten trauten ihm eine Karriere in der Premier League zu. Aber Grant hatte ein Geheimnis.

Es war seine zweite Chance. In der Jugend hatte Gavin Grant mal für den FC Watford gespielt, aber nach anderthalb Jahren wurde er wieder aussortiert. Nun also, Sommer 2005, Tooting & Mitcham United. Eine solide Adresse im Londoner Speckgürtel, östlich von Wimbledon, nördlich von Morden, ausgerechnet. Die Mannschaft spielte in der siebten Liga, aber die Spieler bekamen gutes Geld, und Grant verdiente mehr als an der Kasse bei Tesco, wo er nach seinem Ende bei Watford gearbeitet hatte. Sein Trainer war schnell überzeugt von seinem Neuzugang. Ein athletischer Stürmer, der Tore schoss, zehn in 16 Spielen. Viele glaubten damals schon, Grant würde eines Tages höherklassig spielen. Und so kam es ja auch. Gillingham, Millwall, Bradford, Wycombe. Bis zur League One schaffte er es. Was aber niemand wusste: Der Spieler trug über all die Jahre ein Geheimnis mit sich herum.

Um seine Geschichte zu verstehen, muss man wissen, wo er aufgewachsen ist. In Stonebridge nämlich. Der Ort liegt im Londoner Stadtteil Brent und sieht heute sehr vorzeigbar aus. Gepflegte Grünanlagen, geputzte Wohnanlagen. Bäume, Straßenlaternen. Ein Kinder- und Jugendzentrum, das für einen Architekturpreis nominiert war. Die Stadt hat über 200 Millionen Pfund in Stonebridge gepumpt. In den neunziger Jahren war vieles anders. Die Gegend galt als sozialer Brennpunkt; ein »Wilder Westen« im Nordwesten der Metropole, so hieß es in der Presse. »Dort herrscht das Gesetz des Dschungels und nicht des zivilisierten Englands«, sagte der Staatsanwalt beim Prozess gegen Grant. Gangs beherrschten ganze Straßenzüge. Schießereien waren keine Seltenheit, Prügeleien an der Tagesordnung. Stonebridge war damals so berüchtigt, dass Englands Premierminister John Major 1995 eine Rede absagte, weil er Angst hatte, auf offener Bühne erschossen zu werden.

Hier also, *Stonebridge over troubled water*, wuchs Grant auf, hier hatte er seine Freunde, seine Gang, La Familia. Hierhin kehrte er zurück, als Watford ihn vor die Tür setzte. 16 Jahre war er da alt, keine Ausbildung, keine Perspektive. »Weil er es in Watford nicht geschafft hatte, ging er zurück nach Stonebridge. Das war schlecht für ihn«, sagte Chef-Ermittler Steve Horsley später. Er hing wieder mit seinen Jungs rum, er vertickte wieder Stoff. Crack, Koks, Gras. Sie bekriegten sich mit anderen Banden, verteidigten ihr Revier. Und dann, Mai 2004, starb ein 21 Jahre alter Mann namens Leon Labastide, Spitzname »Playboy«. Sechs Schüsse in den Rücken, abgefeuert von drei Schützen. Es war ein Racheakt, denn Labastide war ein paar Tage zuvor in die Wohnung eines Gang-Rivalen eingebrochen, in der er, das wird später noch wichtig, drei junge Frauen überwältigte und 20.000 Pfund stahl. Der Gang-Rivale war ein Freund von Grant, das Geld stammte aus Drogengeschäften.

Die Ermittlungen verliefen zäh. Niemand wollte reden, niemand hatte etwas gesehen, angeblich. Die Gangs regelten die Sache unter sich. In den nächsten Monaten kam es zu mehreren Schießereien, bei Grants Freunden lagen handgeschriebene Zettel im Briefkasten. »Ihr werdet nicht davonkommen, die Vergangenheit holt euch ein.« Auge um Auge, Zahn um Zahn, *tit for tat*, nennt man das im Englischen. Die Ermittler zählten rund 30 Schießereien als Folge auf den Mord an »Playboy«. Und 2005, als Grant mit Tooting & Mitcham endlich einen neuen Verein gefunden hatte, starb wieder jemand. Diesmal war es der Familienvater Jahmall Moore, der in seinem Auto saß, als er mit 16 Schüssen exekutiert wurde.

Was hatte Grant mit den Morden zu tun? War er zufällig zur falschen Zeit am falschen Ort gewesen? Hatte er nur die falschen Freunde? »Was auch immer er in seiner Vergangenheit getan hatte, zu diesem Zeitpunkt war er eigentlich dabei, sein Leben um 180 Grad zu drehen«, konstatierte der Richter später. Grant war dabei, seine Vergangenheit hinter sich zu lassen und groß rauszukommen. Kurz nachdem Moore umgebracht wurde, wechselte er von Tooting zu Gillingham und dann zu Millwall, dritte Liga. Er war auf dem Weg. Auch die Gegner hatten nun klangvollere Namen, sie hießen Swansea, Huddersfield oder Barnsley. Mitspieler beschrieben ihn als lustig und smart, ein Typ, der keine Sorgen hatte und mit jedem zurechtkam. Nigel Spackman, damals Trainer bei Millwall, sagte dem Magazin »Athletic«: »Er arbeitete hart und machte nie irgendwelche Probleme. Er war nie zu spät, kein Troublemaker.« Auch seine späteren Trainer sprachen in höchsten Tönen von ihm. Einer seiner größten Fans war Peter Taylor, einst Spieler von Tottenham Hotspur und später Betreuer der englischen Nationalmannschaft. Taylor holte ihn zu Stevenage, dann zu Wycombe, und am Ende, als Grant schon mit einer Pobacke im Knast saß, sogar zu Bradford.

Das erste Mal tauchten die Schatten der Vergangenheit 2007 auf. Er musste sich als Verdächtiger im Mordfall Jahmall Moore vor Gericht verantworten. Immerhin, in jenen Wochen durfte er weiter Fußball spielen, mit einer elektronischen Fußfessel. Er verpasste trotzdem einige Partien, auch weil er sich einmal außerhalb des erlaubten Gebiets bewegt hatte und ein paar Tage einsaß. Die Fans bekamen von alldem nichts mit, denn in der Presse hieß es, er würde aus »persönlichen Gründen« fehlen.

Aber die Schlinge zog sich im Oktober 2009 zu. Die Ermittler konnten einen Spitzel gewinnen, einen »Supergrass«. Darren Mathurin hatte bei der Ermordung von Jahmall Moore das Fluchtauto gefahren und dafür 16 Jahre bekommen. Nun wollte er seine Haft auf vier Jahre reduzieren, indem er einiges erzählte. Über Raubüberfälle, Drogendeals, Schlägereien und auch über den Mord an »Playboy«. Vor Gericht trat er aber extrem nervös auf. Er stammelte, dass er sich mit Grant nach dem Mord unterhalten und der Fußballer sich dabei den Schmauch aus dem Gesicht gewischt hätte. Die Jury stufte seine Aussagen als unglaubwürdig ein. Trotzdem stand Grants Name nun im Zusammenhang mit Drogen und Mord in der Presse. Und wenn er beim Spiel oder Training fehlte, ahnten die Fans, dass er vermutlich vor Gericht saß oder mit seinem Anwalt was zu klären hatte.

Bradford City störte das aber nicht, der Klub verpflichtete ihn im Februar 2010. Die Fans reagierten irritiert, zumal doch gerade erst einer ihrer Spieler, Jake Speight, wegen Körperverletzung für zwölf Wochen eingesessen hatte. Die Macher des Fanzines »City Gent« veröffentlichten einen Cartoon, in dem Trainer Peter Taylor vor einem Gefängnis steht, aus dem gerade ein paar Gefangene ausbrechen. Er sagt: »Any of you lads fancy playing for Bradford City?«

Im Sommer 2010 wurde das Verfahren wieder aufgenommen. Die Aussagen des Supergrass wurden jetzt nicht mehr berücksichtigt. Dafür hatten die Beamten eine Zeugin gefunden, die bereit war, unter einem falschen Namen auszusagen. Sie war eine der drei Frauen gewesen, die 2004 überwältigt worden waren. Fünf Jahre hatte sie aus Angst vor Rache geschwiegen. Nun erzählte sie, wie sie gehört hatte, dass Grant und seine Freunde den Mord an »Playboy« geplant hatten.

»Sie war fast erleichtert, als sie das alles sagen konnte. Sie trug das Geheimnis mit sich rum, seit sie 16 war«, sagte Detective Horsley. Bradfords Trainer Peter Taylor, sein Trainer und Förderer, glaubte trotzdem weiterhin fest daran, dass alles gut ausgeht. Denn Grant beteuerte immer noch seine Unschuld. »Ich wollte ihm eine zweite Chance geben«, sagte Taylor. »Er war ein guter Junge, freundlich, begeisterungsfähig. Als alles rauskam, war ich wirklich geschockt. Und ganz ehrlich: Ich bin immer noch geschockt.«

Das Gericht konnte sich nicht nur auf Aussagen der Zeugin berufen, sondern hatte auch neue Handydaten, die zeigten, dass Grant zur Tatzeit am Tatort gewesen war. Er und seine zwei Komplizen Gareth Downie und Damian Williams wurden zu einer lebenslangen Haftstrafe verurteilt. Taylor war fassungslos.

Bald darauf rollten die Bagger an, und das Wildwest-Stonebridge verwandelte sich in ein Präsentierviertel. Grant sitzt immer noch. Seine Freilassung ist frühestens 2035 möglich, dann ist er über 50. Darren Mathurin, der Supergrass, Spitzname »Spider«, lebt heute unter einer neuen Identität außerhalb Londons. Der aus Stonebridge stammende Rapper K Koke widmete ihm einst diese Songzeilen: »You will never have a home back in Stone B. We don't condone in that, we don't condone in rats.« Du wirst niemals wieder eine Heimat in Stone B haben. Wir dulden das nicht, wir dulden keine Ratten.

KAPITEL 33

EIN SCHIFF WIRD KOMMEN

Im Mai 2002 debütierte Kevin Hansen für Hansa Rostock mit einem Tor gegen den FC Bayern. Dann landete er im Knast, weil er Mitwisser bei einem der größten Drogendeals in der deutschen Geschichte gewesen sein soll.

Der Anfang vom Ende war wunderschön. Hansa Rostock spielte damals beim FC Bayern, es war der 34. Spieltag der Saison 2001/02, und Kevin Hansen, 22 Jahre jung, ein Edeltalent, kam in der 70. Minute ins Spiel. Sein Trainer Armin Veh hielt viel von ihm: »Er hat die beste Schusstechnik, die ich je bei einem meiner Spieler gesehen habe.« Und dann lag der Ball direkt vor seinen Füßen. Er zog ab, Oliver Kahn hatte keine Chance. Es war der zwischenzeitliche Anschlusstreffer zum 1:2. Am Ende verlor Rostock zwar 2:3, aber das war irgendwie egal, denn sie hatten ein tolles Spiel gemacht, und Hansen war überglücklich. Es war sein erstes Profispiel, sein erstes Profitor. Gegen den Besten der Besten. Als er nach dem Spiel mit seinem Vater telefonierte, konnten sie kaum reden, denn sie weinten vor Freude.

Kevin Hansen war in Billstedt aufgewachsen, Hamburger Osten, viele Hochhäuser, viel Verkehr. Er spielte als Jugendlicher für den Lokalklub Vorwärts-Wacker 04. Schießen konnte er schon immer gut, vor allem aus der Distanz, manchmal drehte er Eckbälle direkt ins Tor. Sein Trainer Ulrich Schulz, ein ehemaliger St.-Pauli-Profi, sagte später: »Der Kevin war auf dem Platz unglaublich, Pässe und Freistöße beherrschte er perfekt – und er war immer so ein lieber, netter Kerl.«

Damals, neunziger Jahre, ging der junge Kevin mit seinem Vater am Wochenende oft zum HSV. Sie wollten ihren Lieblingsspieler Thomas Doll sehen. Später besuchte ihn der Vater regelmäßig in Rostock. Selbst wenn der Filius mit den Hansa-Amateuren irgendwo in Eberswalde auf einem Dorfplatz kickte, fuhr der Vater hin. Sein Kevin, der den Ball schlenzen konnte wie kaum ein anderer, hatte es geschafft. Es schien alles so gut zu passen, sogar phonetisch, Hansen bei Hansa. Von seinem ersten Profigehalt kaufte er den Eltern eine Wohnung.

Das ist die eine Geschichte. Sie endete in diesem Glücksmoment am 4. Mai 2002 im Münchener Olympiastadion.

Die andere Geschichte ist voller falscher Entscheidungen. Sie begann wenige Monate nach dem Tor gegen Oliver Kahn, am 25. Januar 2003. Hansa spielte an diesem Tag gegen 1860 München, und Hansen, der nun sein neuntes Bundesligaspiel machte, gelang nicht viel. Nach 20 Minuten stand es 0:3, nach 36 Minuten nahm ihn Armin Veh vom Feld. »Mir fehlte manchmal das Selbstbewusstsein«, sagte Hansen später. »Streck mal die Brust raus!«, sagte Veh damals. Hansen gab im Training alles, doch in den kommenden Wochen musste er wieder bei der zweiten Mannschaft ran. Im Februar 2003 ging er bei einem Spiel auf einem gefrorenen Nebenplatz zum Kopfball hoch, und als er landete, hörte er es knacken. Der Knöchel war durch.

Hansen ließ sich monatelang behandeln, flog nach Basel zu einem Spezialisten, lief mit Einlagen, versuchte es mit Akupunktur, machte eine Lasertherapie. Aber die Schmerzen verschwanden nicht mehr. Sie zogen sogar weiter in die Zehen und den Rücken. Ein paar Mal spielte er noch für Hansa in der zweiten Liga, er versuchte einen Neuanfang in Aue, doch nach der zehnten Operation gab er auf. Hansen war 28, als er nach Hamburg zurückkehrte. Der Oberligaklub Hamm United nahm ihn 2008 auf.

In dieser Zeit lernte Hansen einen Mann namens Costa F. kennen. Die beiden verstanden sich gut, mal zogen sie um die Häuser, mal guckten sie nächtelang Filme von Quentin Tarantino, und weil Costa ein wenig außerhalb von Hamburg wohnte, ließ Hansen einen Schlüssel für seine Wohnung nachmachen. »In unserem Freundeskreis wussten wir, dass er mal ein krummes Ding gedreht hat, doch wir dachten, die Zeit sei vorbei«, sagte Hansen. 2006 hatte Costa wegen Erpressungsverdacht in Untersuchungshaft gesessen. Er wurde freigesprochen, weil Zeugen plötzlich nicht mehr aussagen wollten.

Ab hier gibt es zwei Versionen der Geschichte: die von Hansen und die der Staatsanwaltschaft.

Eines Tages, so sagt Hansen, soll Costa zum Klubheim von Hamm United gekommen sein. »In deiner Wohnung liegt eine Tasche voller Geld«, sagte der Freund geheimnisvoll, und Hansen schaute irritiert. Als er zu Hause die Schranktür öffnete, verstand er, was Costa gemeint hatte. »Die Tasche war voller Kohle, ein Millionenbetrag«, sagte Hansen. Als er Costa fragte, was es mit dem Geld auf sich habe, soll der nur geantwortet haben: »Mach dir keinen Kopf. Wenn das schiefgeht, hast du damit nichts zu tun.« Hansen nickte. »Ich war naiv«, sagte er.

In den folgenden Monaten deponierten Costa und dessen Kumpel Ibrahim K, genannt Ibo, immer wieder Geld in Hansens Wohnung, mal offen in Bündeln, mal in Sporttaschen. Ende 2009 luden die beiden Männer Hansen sogar zu einem Urlaub nach Miami ein. Der Fußballer verstand es als Dankeschön, weil er Costa oft bei sich wohnen ließ, aber die beiden weihten ihn in Miami in einen Plan ein: Sie hatten eine Lagerhalle am Hamburger Hafen gemietet. Denn im Frühjahr werde ein südamerikanisches Schiff mit Kokain kommen. Mit sehr viel Kokain! Hansen war nun Mitwisser.

Zu diesem Zeitpunkt wurden die Männer längst von der Drogenfahndung observiert. Über Kleindealer waren die Beamten auf Ibo und Costa gestoßen, über abgehörte Telefonate landeten sie bei weiteren Strippenziehern und Hintermännern. Das weit verzweigte Netzwerk firmierte bei den Fahndern unter dem Namen »Los Paraguayos«, weil eines der Mitglieder in einer gleichnamigen Musikband gespielt hatte. Und ein Name dieser Gruppe war nun auch: Kevin Hansen.

Am Morgen des 12. April 2010, rund acht Jahre nach dem Tor gegen Oliver Kahn, wurde der Ex-Profi unsanft geweckt. Er lag mit seiner Verlobten im Bett und blickte auf acht Männer eines Mobilen Einsatzkommandos, die ihre Gewehre auf ihn richteten. »Das war der schlimmste Tag in meinem Leben«, sagte Hansen. Der Vorwurf gegen ihn lautete: »Beihilfe zum bandenmäßigen unerlaubten Handeltreiben mit Betäubungsmitteln in nicht geringer Menge«.

An jenem Apriltag schlug die Polizei bei 19 zeitgleichen Razzien in Hamburg zu. Am Hafen fand sie in einem Container aus Paraguay 1244 Päckchen reines Kokain, Gesamtgewicht 1,33 Tonnen. Es war versteckt in eingefrästen Hohlräumen von Holzbriketts. Der Verkaufswert lag bei rund 40 Millionen Euro. Es war der bis dahin größte Drogenfund in der Geschichte Deutschlands. »Wir waren völlig elektrisiert«, sagte der Hamburger Cheffahnder damals.

Hansen kam in Isolationshaft, danach in ein Zeugenschutzprogramm. Er hatte sich entschieden auszusagen. Gegen die Mafia, gegen die Weggefährten. Oder wie der »Spiegel« damals schrieb: »Irgendwo in Südamerika gibt es jetzt Drogenbosse, die ziemlich sauer sind. Irgendjemand wird irgendwann bezahlen müssen. Kevin Hansen hat ein Problem, von dem niemand sagen kann, wie groß es wirklich ist.«

Erst nach seiner Verhaftung, so erzählte es Hansen im Verhandlungssaal 237 des Hamburger Landgerichts, hätte er aus der Zeitung die Details seiner Geschichte erfahren. »Warum hätte ich da überhaupt mitmachen sollen?«, fragte er später. »Ich hatte keine Geldsorgen.« Tatsächlich bekam er 3800 Euro als Invalidenhilfe.

Seine ehemaligen Mitspieler bei Hamm United hielten zu ihm. In den Wochen nach der Verhaftung trug immer ein anderer Spieler aus der Mannschaft Kevin Hansens Trikot mit der Nummer 14 unter seinem eigenen. Auch die ehemaligen Hansa-Mitspieler solidarisierten sich. Torhüter Perry Bräutigam: »Hätte ich nie vermutet. Er war immer zurückhaltend, fast schüchtern. Ein Schwiegermuttertyp.« Stürmer Marco Vorbeck: »Ich kann es mir nur so erklären, dass er nicht wusste, in was er da hineingeraten ist.« Ähnliche Sätze hörte man damals immer wieder. Hansen sei da so »reingerutscht«, es muss alles ein »Versehen« gewesen sein. Wurde er gar in Miami »eingeschüchtert«? Ein alter Freund versicherte im »Spiegel«: »Kevin hat nicht nur einen weichen Kern, sondern auch eine ganz weiche Schale.« Er habe sich wohl auf ein Spiel eingelassen, das zu groß für ihn gewesen sei und das er schon bald nicht mehr habe kontrollieren können.

Auch Hansens Verteidigung war auf diesem Narrativ aufgebaut: Er sei schlichtweg an die falschen Leute geraten. Die Staatsanwaltschaft glaubte der Geschichte nicht. Hansen, so ihre Version, hatte ein Doppelleben geführt. Er soll als ein »Geldverwalter des Drogenkartells« agiert und die Einnahmen, mehrere Hunderttausend Euro, kontrolliert haben. Seine Wohnung nannten sie eine »Bunkerwohnung«, über fünf Millionen Euro Drogengeld sollen dort gehortet worden sein. Auch der Richter sagte zu Hansen: »Das ist nicht einfach über Sie gekommen. Sie haben sich eingelassen auf des Teufels Pakt.«

Hansen ging ins Gefängnis, während fast täglich Reporter vor der Wohnung seiner Eltern standen. Die »Bild« nannte ihn den »Koks-Kicker«. »Ich war am Durchdrehen«, sagte er. »Ich habe mich gefragt, was draußen vorgeht.«

Ende 2012 kam Hansen frei. Er machte eine Umschulung zum Bürokaufmann, Krawatte, Anzug, überhaupt nicht sein Ding, er wollte raus auf den Platz. Ich traf ihn kurze Zeit später im Hamburger Stadtteil Hamm. Das erste Treffen fand in einem Schnellrestaurant statt. Er sah immer noch wie auf seiner ersten Autogrammkarte aus, bisschen gealterter Bravo-Poster-Boy, bisschen Herzblatt-Kandidat, der Blick erst unsicher, die Stimme erst zurückhaltend, dann aber freimütig. Es war pickepackevoll in dem Restaurant, aber Hansen wollte nicht an einen ruhigeren Ort gehen. Hatte er wirklich Angst vor dem langen Arm der Mafia? Oder war es ihm im Grunde egal, was andere denken, wenn er von seiner Vergangenheit erzählt? Er sprach jedenfalls munter drauflos. Bestritt weiterhin, dass er einen aktiven Part bei dem Deal eingenommen hatte. Und auch als sich andere Gäste umdrehten, weil er Wörter wie Gefängnis und Kokain in den Mund nahm, brach er nicht ab. »Wenn jemand etwas wissen will, soll er einfach fragen. War auch in der Berufsschule so. Hab' ich denen gleich am ersten Tag gesagt. Hatte keine Lust auf Geheimnisse und Tuscheleien«, sagte er.

Fußball spielte er auch wieder. Für Hamm United, wo sie ihm die Treue gehalten hatten. Sie hatten ihm sogar seine Nummer 14 reserviert. Manchmal war es dort wie früher, wenn der Schiedsrichter auf Freistoß entschied. Dann legte er sich den Ball zurecht und zirkelte ihn an der Mauer vorbei ins Tor. Einfach so, aus dem Fußgelenk.

KAPITEL 34

VERBLITZT

Der DDR-Profi Lutz Eigendorf setzt sich 1979 in den Westen ab. Vier Jahre später stirbt er nach einem Autounfall. War es Mord?

Es hat geregnet, die Fahrbahn ist nass, als Lutz Eigendorf mit seinem silbernen Alfa Romeo ins Schlingern gerät und gegen eine Ulme knallt. Um 23:08 Uhr entdecken Passanten den völlig zerstörten Wagen am Baum, sie rufen die Polizei Braunschweig und den Notdienst an. Die Beamten und Sanitäter fahren zum Unfallort, eine Rechtskurve in der Forststraße, Stadtteil Querum. Eigendorf, so stellen sie fest, hat schwere Kopf- und Brustverletzungen, er ist nicht angeschnallt, und er hat 2,2 Promille im Blut, ein enorm hoher Wert. Zwei Tage später erliegt er im Krankenhaus seinen Verletzungen, ohne vorher das Bewusstsein wiedererlangt zu haben.

War es ein Unfall, war es Mord?

Damals, im Frühjahr 1983, wandert der Fall schnell zu den Akten. Der Fahrer war betrunken, keine weiteren Fragen. Aber im Laufe der Zeit tauchen immer mehr Indizien und Puzzleteile auf, die ein anderes Bild ergeben und vor allem zwei Menschen stutzig machen: der eine ist der Journalist Heribert Schwan, der im Jahr 2000 den Film »Tod dem Verräter« dreht und darin viele Ungereimtheiten aufdeckt. Der andere ist der Experte Andreas Holy, der vor rund zehn Jahren eine viel beachtete Examensarbeit schrieb, Titel: »Bespitzelt, verfolgt, ermordet? Die Stasi und der Fall des Profifußballers Lutz Eigendorf«.

Holy lebt in einer ruhigen Nebenstraße in Berlin-Mariendorf, kurz hinter der großen Trabrennbahn und einem amerikanischen Diner. Er kommt aus Kaiserslautern, aber vor einigen Jahren ist Holy in die Hauptstadt gezogen. Er kennt jedes Detail, jede Wendung und jede Figur in dem Kriminalfall. Er hat Tausende Seiten Stasi-Akten durchgelesen und tonnenweise Prozessakten. Er hat Tarnnamen dechiffriert und handgeschriebene Notizen entziffert. Er hat mit Hinterbliebenen und einem vermeintlichen Auftragskiller gesprochen. Er sagt direkt zu Beginn: »Es war zu 99 Prozent Mord.« Dann ergänzt er: »Und selbst wenn es kein Mord war, hatte sich die Stasi auf jeden Fall Gedanken darüber gemacht, wie sie Eigendorf ermorden könnte.«

Lutz Eigendorf, das ist wichtig für dieses Fazit und die gesamte Geschichte, ist in den siebziger Jahren kein x-beliebiger Fußballer in der DDR. Er ist der Lieblingsspieler von Stasi-Chef Erich Mielke und spielt für dessen Lieblingsverein BFC Dynamo. Sein Debüt macht er im Sommer 1974 mit gerade mal 18 Jahren. In den folgenden fünf Jahren bestreitet er 100 Spiele für den BFC, durchläuft sämtliche U-Auswahlmannschaften und spielt sechsmal für die A-Nationalelf.

Weil es in der DDR offiziell keine Vollprofis gibt, ist Eigendorf als Zivilbeschäftigter der Volkspolizei beschäftigt. Holy hat einige Leitzordner aus dem Keller in die Wohnung gewuchtet und blättert nun durch die kopierte Stasi-Akte von Eigendorf. Einiges ist nicht chronologisch, anderes fehlt. Aber seine frühen Jahre sind minutiös dokumentiert. Auf einem Blatt steht, Eigendorf zeige als Volkspolizist »charakterliche Unausgeglichenheit und Labilität«. Es gelang aber, im »Verlaufe der Dienstzeit mithilfe des Kollektivs Probleme abzubauen und seinen Charakter zu festigen«. Kurz vor seiner Flucht gilt Eigendorf als »politisch zuverlässig«. War sie also spontan? Darüber können auch die Experten heute nur spekulieren.

Am 21. März 1979 reist der BFC für ein Freundschaftsspiel nach Kaiserslautern. Die Spieler werden rund um die Uhr bewacht, auf Schritt und Tritt folgen ihnen Inoffizielle Mitarbeiter der Stasi. Trotzdem gelingt Eigendorf auf der Rückreise, bei einem kurzen Zwischenstopp in Gießen, die Flucht. Er springt in ein Taxi und lässt sich 200 Kilometer zurück nach Kaiserslautern bringen. »Jetzt bin ich hier und bleibe hier«, sagt er, als ihn der damalige FCK-Geschäftsführer Norbert Thines vor dem Stadion empfängt und die Taxirechnung begleicht.

Der ostdeutsche Fußballverband DFV beantragt eine zweijährige Sperre für den Spieler, aber die FIFA erteilt schon nach einem Jahr die Spielerlaubnis. In der Presse sind vor seinem Bundesligadebüt Jubelhymnen auf den Neuzugang aus dem Osten zu lesen, Eigendorf sei ein »neuer Fritz Walter«, ein Regisseur von »absoluter Weltklasse«. Zum ersten Mal läuft er am 11. April 1980 gegen den VfL Bochum auf, die Pfälzer gewinnen 4:1. »Die Art, wie er den Ball behandelt, verrät den Könner«, schwärmt sogar der sonst sehr zurückhaltende Bochumer Trainer Helmut Johannsen.

In der DDR wird kaum noch über Eigendorf berichtet, selbst die Flucht ist im SED-Parteiorgan »Neues Deutschland« nur eine Randnotiz. Die Machthaber wollen seinen Namen auslöschen, nichts soll an ihn erinnern. Mielke lässt sogar Mannschaftsfotos mit Eigendorf vernichten. Aber natürlich kann diese Damnatio memoriae nicht verheimlichen, dass er bei den Spielen fehlt. Die gegnerischen Fans, die dem BFC wegen seiner Bevorteilung eh schon kritisch gegenüberstehen, spotten von den Rängen: »Wo ist denn euer Eigendorf?« Oder: »Der Eigendorf ist abgehauen, wie kann man da den Bullen trauen?«

In der Lichtenberger Zentrale des Ministeriums für Staatssicherheit brüten die Stasi-Oberen derweil über Maßnahmen; die Flucht Eigendorfs ist Mielkes persönliche Niederlage. Im Geheimen beginnt eine Menschenjagd, deren Ausmaß erst nach der Wiedervereinigung deutlich wird. Das MfS schickt seine

Agenten nicht nur zu dem »Verräter« in den Westen, sondern setzt sie auch auf dessen Familie im Osten an. 17 Inoffizielle Mitarbeiter bespitzeln Eigendorfs Ehefrau und ihre gemeinsame Tochter. Höchste Priorität ist es, die Zusammenkunft der Familie zu verhindern. Anwälte des MfS leiten deshalb ein schnelles Scheidungsverfahren ein, gleichzeitig tritt ein neuer Mann in ihr Leben, die beiden heiraten sogar. Was sie nicht weiß: Ihr neuer Ehemann ist ebenfalls Inoffizieller Mitarbeiter der Stasi, ein sogenannter »Romeo«, der sie bespitzelt.

Im Westen sind bis zu 50 Personen für Eigendorfs Observation zuständig. Sie wissen bald alles. Was macht Eigendorf in seiner Freizeit, wer sind seine Freunde, was trinkt er, was isst er, wie fährt er Auto, wo parkt er. Auf Karten haben sie die Wegstrecken eingezeichnet, die Eigendorf üblicherweise zurücklegt. »Die waren überall«, sagt Holy. »Ein Agent fotografierte Eigendorf auf dessen Hochzeit mit seiner neuen Frau.« In der Akte des Spielers kann man sogar lesen, worüber er in einer Vieraugen-Unterredung auf der Geschäftsstelle von Eintracht Braunschweig gesprochen hat.

Es ist nicht das erste und das letzte Mal, dass das MfS im Westen Maßnahmen gegen abtrünnige DDR-Fußballer einleitet. Jürgen Pahl und Norbert Nachtweih, die 1976 geflüchtet waren, berichteten von Sabotagen an ihren Autos. Der Magdeburger Keeper Uwe Bardick wurde von seinem Mannschaftsarzt, einem IM der Stasi, mutmaßlich zum Invaliden gespritzt, um eine vermeintliche Flucht zu verhindern. Auch der mittlerweile verstorbene Trainer Jörg Berger, der nur vier Tage nach Eigendorf über Jugoslawien in die BRD floh, erinnerte sich in einem Interview mit der »Süddeutschen Zeitung« an eine versuchte Vergiftung: »Ich war Trainer bei Hessen Kassel und litt plötzlich unter Lähmungen. Zuerst wurde der Fuß taub, dann das Bein und die Hände. Alles war wie abgestorben. Vermutlich eine Schwermetallvergiftung, irgendwas wurde mir auf jeden Fall ins Essen getan.« Aber nie zuvor und nie danach betrieb die Stasi so einen immensen Aufwand wie bei Lutz Eigendorf.

Die Spitzel bemerken auch, dass es für Eigendorf sportlich in Kaiserslautern nicht läuft. Von »Weltklasse« ist in der Presse bald keine Rede mehr. Eigendorf verbringe zu viel Zeit in Diskotheken, heißt es. Eine Zeitung verpasst ihm den Namen »Lutz Travolta«. Er selbst verteidigt sich: »Ich habe einen Nachholbedarf an westlicher Lebensweise. Das versteht der Verein nicht.« Im Sommer 1982 wechselt er zu Eintracht Braunschweig.

Eigendorf wird in jenen Jahren auch seine forsche und arglose Art zum Verhängnis, glaubt Holy. Er besucht Europapokalauswärtsspiele des BFC in der Schweiz. Von einem Reporter lässt er sich sogar überreden, am Kabineneingang der Dynamo-Spieler zu warten. »Alle mussten an mir vorbei. Aber sie haben mich nur angeschaut wie einen Verbrecher. Einer hat gesagt, guck mal der Eigendorf, der Verräter, und der Präsident Kirste hat sich aufgeregt, dass mich kein Ordner weggeschickt hat.« Oft spricht er in den Interviews kritisch über die DDR, sein altes Leben vermisse er nicht, sagt er. Wie seine Ex-Frau hat auch er wieder geheiratet. »Ich habe kein Verhältnis mehr zu meiner Vergangenheit, außer dem Kontakt zu meinen Eltern«, sagt er. »Ab und zu sehe ich DDR-Fernsehen. In Braunschweig kriegt man das ja gut rein.«

Die größte Provokation leistet er sich knapp drei Wochen vor seinem Tod. Für die ARD-Sendung »Kontraste« lässt er sich direkt vor der Berliner Mauer interviewen. Im Hintergrund sind die Flutlichtmasten des BFC-Stadions zu sehen. Eigendorf spricht über die hohe Qualität der Bundesliga und die schlechten Perspektiven für Fußballer in der DDR-Oberliga. »Er kritisierte nicht nur den DDR-Fußball, er zeigte den dortigen Machthabern auch, dass er es geschafft hatte – im Westen«, sagt Holy.

»Das brachte das Fass zum Überlaufen.« In Heribert Schwans Dokumentarfilm »Tod dem Verräter« heißt es: »Mielke soll nach diesen Äußerungen Eigendorfs Liquidierung angeordnet haben.«

Auch Jörg Berger war überzeugt, dass Eigendorfs offensive Art Mielke und seine Schergen herausforderte. »Das war ja alles nach dem Motto: Hier ist es super. Folgt mir in die Freiheit. Ich habe mal zu ihm gesagt: ›Lutz, so kannst du die nicht weiter provozieren, sonst bekommst du irgendwann einen Knüppel auf den Kopf!‹« Berger hielt sich bis zur Wende mit Kritik an der DDR zurück, im Grunde sprach er so gut wie überhaupt nicht über seine Vergangenheit. Als Otto Rehhagel ihn 1983 zu einem Europapokalspiel zwischen Werder und seinem altem Klub Lok Leipzig ins Weserstadion einlud, lehnte Berger ab: »Ich hätte mich zur Zielscheibe für die Stasi gemacht. So offensiv wollte ich mich dem DDR-System nicht präsentieren. Otto hat nie geglaubt, dass der Arm der Stasi bis nach Bremen reichen würde, dass die Stasi in Westdeutschland für mich eine Gefahr darstellen könnte. Selbst meine Frau sagte ja, dass ich unter Verfolgungswahn leide.«

Die Brisanz verkennen auch Eigendorfs Vereine. Weder beim FCK noch bei Eintracht Braunschweig ahnen sie, dass der Spieler in Lebensgefahr schwebt. Auch die Politik und die Polizei machen keinerlei Anstalten, den Spieler zu schützen. »Es schien einfach viel zu abwegig, dass DDR-Agenten in den Westen reisen, um dort einen Menschen umzubringen«, sagt Holy.

Was genau am 5. März 1983 in Braunschweig geschieht, kann bis heute nicht zweifelsfrei geklärt werden. Sicher ist, Eigendorf trifft sich am Abend mit seinem Fluglehrer in einer Kneipe. Er will am nächsten Tag eine Flugstunde nehmen. Der Spieler trinkt, laut Aussage des Fluglehrers, ein bis maximal zwei Bier der Größe 0,2 Liter. Eine Menge, die niemals zu den festgestellten 2,2 Promille Blutalkohol führen würde. Nach dem Treffen macht sich Eigendorf auf den Heimweg, aber er kommt nie an. Die Unfallstelle liegt nicht auf seiner üblichen Route.

Sofort nach Eigendorfs Tod kursieren Gerüchte über ein Mordkomplott der Stasi. Es heißt, das Auto sei manipuliert worden. Oberstaatsanwalt Hans-Jürgen Grasemann leitet ein Todesermittlungsverfahren ein und kommt zu dem Ergebnis: Der Wagen war einwandfrei – und jetzt hat er einen Totalschaden. Eine Obduktion der Leiche wird nicht vorgenommen. Bis zu seinem Tod 2016 beschäftigt sich Grasemann mit dem Fall, bis zuletzt sagt er: »Es reicht nicht aus, an Mord zu glauben. Es muss auch Beweise geben.«

Die gibt es bis heute nicht. Allerdings tauchen nach der Wende viele neue Indizien auf. In einem Handbuch der AGM/S (Arbeitsgruppe des Ministers für Staatssicherheit) finden sich zum Beispiel Hinweise darauf, dass die Stasi Morde gegen Geflüchtete plante. Es geht darin um Hinterhalte oder Vertuschung – oder um das Herbeiführen eines Verkehrsunfalls durch »Blenden mit einer Lichtquelle«. Auch in den Stasi-Akten gibt es Anhaltspunkte, dass im MfS oft über den perfekten Mord nachgedacht wurde. Ein Konvolut ist dabei von besonderer Bedeutung. Es stammt aus der Hauptabteilung XXII des MfS, die für die Terrorabwehr in der DDR und auch in der Bundesrepublik zuständig war. Auf 32 Seiten werden darin verschiedene Tötungsmethoden diskutiert, auch durch chemische Substanzen. Dabei wird ein Gift beschrieben, das die Sehfähigkeit beeinträchtigen kann. Allerdings sind die Notizen zunächst allgemein gehalten, der Name Eigendorf taucht erst auf Seite 22 auf: »Für Personengefährdung«. Dort steht: »z. B. E., was im Raum führt langfristig zum Tode?« Und: »Unfallstatistiken? von außen ohnmächtig?« Schließlich: »verblitzen, Eigendorf«.

Dieses Dokument, besonders das Wort »verblitzen«, nährt die Mordtheorie. Die gängige Erzählung geht so: Eigendorf wird nach dem Treffen mit seinem Fluglehrer auf dem Nachhauseweg abgefangen. Ihm wird Alkohol injiziert. Danach setzen ihn die Agenten wieder in Wagen. Eigendorf fährt panisch und in hohem Tempo los. Nur nach Hause. An der gefährlichen Rechtskurve in der Forststraße, wo es schon oft Unfälle gegeben hat, wird er durch helles Licht geblendet. »Verblitzt« im Stasi-Jargon. Für diese Theorie findet man sogar Hinweise bei einem anderen Fall: Am 7. November 1987 wurde das Auto der beiden DDR-Bürgerrechtler Freya Klier und Stephan Krawczyk mit Nervengift am Türgriff manipuliert. Die beiden überlebten. Jahre später, nach der Wende, meldete sich der damals zuständige Stasi-Vernehmer bei Krawczyk. Er hatte Krebs im Endstadium und wollte sich entschuldigen für das, was er den beiden angetan hatte: »Es stimmt, das Auto war manipuliert«, sagte er. So etwas sei üblich gewesen. Fast nebenbei sagte er: »Bei Eigendorf haben se ja 'nen Blitzeinsatz gemacht.«

2010 nimmt der Eigendorf-Fall dann erneut Fahrt auf. Ein ehemaliger DDR-Boxer, Karl-Heinz Felgner, muss sich vor dem Landgericht Düsseldorf wegen eines Raubüberfalls auf einen Drogeriemarkt verantworten. Auf der Anklagebank sagt er aber noch etwas anderes: »Ich sollte Lutz Eigendorf umbringen. Aber ich bin kein Idiot. Ich bringe keinen um, den ich kenne.« Schon im Jahr 2000 hatte Heribert Schwan publik gemacht, dass Felgner und auch Oberstleutnant Heinz Heß nach dem Tod von Eigendorf »Geldprämien« erhalten hatten. Nun aber schlägt die Aussage Wellen, sämtliche deutsche Medien berichten.

Angeblich ist Felgner schon in den Siebzigern ein enger Vertrauter Eigendorfs. Nach dessen Flucht wird der Ex-Boxer, Tarnname »IM Klaus Schlosser«, in den Westen geschickt. Er soll Informationen zu Eigendorf liefern. Kurz vor dem Tod des Fußballers erhält er 5000 Mark, angeblich für den Kauf einer Schusswaffe, mit der er Eigendorf ermorden soll. Das jedenfalls behauptet Felgner, in dessen Stasi-Akte ausgerechnet die Jahre 1980 bis 1983 fehlen.

Experte Holy findet Felgner aber nicht sonderlich glaubwürdig: »Er macht Interviews nur gegen Bezahlung, und er saß mehrmals wegen anderer Vergehen im Knast.« Dann kramt er einen Brief hervor, den Felgner an Holy geschrieben hat. Er schließt mit einem PS: »Mit dem Ableben von Lutz Eigendorf habe ich nichts zu tun.« Angeblich hätte er sich von den 5000 Mark eine Uhr oder ein Auto gekauft.

Holy macht eher die Personalie Heinz Heß stutzig. Der Oberstleutnant war bei der Stasi für die Bekämpfung von »Republikfluchten« zuständig. Nach der Wiedervereinigung wurde er im Fall Eigendorf zweimal als Beschuldigter von der Polizei vorgeladen. »In den Akten steht: ›Der Beschuldigte ist nicht erschienen und hat sich daher nicht auf den Tatvorwurf eingelassen.‹ Und das war's dann«, sagt Holy und schüttelt ungläubig den Kopf. »Es hat auch keine Obduktion oder Exhumierung gegeben. Und das Auto wurde nur von einem Kfz-Sachverständigen untersucht und nicht von einem Kriminologen. Ich frage mich noch heute, was sie gemacht hätten, wenn Eigendorf den Unfall überlebt oder in den zwei Tagen vor seinem Tod kurz das Bewusstsein wiedererlangt hätte.«

Die Staatsanwaltschaft Berlin stellt den Fall 2004 ein. Nach erneuter Prüfung Anfang 2011 konstatiert sie, dass es »keine objektiven Hinweise auf ein Fremdverschulden« gebe.

KAPITEL 35

DER BUNDESTRAINER UND DAS KANINCHEN

Wenn deutsche Fußballer in TV-Krimis mitspielen, geht das meistens schief. Besonders schräg: Berti Vogts im Tatort.

Jürgen Lampert ist ein aufmerksamer Mann. Spät am Abend klopft er bei seinem Nachbarn, um diesem sein entlaufenes Kaninchen zurückzubringen. Kaum in der Wohnung merkt er auf: »Es riecht nach Gas.« Und ja, potzblitz, ein Hahn steht wirklich offen. Der Nachbar dreht ihn zu und bedankt sich bei Lampert. Aber wie konnte das passieren? Ein Versehen? Ein Mordversuch? »Gib dem Kaninchen eine Möhre extra, es hat uns das Leben gerettet«, sagt Lampert.

Die Szene, Prädikat Goldene Kamera, stammt aus der Tatort-Folge »Habgier«, die am 10. Januar 1999 in der ARD ausgestrahlt wurde. In der Rolle des Jürgen Lampert: Berti Vogts. Noch heute fragen Menschen rat- und fassungslos: Warum, Berti? Warum?

Zum Ersten: Er hatte Zeit. Ein paar Monate zuvor, kurz nach der desaströsen WM 1998, war er als Trainer der deutschen Nationalmannschaft zurückgetreten. Er wollte nun »viele interessante Angebote« prüfen. Man dachte an Trainerjobs bei Arminia Bielefeld, beim HSV oder in Südkorea. Vielleicht auch auf eine Anstellung als TV-Experte oder Sportdirektor. Aber Vogts hatte sein Portfolio offenbar erweitert. Auf die Filmbranche.

Die Idee, den Bundestrainer a.D. mit einer Nebenrolle zu versehen, kam von Manfred Krug, der im Tatort den Polizeihauptkommissar Paul Stoever spielte. Der Regisseur hatte keine Einwände. Allerdings hätten alle – Krug, Regisseur, Caster, Produzenten – wissen können, dass Berti Vogts noch nie ein besonders lockerer oder gar schlagfertiger Zeitgenosse war. Meistens sprach er mit dem Esprit eines Aktenordners. »Argentinien ist ein Land, in dem Ordnung herrscht«, sagte er vor der WM 1978. »Ich habe keinen einzigen politischen Gefangenen gesehen.« Den Text für seine Tatort-Rolle hatte Vogts im Urlaub in Dubai gelernt. »Zu viel war es nicht«, sagte er. Trotzdem ringt er vor der Kamera förmlich mit den Zeilen. Am Ende, als es sogar ein bisschen philosophisch wird, nuschelt er: »Europameister zu werden ist schwer, die Weltmeisterschaft fast unmöglich.«

Vielleicht hatte Vogts angenommen, durch diese Rolle einen kleinen Image-Wandel zu schaffen. Mit Selbstparodie gegen den vorauseilenden Ruf des biederen DFB-Übungsleiters. Und Krug wiederum fand eventuell die Vorstellung urkomisch, den Terrier mit Kaninchen auf dem Arm zu zeigen. Beide mit identischer Mimik.

Damit war das Kapitel Fußballer im Tatort aber längst nicht vorbei. Zwölf Jahre später, am 19. Juni 2011 in der Folge »Im Abseits«, traten erneut Personen aus dem Fußball auf. Kamera läuft, Action – für Steffi Jones, Oliver Bierhoff, Theo Zwanziger, Jogi Löw und Nationalspielerin Celia Šašić (damals Okoyino da Mbabi). Immerhin, die Macher hatten erkannt, dass zu viel Text nicht gerade förderlich ist. Die Fußballpersonen sprechen nunmehr in Haupt- oder Halbsätzen. Zwanziger sagt an einer Stelle: »Fadime ist tot.« Bierhoff antwortet: »Unfall, oder?« Löw darf hingegen gar nichts sagen. Er fasst sich bei der Nachricht über das Ableben von Fadime nur verschreckt ans Kinn – gedanklich scheint er bereits mitten in den Ermittlungen zu sein.

Auch andere Fußballer versuchten sich in Fernsehkrimis. Pierre Littbarski spielte in dem Kurzfilm »Take Five« einen Gangsterboss, der einen Diebstahl plant und ziemlich genervt ist von seinem Komplizen, der die ganze Zeit nur Pommes futtert. In einer Szene hat er ein Kaninchen auf dem Schoß, eine Hommage an Vogts? »Nein. Die Figur war eher an den Bond-Bösewicht Blofeld angelehnt.« Auf die Frage, ob er weitere Ambitionen hätte, sagte Litti, dass er wahnsinnig gerne mal im »Tatort« mitspielen würde. Sogar als Leiche.

Jimmy Hartwig ist vor der Kamera hingegen ein alter Hase. Der ehemalige 1860- und HSV-Profi wurde nach seiner Fußballkarriere Theaterschauspieler und trat an der Seite von Ben Becker und Blixa Bargeld in Stücken von Bertolt Brecht oder Georg Büchner auf. Sein Förderer war Thomas Thieme, der mit Filmen wie »Der Untergang« und »Das Leben der Anderen« bekannt wurde. Hartwig nannte ihn mal »meinen neuen Happel, denn er wusste, wie er mich zu nehmen hatte«. Einmal trat Hartwig auch in der ZDF-Krimi-Serie »Soko 5113« auf, Folge »Große Jungs«. Beschreibung des Senders: »Baggerfahren als Wochenend-Abenteuer für große Jungs in einer Kiesgrube. Doch als der dortige Vorarbeiter Ulrich Thuray gerade wieder eine Gruppe in die Geheimnisse des Baggerfahrens einweihen möchte, fällt ihm die Leiche von Joachim Brettschneider vor die Füße – Einsatz für die Soko 5113.« Einer der Beschuldigten ist: Jimmy Hartwig in der Rolle als Ulrich Thuray. »Kein Problem«, sagte er in einem Interview, »ich war in meinem Leben so oft der Beschuldigte, da macht einmal mehr auch nichts mehr.«

In England hat der ehemalige Wimbledon-Verteidiger Vinnie Jones als Schauspieler Fuß gefasst. (Siehe Kapitel 4: Schlägertypen) Der Mann, der einst »die Axt« hieß, machte in zahlreichen Krimis mit, einer der bekanntesten ist »Snatch«. Jones spielt darin einen brutalen Auftragskiller, er heißt »Bullet

Tooth Tony«, weil er einst bei einem Mordversuch sechs Kugeln abbekam und trotzdem überlebte. Zwei Kugeln ließ er sich als Zähne einsetzen. In der Snatch-Tradition machte Torhüter Hannes Halldórsson von sich reden. Der Mann, der mit Island bei der EM 2016 ins Viertelfinale kam und bei der WM 2018 einen Elfmeter von Lionel Messi hielt, drehte 2020 die Krimikomödie »Cop Secret«. Der Film handelt von supermännlichen und superstarken Superpolizisten, die mit aufgemotzten Schlitten durch Reykjavik heizen. Ein Kaninchen kommt in dem Film nicht vor. Schade eigentlich.

KAPITEL 36

EIN RUMÄNISCHES MÄRCHEN

Helmut Duckadam hielt im Europapokalfinale gegen Barcelona vier Elfmeter. Danach musste er seine Karriere beenden, weil ihm Schläger von Rumäniens Diktator Ceaușescu die Arme brachen. Oder war alles ganz anders?

Als die Biografie von Helmut Duckadam erschien, rief seine Mutter an. Sie war ziemlich aufgelöst, denn sie hatte im Buch einen Artikel aus der »Bild«-Zeitung von 1989 gefunden. Der Autor des Buches, Milan Radin, hatte ihn direkt an den Anfang der Biografie gestellt – im Original und absichtlich unkommentiert. In diesem Artikel deckte die Zeitung angebliche Hintergründe über Duckadams Karriereende als Fußballer auf. Demnach hätten ihn im Sommer 1986 vier Securitate-

Schergen besucht, um an seine Siegprämie (ein Mercedes) für das gewonnene Europokalfinale von 1986 zu kommen. »Du bist ein gewöhnlicher Bauer. Was brauchst du so ein Auto?«, sagten sie. Duckadam soll geantwortet haben: »Meine Hände haben mir geholfen, das Auto zu gewinnen, und die werden es auch lenken.« Danach zertrümmerten ihm die Schläger beide Arme. Duckadam konnte nie wieder Fußball spielen. Aber er sei glücklich, dass er noch lebe, wusste die »Bild«.

Die Mutter war nun außer sich. »Helmut, davon hast du mir nie erzählt, das ist ja schrecklich«, sagte sie. »Mama«, sagte der Sohn, »lies doch erst mal weiter.«

Fake-News haben eine lange Tradition im Fußball. Besonders heiß wird es kurz vor Transferschluss im Winter oder im Sommer. Ein schönes Beispiel aus der Bundesliga: 1992 wusste die »Sport Bild«, dass Maradona vor einem Wechsel zum HSV stünde. Wenn man Heribert Bruchhagen, damals Manager bei den Hamburgern, nach dem Beinahe-Jahrhunderttransfer fragt, sagt der nur: »Das war der größte Blödsinn aller Zeiten: Der Wechsel von Maradona zum HSV stand niemals zur Debatte.« Die Story hatte ihren Ursprung bei einem Kieler Bauunternehmer und angeblichen Nebensponsor des HSV. Einem Journalisten erzählte er im Sommer 1992 von seinen dicken Verbindungen zu Maradona, den er bereits von einem Wechsel an die Elbe überzeugt hätte. »Die ganze Geschichte war die reine Lust am Blödsinn«, so Bruchhagen. Der Bauunternehmer brachte es später zu zahlreichen Geld- und Bewährungsstrafen. Die Liste der Vergehen reichte von Nötigung über Betrug bis zu unerlaubtem Waffenbesitz. Trotzdem erinnern sich HSV-Fans heute noch gern daran, wie Maradona einmal fast an der Seite von Jörg Bode und Stefan Schnoor gezaubert hätte.

Bei Helmut Duckadam war es ähnlich. Nicht nur seine Mutter fiel Jahre später noch auf den Artikel herein, sondern auch bei vielen Fußballfans verfing dieses Narrativ: Duckadam, das ist der Hexer, der im Europapokalfinale vier Elfmeter hielt – und dem danach die Arme gebrochen wurden. Vielleicht wird diese Geschichte so gerne weitergetragen, weil sich Duckadams gesamte Biografie wie eine Mischung aus Märchen und Realität liest. Sie spielt, zumindest für Menschen aus dem Westen, in einem Land vor unserer Zeit. Wo, wenn nicht in einer der brutalsten Diktaturen Europas, könnte einem Torhüter so etwas widerfahren? Es kursieren sogar noch weitere Versionen über seinen verletzten Arm, die ebenfalls voll roher Gewalt sind. Aber dazu später noch.

Man muss Duckadam also anrufen, um die Sache ein für alle Mal klarzustellen. »Guten Tag, Herr Duckadam, Sie haben bestimmt schon oft die Sache mit Ceaușescus Schlägern korrigiert. Sind Sie es leid?« »Nein«, sagt er. »Ich kann Ihnen auch noch mal davon erzählen.«

Und dann nimmt er einen noch mal mit an die Anfänge.

Aufgewachsen ist er unter bescheidenden Verhältnissen im westrumänischen Semlac, einem 5000-Seelen-Städtchen an der ungarischen Grenze. Er gehört zur deutschsprachigen Minderheit der Banater Schwaben und wuchs zweisprachig auf. Seine Eltern waren Landwirte. Er liebte das. Aufs Feld fahren, mit den Pferden und Kühen arbeiten. Er wollte damals schon Torhüter werden, sagt er. Ein schwarzes Trikot tragen wie Lew Jaschin. Mit einer Ernsthaftigkeit den Strafraum beherrschen wie Gordon Banks. Und eines Tages, klar, romantische Verklärung, aber eben auch eine schöne Geschichte, wollte er in einem wichtigen Spiel einen Elfmeter halten. Von einem Schweißer lieh er sich schwere Lederhandschuhe, vom lokalen Schuster ließ er sich Nägel unter die Schuhe kloppen. »Wie eine Akupunktur«, sagt er. »Die Füße waren immer voller Wunden, die Socken blutdurchtränkt.«

Und dann wäre beinahe alles vorbei gewesen. Als Jugendlicher fuhr er mit dem Fahrrad durch die Stadt, als ein Autofahrer ihn erwischte. Zwei Tage lag er im Koma, und als er aufwachte, steckte sein Arm in einem L-förmigen Gips. Der Arzt sagte, es sehe nun schlecht aus mit Fußball, aber Duckadam kämpfte sich zurück. Wurde Torhüter in der großen Stadt, UTA Arad, mehrmaliger Meister, Europapokalteilnehmer, Stolz der Westrumänen. Es war anstrengend. Duckadam stand um vier Uhr in der Nacht auf, denn er musste den Zug nach Arad erwischen. Um sechs Uhr stand er in der Eisenbahnfabrik, Ausbildung zum Ingenieur. Dann Training, dann Heimfahrt spät am Abend. Aber es zahlte sich aus. Duckadam hielt gut, er wechselte zu Steaua Bukarest. Und dort wurde er zur Legende.

Das Landesmeisterfinale 1986 zwischen Steaua Bukarest und dem FC Barcelona gilt als eines der langweiligsten Spiele in der Geschichte des Wettbewerbs. Nach 120 Minuten stand es 0:0. Aber das war eine Sensation. Das Spiel fand in Sevilla statt, 69.000 der 70.000 Zuschauer hielten zu Barcelona. Alles war vorbereitet für die große Barça-Party, das Bankett war geschmückt, der Präsident lachte. »Sogar die UEFA war enttäuscht und wütend, dass Steaua gewann. Es gab nicht mal genug Medaillen für uns«, sagt Duckadam.

Wer hätte schon ahnen können, dass Duckadam vier Elfmeter halten würde. Etwas, das vor ihm und nach ihm nie jemand geschafft hat. »Ich habe mich in den Kopf der Spieler versetzt: Was würdest du machen, wenn du jetzt schießen musst? Der einfachste Elfmeter war der dritte von Pichi Alonso. Denn zweimal war ich schon nach rechts gesprungen. Pichi musste denken, dass ich spätestens jetzt nach links springe. Aber ich sprang wieder nach rechts. Auf den alten Videos sieht man: Ich sprang sogar etwas zu früh, weil ich mir so sicher war.« Nach dem Sieg fragten die westlichen Journalisten nicht nur nach den Elfmetern, sondern auch nach der Siegprämie. Und schon da beginnt das Schauermärchen mit den Securitate-Schlägern löchrig zu werden. Denn die Spieler erhielten als Prämie keinen Mercedes, sondern einen gebrauchten Militärjeep der rumänischen Firma Aro. »Ein gutes Auto, das sogar Allrad-Antrieb hatte und fast nur für den Export bestimmt war«, sagt Duckadam. »Aber ich versichere Ihnen: Niemand wollte ihn mir abnehmen.«

Duckadam bestritt nur noch wenige Spiele, sein letztes war das rumänische Pokalendspiel, das anderthalb Monate nach dem Landesmeisterfinale stattfand. Steaua verlor es gegen Dinamo 0:1. Danach war Schluss, wegen einer Armverletzung musste der Keeper seine Karriere beenden. Mit 27. Dabei hatte ihm Mircea Lucescu, sein Trainer und Mentor, oft gesagt: »Ducki, erst mit 27 ist man ein richtiger Torwart.« Aber warum war er denn nun am Arm verletzt? Eines der vielen Schauermärchen handelt davon, dass Duckadam nach dem Europapokalfinale mit seinen Freunden in Semlac gefeiert habe. Betrunken hätten sie mit einer Waffe gespielt, ein Schuss löste sich und verletzte Duckadam am Arm. In einer anderen Version waren es nicht die Saufkumpane, die Duckadam anschossen, sondern Ceaușescu höchstpersönlich. Der Diktator soll ihn zur Jagd gelockt haben.

Im Westen verbreitete sich vor allem die Version von den Schlägern Ceaușescus. Wobei es dort auch Remixe und Varianten gab. Mal waren es Schläger von Staatspräsident Nicolae Ceaușescu, mal Schläger seines Sohnes Nicu Ceaușescu. Mal brachen sie ihm nur einen Arm, mal beide. Ursprung dieser Geschichte war wohl die Prager Fachzeitung »Československý sport«, die 1989 über die angebliche Siegprämie und den Schlägertrupp berichtete. In Deutschland übernahm die Meldung als erste die »Bild«. Im Januar 1990 zog die »FAZ« nach. In einem kleinen Text heißt es: »Geheimpolizei Securitate beendet Torwartkarriere: Ducadam (sic!) wurde entführt und misshandelt. Beide Arme wurden ihm mehrfach mit einer Eisenstange gebrochen.« Damals bekam auch Duckadam erstmals etwas von dem angeblichen Verbrechen mit. Er meldete sich bei der »FAZ«, die eine achtzeilige Richtigstellung druckte. Aber die Story hatte sich längst verbreitet. Sie war einfach zu spektakulär und aufregend und abgründig.

»Also, Herr Duckadam, warum mussten Sie Ihre Karriere beenden? Wieso wurden Sie zum Invaliden?« Helmut Duckadam holt Luft. Dann erklärt er: »Kurz nach dem Finale in Sevilla wurde ein Blutgerinnsel in meiner rechten Schlüsselbeinarterie festgestellt. Ich leide außerdem am Marfan-Syndrom, ein angeborener krankhafter Zustand des Bindegewebes. Das verschlimmerte die Sache. Die Operation war kompliziert und dauerte vier Stunden. Beinahe hätten die Ärzte den Arm amputieren müssen. Rückblickend kann man sagen: Schicksal. Denn schon Anfang des Jahres hatte sich mein Arm oft wie eingeschlafen angefühlt. Die Ärzte sagten damals aber, kein Problem, Helmut, spiel mal weiter, ein rheumatischer Anfall vermutlich. Bei einer richtigen Diagnose hätte ich das Finale gegen Barcelona vermutlich nie erlebt. Ich hätte nie vier Elfmeter gehalten und nie mit Steaua den Titel gewonnen.« Dann überlegt er und ergänzt: »Und ich wäre nie der Torhüter geworden, der angeblich von Ceaușescus Schlägern verprügelt wurde.«

Den Aro-Jeep hat er übrigens nicht lange behalten. Stolz fuhr er nach dem Finale nach Semlac und verkaufte ihn dort an einen Hirten, der ihn gut gebrauchen konnte. Duckadam bekam 200.000 Lei, was damals etwa vier Dacias entsprach. Allerdings war es weniger, als er sich erhofft hatte. Bei einer Testfahrt stellte sich heraus, dass der Aro zu viel Öl verbrauchte, weshalb der Hirte den Preis drücken konnte.

KAPITEL 37

DIE MACHT DER STARS

Seit einigen Jahren werden immer mehr Vorwürfe von Machtmissbrauch im Profifußball bekannt. Es geht um körperliche, psychische und wirtschaftliche Gewalt. Die beschuldigten Spieler haben nur selten etwas zu befürchten.

Ronaldos Heimkehr glich einem Triumphzug. 4:1 gewann Manchester United gegen Newcastle United, und er schoss zwei Tore. Bei seinem ersten Treffer schien es, als würden die Tribünen des Old Trafford beben. Die Fans hatten ihn wieder, Cristiano Ronaldo aus Funchal, CR7, den verlorenen Sohn, den vielleicht besten Spieler, der je in ihrem Trikot auflief. Zwischen 2003 und 2009 hatte er in 342 Spielen 144 Tore erzielt. Er hatte mit den Red Devils drei Meistertitel geholt und einmal die Champions League gewonnen. Nun also, im Spätherbst seiner Karriere, war er wieder da.

Aber an jenem 11. September 2021 war noch mehr zu sehen als eine Superstarshow. In der fünften Minute flog ein Flugzeug über das Stadion und erinnerte an die Vergewaltigungsvorwürfe gegen Ronaldo. Auf einem Banner, das am Flieger hing, stand: »Believe Kathryn Mayorga«. Die Amerikanerin hatte Ronaldo beschuldigt, sie 2009 in einem Hotelzimmer in Las Vegas vergewaltigt zu haben. Janey Starling, eine der Initiatorinnen der Protestaktion, sagte nun: »Manchester United kreiert eine Kultur des Schweigens über die Vergewaltigungsvorwürfe. Aber das hat jetzt ein Ende!« Es war ein mutiges und wichtiges Statement. Aber leider war es nicht der erhoffte Partycrasher, sondern nichts weiter als eine Fußnote der CR7-Gala.

Eine kaum wahrnehmbare Dissonanz in einer lauten und endlosen Feierei.

Seit einigen Jahren werden immer öfter Vorwürfe von Machtmissbrauch im Profifußball bekannt. Es geht dabei um Profifußballer, die körperliche, psychische, mediale, juristische und wirtschaftliche Gewalt gegenüber Frauen ausüben. Um Fußballer, die aus der Mitte eines männlichen und mächtigen Systems agieren, in dem sie sakrosankt geworden sind. Sie wirken wie schillernde Helden, Alphabosse, Fußballgötter, unfehlbar und gepanzert, mit Milliarden von Fans. Wer, um alles in der Welt, wollte nicht mit ihnen zusammen sein? Wer wollte nicht Sex mit ihnen haben?

In den Vereinen und Verbänden findet bis heute kaum eine Auseinandersetzung mit dem Thema statt. Es gilt die alte Fußballweisheit: »Entscheidend ist auf dem Platz.« Funktionäre können sich bei diesem Motto meistens auf ihre Fans verlassen, deren vornehmliches Interesse es ebenfalls ist, dass der 100-Millionen-Euro-Neuzugang sie zur Meisterschaft oder in die Champions League schießt, aber keine Debatte um eventuelle Grenzüberschreitungen abseits des Platzes. Selbst wenn der Spieler gerade zum x-ten Mal wegen häuslicher Gewalt vor Gericht steht. Ist es Ignoranz? Fehlende Empathie? Oder ist es Ohnmacht? Resignation? Der heutige Fußball – und nicht nur der – ist verkommen, korrupt und auch übergriffig. Er ist eine Ausgeburt des modernen Kapitalismus. In diesem abgründigen System übernehmen autokratische Staaten Vereine wie PSG oder Newcastle United, lassen sich hochrangige Verbandsmitarbeiter oder Politiker mit Millionen von Euro schmieren, begrapscht der ehemalige FIFA-Präsident Sepp Blatter die US-Fußballerin Hope Solo. Wenn das also alles so ist, darf man ja wohl den neuen Superspieler, ganz egal, was er wann und wo getan hat, voller Vorfreude empfangen. Fußball ist Fußball, Politik ist Politik – und privat ist privat.

Aber nicht immer geht diese Rechnung auf. Besonders dann nicht, wenn der Spieler keinen Superstar-Status hat und kein Heer von internationalen Topanwälten beschäftigt, die eine schützende Mauer um den Spieler errichten.

Als der schottische Erstligist Raith Rovers im Januar 2022 den Transfer von David Goodwillie bekannt gab, protestierten die Fans. Der Stürmer – ein solider Kicker mit Vergangenheit bei Dundee United, aber eben kein Megastar – war wegen der Vergewaltigung einer Frau mit einer Entschädigungszahlung von rund 100.000 Euro belegt worden. Nach dem Aufschrei aus der Kurve kündigte eine Sponsorin der Rovers ihr Engagement auf, und die Kapitänin der Raith Rovers Women trat wütend zurück. Zwei Wochen später räumte der Vorstand ein: »Wir haben einen Fehler gemacht.« Goodwillie machte kein einziges Spiel, im September 2022 wurde er aus seinem Vertrag entlassen.

Ähnlich verhielt es sich mit Mason Greenwood. Der Stürmer stand zwar beim Topklub Manchester United unter Vertrag, aber als er sich vor Gericht verantworten musste, war er gerade mal 18 Jahre alt. Ein Talent, nicht mehr. Anfang 2022 hatte seine damalige Freundin bei Instagram Fotos ihres verletzten Körpers gepostet. Außerdem veröffentlichte sie Tonbandaufnahmen, auf denen mutmaßlich Greenwood zu hören ist, wie er sie zu sexuellen Handlungen zwingen will. Der Spieler hat sich bis heute öffentlich nicht geäußert, aber er wurde umgehend von seinem Verein suspendiert, Fans durften ihre Greenwood-Trikots kostenlos umtauschen, Videospielfirmen wie EA Sports und Konami entfernten den Spieler ratzfatz aus ihren Fußballtiteln. Einige Topspieler kündigten ihre Social-Media-Freundschaften zu Greenwood. Darunter Edinson Cavani und Cristiano Ronaldo. Ende 2022 war Greenwood auf Kaution frei, Ende 2023 soll der Prozess gegen ihn eröffnet werden.

Die meisten Fälle sind aber anders gelagert. Oft bleiben der Missbrauch und die Opfer für immer im Verborgenen, die

Täter unerkannt, geschützt von Dutzenden Beratern, Anwälten und Privatdetektiven. Einige Frauen von Profifußballern, so schrieben die »Süddeutsche Zeitung« und »Correctiv« in einer langen Recherche im Herbst 2022, mussten während oder nach ihren Beziehungen zu prominenten Fußballprofis Verschwiegenheitserklärungen unterzeichnen. Der Grundtenor solcher Statements ähnelt sich: »Alles war super, die Trennung wollten beide, wir können Freunde bleiben.« Wenn die Frauen dann doch den Mut fassen, öffentlich über Missbrauch in der Beziehung zu sprechen, beginnt ein ungleicher Kampf.

So ist es etwa bei Jérôme Boateng und zwei seiner ehemaligen Partnerinnen. Boateng hat in seiner Karriere Hunderte Millionen Euro verdient und alle wichtigen Titel gewonnen. Er ist nicht nur ein Fußballer, er ist eine Weltmarke. Sowohl seine ehemalige Freundin Kasia Lenhardt, die sich im Februar 2021 nach wochenlanger Medienhetze das Leben nahm, als auch seine Ex-Frau Sherin S. warfen dem Spieler Körperverletzung vor. Das Gericht glaubte S., Boateng musste 1,8 Millionen Euro zahlen.[6]

Während der Recherchen von »SZ« und »Correctiv« kam nicht nur heraus, dass Ex-Freundin Lenhardt eine Verschwiegenheitsvereinbarung von Boatengs Anwälten unterzeichnet hatte, sondern auch, dass in einer Nachttischlampe von Ex-Frau Sherin S. eine Wanze eingebaut worden war. Es ließ sich nicht klären, wer sie dort versteckt hatte. Allerdings gab es Indizien. Den Reportern lagen Nachrichten von Boateng vor, in denen er behauptet, S. und einen anderen Mann im Bett gehört zu haben. Boateng: »Ich weiß alles. Jedes Detail«. S.: »Jetzt lass mich ein-

6 Im Oktober 2022 ging Boateng erfolglos in Berufung, das Gericht verurteilte ihn zu einer Geldstrafe von 120 Tagessätzen zu je 100.000 Euro, also insgesamt 1,2 Millionen Euro. Boateng legte Revision ein. Das Bayerische Oberste Landesgericht entscheidet nun darüber, ob es in dem Urteil möglicherweise Rechtsfehler gegeben hat.

fach in Ruhe mit deinen Stories.« Boateng: »Ha ha ha ja blöd ne. Wenn man alles weiß. Zwinker-Smiley. Und gehört hat.«

Lenhardt und Sherin S. sind nur zwei Frauen, die mutmaßlich häusliche Gewalt erfahren haben. Die Reporter von der »SZ« und »Correctiv« sprachen auch mit anderen Opfern, die mit bekannten Fußballprofis zusammen waren, aber aus Angst vor Rache, Psychoterror oder den wirtschaftlichen Folgen bis heute keinerlei juristische Schritte erwägen. Einige fürchten auch Vertragsstrafen, wenn sie sich nicht an die Verschwiegenheitsklauseln halten. Viele folgen den Vorgaben, die ihnen die Berater der Spieler eingeschärft haben: Wenn etwas in der Beziehung oder Ehe passiert, dann geht nicht zur Polizei, sondern geht zu uns! Wir regeln das!

Auch in den Medien wurde Machtmissbrauch von Profifußballern bis vor einigen Jahren kaum thematisiert. In Pressedatenbanken findet man so gut wie gar keine Vorfälle von sexuellen Übergriffen von Profifußballern vor der Jahrtausendwende. Der prämoderne Fußball wirkte nach außen wie eine ewige Wiederholung eines bekannten Liedes von Franz Beckenbauer: »Gute Freunde kann niemand trennen.« Wenn doch mal über die häuslichen Abgründe hinter der heilen Elf-Freunde-Fassade berichtet wurde, dann waren es Randspaltennews, und je länger sie zurückliegen, umso marginaler wurden sie behandelt. Ein Beispiel unter wenigen ist der Fall eines ehemaligen HSV-Profis R., der Ende der Sechziger – vermutlich nicht ganz freiwillig – zum FC Thun in die Schweiz wechselte. Kurz zuvor war er wegen sexueller Belästigung verurteilt worden. Der Vorfall soll sich in einem Jugendcamp zugetragen haben, wo der HSV-Spieler als Betreuer ausgeholfen hatte. Der »Spiegel«-Text aus dem Juli 1968 ist nur schwer zu ertragen: »So kam es dazu, dass R. den Klaus mit auf sein Zimmer nahm. Oder erschien Klaus dort unaufgefordert?« Und weiter: »R. hat Anfang dieses Jahres geheiratet. In vier Wochen erwartet seine Frau das erste

Kind. Er sei normal veranlagt, beteuert er, und der Sachverständige bestätigt ihm, er sei nicht der Typ des Homosexuellen.« Das Fazit des Textes lautete, R. hätte sich »verirrt«. Es gebe keinen Grund, ihn auszustoßen. Als wäre nie etwas gewesen, spielte R. noch einige Jahre für Thun und beendete seine Karriere bei einem Hamburger Amateurverein.[7]

Seit der MeToo-Debatte, die 2017 im Zuge des Weinstein-Skandals entfachte, sprechen viele Menschen anders über Machtmissbrauch, sexistisches Verhalten oder sexuelle Übergriffe. Es ist zwar immer noch so, dass im Fußball Männer meistens Männer schützen, aber öfter werden tradierte Rollenbilder, Hierarchien und Strukturen, die diese Art von Gewalt begünstigen, hinterfragt.

In den vergangenen Jahren wurden daher einige Grenzüberschreitungen von Profifußballern öffentlich. Im September 2021 liefen Ermittlungen gegen isländische Nationalspieler wegen sexueller Gewalt, der gesamte Vorstand des Fußballverbandes trat zurück. Nur wenige Wochen später kam es zu einer Welle von Rücktritten in der amerikanischen Frauen-Profiliga NWSL; die Spielerinnen Sinead Farrelly und Meleana Shim von den Portland Thorns hatten die mutmaßlichen sexuellen Übergriffe ihres ehemaligen Trainers öffentlich gemacht. Laut »The Athletic« hätten die Spielerinnen sechs Jahre lang versucht, den Missbrauch anzusprechen, aber niemand wollte ihnen glauben. Im April 2022 wurde bekannt, dass Houstons Trainer James Clarkson wegen mutmaßlicher Diskriminierung, Belästigung und Missbrauch suspendiert wurde. Daraufhin sprach eine

7 Danach war R. über 30 Jahre als Trainer tätig. Aber einige Einheiten mussten vermutlich ausfallen, denn 2007 kam heraus, dass er Anfang der Neunziger mit einem Komplizen mehrere Banken in Ostdeutschland überfallen hatte. Das Duo soll 330.000 D-Mark erbeutet haben. »Mein Mandant lebte damals wirtschaftlich knapp, er war arbeitslos«, sagte sein Anwalt. »Dass ihn das alles nach so langer Zeit eingeholt hat, trifft ihn hart, aber er steht dazu.« 2008 wurde R. mit einer Geldbuße bestraft, als er im Gefängnis zwei Wärter als »SS-Schergen« beleidigte.

Untersuchungskommission unter Führung der ehemaligen Staatsanwältin Sally Q. Yates mit über 200 Spielerinnen aus der Liga. In dem 172 Seiten umfassenden Bericht geht es um »verbale und emotionale Gewalt, sexistische Sprache, unerwünschte sexuelle Annäherungen, Berührungen und erzwungenen Geschlechtsverkehr«. Yates zog das Fazit, dass Missbrauch in der NWSL tief verwurzelt sei und von einer enormen Tragweite. In der Liga seien »systematischer Missbrauch und sexuelles Fehlverhalten« an der Tagesordnung.

Ein großes Problem hat damit auch der südamerikanische Fußball, wo es regelmäßig zu Gewalt gegen Frauen kommt und die Eskalationsstufen sogar bis Mord reichen. Was kein Zufall ist, wenn man sich die Statistiken anschaut. Laut Amnesty International wurden in der ersten Jahreshälfte 2020 in Brasilien 1.861 Frauen aus verschiedenen Gründen ermordet, weitere 648 wurden Opfer eines Femizids – sie wurden also getötet, weil sie eine Frau waren. Im Fußball war der Fall des Flamengo-Torhüters Bruno Fernandes de Souza besonders verstörend. Monatelang misshandelte er seine schwangere Geliebte Eliza Samudio. Er forderte von ihr, das Kind abzutreiben. Als Samudio zur Polizei ging, sagte Bruno vor laufenden Kameras: »Wer von euch hat sich noch nie mit seiner Frau gestritten oder eine Frau geschlagen?« Im Juni 2010 wurde Samudio auf Brunos Anwesen gelockt und bestialisch ermordet. Der Auftraggeber, so glaubten Staatsanwälte und Richter, war Bruno Fernandes de Souza. Der Torhüter musste ins Gefängnis. Seine ursprüngliche Haftstrafe von 22 Jahren wurde immer weiter reduziert, und so konnte er schon 2017 wieder Fußball spielen. Er fand sogar einen Verein, den Profiklub Boa EC. »Man muss ihm eine zweite Chance geben«, sagten die Verantwortlichen. Bruno selbst tat den Mord als »Fehler« ab.

Im englischen Fußball sind die Vorwürfe gegen Ronaldo kein Einzelfall. Im Gegenteil. Sie haben fast schon Tradition. Dauergast vor Gerichten war etwa der ehemalige Premier-League-Stürmer Marlon King (u.a Nottingham und Watford). Während seiner Karriere musste er sich 14-mal vor Gericht verantworten, mehrmals wurde er wegen Gewalt gegen Frauen verurteilt. Einmal fasste er einer 20-jährigen Frau in einem Nachtklub an den Po. Als sie sagte, dass er das sein lassen sollte, betatschte er sie erneut, schlug ihr ins Gesicht und schrie: »Weißt du nicht, wer ich bin?« Er erhielt eine achtzehnmonatige Gefängnisstrafe und wurde für sieben Jahre im Sexualstraftäterregister geführt. Er sagte dazu: »Ich bin bestimmt kein Engel, aber ich bin auch kein Sexbiest. Es ist lächerlich zu behaupten, ich hasse Frauen.« Eine steile These. Trotzdem, auch King fand danach immer wieder Vereine. Und wenn die gegnerischen Fans sangen: »She said no, Marlon, she said no!«, antworteten die Coventry-Fans: »He scores goals, Marlon, he scores goals!« Die Show musste weitergehen.

Im Februar 2022 schrieb eine Initiative um Janey Starlings Gruppe »Level Up« einen offenen Brief an die Premier League. »Diese Wochen machte der Fußball wieder mal wegen der falsche Gründe Schlagzeilen. Unser schönes Spiel zeigt immer wieder die hässliche Seite – Gewalt gegen Frauen. Die FA und die Premier League müssen endlich etwas tun und sich einer Kultur der geschlechtsspezifischen Gewalt stellen.« Nicht nur die Anschuldigungen gegen Manchester Uniteds Mason Greenwood waren Anlass, sondern auch andere Fälle wie etwa der von Benjamin Mendy. Der Verteidiger von Manchester City soll in seiner abgeschiedenen Villa nahe dem Ort Prestbury mehrere Frauen missbraucht haben. Im Prozess, der Ende 2022 begann, bestritt er die Vorwürfe. In jenen Wochen wurde außerdem ein Everton-Spieler wegen Verdachts auf Sex mit einer Minderjährigen von seinem Verein suspendiert. Ebenfalls vor Gericht stand damals Ryan Giggs, einst Profi bei Manchester United, seit 2018 Nationaltrainer der walisischen Nationalmannschaft. Er soll seine Ex-Freundin geschlagen haben. Vor Gericht gab Giggs Sexsucht, häufige Untreue und tätliche Auseinandersetzungen zu, bestritt aber vorsätzliche Körperverletzung. Seinen Job als Nationaltrainer hatte er bereits nach seiner ersten Verhaftung im November 2020 pausiert, zwei Jahre später trat er ganz zurück. Immerhin, einige Fans scheinen im Laufe der vergangenen Jahre aufmerksamer geworden zu sein. Im August 2022, Saisonstart gegen Crystal Palace, lenkten auch Anhänger der Gunners ein Flugzeug samt Banner über ihr Stadion: »Schmeißt Vergewaltiger vom Platz«, forderten sie. Unten auf dem Rasen lief nämlich ein Arsenal-Spieler auf, dem Vergewaltigung vorgeworfen wurde. Nach seiner Festnahme war er auf Kaution freigelassen worden.

Das Flugzeug über dem Old Trafford änderte wenig an der Verehrung von Cristiano Ronaldo. Seine Anwälte und Berater hatten es über die Jahre geschafft, das mutmaßliche Opfer Kathryn Mayorga psychisch zu brechen und öffentlich zu diskreditieren. Der »Spiegel« nannte die mächtige Armee hinter dem Superstar eine »Putzkolonne, die gründlich sauber macht«. Das, was da im Raum stehe, müsse verschwinden. »Schnell. Geräuschlos. Für immer«. So ließ das »Team Ronaldo« die junge Frau rund um die Uhr beschatten. Privatermittler fanden heraus, wohin sie Auto fährt, mit wem sie in Bars geht, wie viele Gläser Rotwein sie zum Essen trinkt, wie oft und mit wem sie flirtet, dass sie die Demokraten wählt und manchmal falsch parkt. Im Juni 2022 ließ das Gericht die Klage von Mayorga nicht zu. Das wurde unter anderem damit begründet, dass der Anwalt der Klägerin »gehackte, vertrauliche Dokumente« verwendete. Für Ronaldo, so die einhellige Meinung in den Medien, war »der Fall wohl endgültig vom Tisch«.

Eine Suspendierung erlebte Ronaldo dann aber doch noch. Im Oktober 2022 verließ er beim Spiel gegen Tottenham vor Abpfiff die Auswechselbank und schritt in die Kabine. Wütend darüber, dass er nicht spielen durfte. Er, der Heilige aus Funchal.

KAPITEL 38

OSAMA HITLER

Osama bin Laden war großer Fußballfan – und einige Fußballprofis waren große Osama-bin-Laden-Fans.

Bei der Namensfindung sind Südamerikaner, nun ja, oft ein wenig experimenteller als Europäer. Nachnamen werden zu Vornamen, Künstlernamen stehen im Pass oder auf den Trikots von Fußballern, nicht selten nennen Eltern ihre Kinder nach Tyrannen und Schwerverbrechern. Es herrscht im Grunde totale Vornamenanarchie. Rambo, Manson, Goethe, Einstein, Stalin, Mao Tsetung, Skeletor – alles erlaubt. 2018 berichteten internationale Medien über einen peruanischen Lokalpolitiker, was weniger mit seiner Kandidatur für das Bürgermeisteramt im Dorf Yungar zu tun hatte (denn das hat nur 3000 Einwohner), sondern mit seinen Namen Hitler Alba Sánchez. Sein Gegenspieler war, kein Scherz, ein Mann namens Lennin Vladimir Rodríguez Valverde. Hitler vs. Lennin. Was haben sie gelacht. Auch in Brasilien ist Hitler ein All-Time-Klassiker. Einen wirklich üblen Fall haben Journalisten einst in São Paulo ausfindig gemacht, denn dort lebt ein Apotheker mit dem Namen Adolfo Hitler Ferreira Santos. Er war überhaupt nicht glücklich damit, er erzählte in einem Interview, dass er im Kino bei »Schindlers Liste« geweint hätte. Seinen Bruder hatte es allerdings noch heftiger getroffen, er heißt mit Vornamen: Himmler Hitler Göring.

Es gibt auch einige aktive Fußballprofis mit Promi- oder Tyrannennamen. Berühmt wurde mal der venezolanische Mittelfeldspieler Overath Breitner da Silva Medina, Jahrgang 1989, der unter anderem für den FC Santos in Brasilien spielte. In Perus zweiter Liga spielt derweil ein Stürmer mit dem Namen Osama Vinladen, geboren am 7. Oktober 2002, also über ein Jahr nach den Terrorattacken auf New York und Washington D.C. Die besondere Schreibweise kommt daher, dass das V im Spanischen wie ein B ausgesprochen wird. Vinladen selbst sieht die Sache positiv: »Jesus hat die Welt gerettet, aber es gibt viele Jesusse, die Leid bringen. Weil ein Osama Menschen tötete, heißt das nicht, dass es ein Gesetz gegen diese Namen geben müsste. Es bringt mir immerhin Aufmerksamkeit.« Er hat übrigens auch einen Bruder: Sadam Huseín. Und sein zweites Geschwisterkind, so verriet Osama Vinladen einst, hätte den Namen George Bush bekommen, wenn es nicht ein Mädchen geworden wäre (das nach aktuellem Kenntnisstand nicht Eva Braun heißt).

Was das alles mit Crime zu tun hat? Nichts. Aber irgendwie muss der Schwenk zum echten Osama bin Laden ja gelingen. Und zu Spielern, die tatsächlich Terroristen wurden. Da gibt es zum Beispiel den Tunesier Nizar Trabelsi, der einst ein passabler Stürmer war. Seine Profikarriere begann er in der Heimat beim CS Sfax. 1989 wechselte er, gerade mal 18 Jahre alt, zu Fortuna Düsseldorf. Trainer war Aleksandar Ristić, Sturmpartner Michael Preetz. Über die Reservistenrolle kam Trabelsi nie hinaus, er machte nur ein Spiel für die Fortunen. In den kommenden Jahren absolvierte er eine veritable Tingeltour durch unterklassige Ligen in Nordrhein-Westfalen, er spielte für den Wuppertaler SV, 1. FC Wülfrath, SV 09/35 Wermelskirchen. Sein letzter Verein war der VfR Neuss im Jahr 1994. Danach verschwand Trabelsi – bis er sieben Jahre später wieder auftauchte. Am 13. September 2001, zwei Tage nach den Terrorattacken, wurde der Ex-Profi in seiner Wohnung in Brüssel verhaftet. Ein Gericht in Brüssel verurteilte ihn zu zehn Jahren Haft, weil er Bombenattentate auf eine belgische Militärbasis und die amerikanische Botschaft in Paris geplant hatte. Der geständige Trabelsi verriet vor Gericht, wer ihn höchstpersönlich zu den Attentaten ermutigt hatte: Osama bin Laden. »Ich liebe ihn wie meinen Vater.«

Ob sich die beiden bei ihren zahlreichen Treffen in Afghanistan auch über Fußball unterhalten haben, ist nicht überliefert. Es könnte aber gut möglich sein, denn Osama bin Laden war großer Fußballfan. Sein Verein war der FC Arsenal. 1994 soll der Al-Kaida-Führer für längere Zeit in London gewesen sein und sich im Highbury Europapokalspiele gegen Paris Saint-Germain und AC Turin angeguckt haben. Außerdem kaufte er seinem ältesten Sohn Abdullah ein Replika-Trikot von Ian Wright. Als nach 9/11 einige Medien über diese Besuche berichteten, verkündete Arsenal in einer Pressemitteilung, dass Osama bin Laden fortan Stadionverbot habe.

Auch im Zusammenhang mit dem Islamischen Staat tauchte der FC Arsenal auf. 2014 kursierte ein Video, in dem ein maskierter Mann Werbung für den IS machte. Er benutzte dabei den Spitznamen Abu Issa Andaluzi. Unter dem Video stand: »He played for Arsenal in London, and left football, money and the European way of life to make the path of Allah.« Bald kamen Gerüchte auf, dass es sich bei dem Maskierten um Lassana Diarra handeln würde. Diarra hatte 2007 sieben Spiele für die Gunners gemacht, danach unter anderem für Portsmouth und Real Madrid gespielt. Die Vorwürfe stellten sich als haltlos heraus. Diarras Name wurde ein Jahr später trotzdem wieder im IS-Kontext erwähnt, der Anlass war tragisch: Während er in Paris in einem Länderspiel gegen Deutschland auflief, wurde seine Cousine Asta Diakité ein paar Straßen weiter bei den Terroranschlägen erschossen.

Ermittler enttarnten später auch den Maskierten aus dem Video. Es handelte sich um einen Mann namens Celso Rodrigues Da Costa, ein Portugiese, der in Leyton, östliches London, gelebt hatte. Er konvertierte in den Nullerjahren zu einem militanten Islamisten und reiste nach Syrien aus. Angeblich hatte er vorher wirklich versucht, Fußballer zu werden. Dass er mal bei Arsenal war, konnte der Klub weder bestätigen noch widerlegen. Festes Mitglied einer Mannschaft sei er nie gewesen, hieß es von einem Pressesprecher, vielleicht aber hätte er mal an einem Trainingslager teilgenommen.

Die Fußballkarriere von Burak Karan ist weitaus besser ausgeleuchtet. Der gebürtige Wuppertaler durchlief die Nachwuchsteams von Bayer Leverkusen, Hertha BSC, Hannover 96 und vom HSV. Außerdem spielte er in sämtlichen Jugendnationalmannschaften, bei der U17 sogar an der Seite von Sami Khedira, Kevin-Prince Boateng und Dennis Aogo. »Er hatte Talent und war ehrgeizig«, sagte sein ehemaliger Agent Harun Arslan, der auch Jogi Löw beriet. »Aber vielleicht hat alles etwas mit seiner Verletzung zu tun.« Als Karan 18 war, riss er sich das Kreuzband, und die Verletzung warf ihn zunächst etwas zurück. Allerdings kam er ein Jahr später wieder auf die Beine, wechselte zu Alemannia Aachen und stand mit 20 kurz vor dem Sprung zu den Profis. Trotzdem beendete er im Frühjahr 2008 seine Fußballkarriere, am 29. März machte er sein letztes Spiel für die zweite Mannschaft von Alemannia. Danach verkehrte er in einer Wuppertaler Moschee und rutschte in die radikale Salafistenszene ab. 2010 soll er mit zwei anderen militanten Islamisten in einem terroristischen Ausbildungslager im afghanisch-pakistanischen Grenzgebiet gewesen sein; nach seiner Rückkehr wurde er vom Verfassungsschutz beobachtet. Anfang 2013 reiste er ins türkisch-syrische Grenzgebiet aus, sein Kampfname war nun »Abu Abdullah al-Turki«, »Vater von Abdullah aus der Türkei«. Im Oktober 2013 veröffentlichte eine Islamistengruppe ein Video, in dem ein bärtiger Mann mit Sturmgewehr zu sehen ist, Burak Karan, der laut Video »wie ein Löwe in das Gebiet der Ungläubigen gestürmt ist«. Jetzt sei er bei seinem Herrn »im Herzen grüner Vögel«. Kurz: Karan war tot.

Sein alter Kumpel Kevin-Prince Boateng, der nach ihren gemeinsamen Jugendjahren den Kontakt verloren hatte, twitterte: »R. I. P. mein Bruder Burak K.! Ich werde unsere Zeit nie vergessen, du warst ein wahrer Freund!!« Bis zuletzt glaubte Karans Bruder Mustafa nicht an die Terrorvita. In einem Interview mit der »Bild« erklärte er, sein Bruder hätte in Syrien Hilfsgüter an die Opfer des Bürgerkriegs verteilen wollen. Die Medien hätten seiner Meinung nach falsch berichtet.

Tatsächlich Opfer medialer Berichterstattung wurde der ehemalige Schalke- und Mainz-Profi Mimoun Azaouagh. Ein Muslim, der nichts mit islamistischen Hardlinern zu tun hat. Die »Bild« wollte trotzdem eine Verbindung erkannt haben: »Ex-Schalke-Star jetzt Salafist?«, titelte die Zeitung am 12. Februar 2015. Darin zitierte Revolverreporter Horst Cronauer einen ominösen »ehemaligen Freund«, der über den 32 Jahre alten Fußballer sagte: »Sie haben ihn angeworben, benutzen ihn als bekannte Person für die Werbung von neuen Mitgliedern.« Cronauer mutmaßte außerdem: »Azaouagh trennte sich angeblich von seiner langjährigen Freundin.« (Stimmte nicht). Und: »Er zog zu Hause bei seinen Eltern aus.« (Er war bereits mit 17 ausgezogen. Aber so what?) Azaouagh, der erst nach Veröffentlichung um eine Stellungnahme von »Bild« gebeten wurde, widersprach in einem Interview mit »11Freunde«:

»Ich bin kein Salafist, ich bin Muslim. Aus Überzeugung. Ich respektiere jeden, egal welche Hautfarbe oder Religion. Ich habe Freunde, der eine ist Christ, der andere Atheist. Ich lebe hier in Deutschland, bin im multikulturellen Frankfurt am Main aufgewachsen. Hier interessiert es keinen, wo man herkommt, woran man glaubt. Diese Toleranz habe ich von klein auf mitbekommen. Dieser Bericht hat mich geschockt. Ich glaube auch nicht, dass die Salafisten sich trauen, mich anzusprechen. Ich habe eine ganz andere Denkweise. Für mich sind das keine Muslime, das sind Verbrecher.«

Die »Bild« veröffentlichte danach keine Richtigstellung, nicht mal einen weiteren Bericht, der um die Perspektive und die Zitate von Azaouagh ergänzt wurde. Reporter Horst Cronauer – Eigenaussage: »Ein ordentlicher Sportreporter erfährt die besten Informationen abends an der Bar, beim Saufen mit Funktionären« – schwieg das Thema einfach tot. Aber das war ja nichts Neues, denn beim Umgang mit der journalistischen Sorgfaltspflicht ist die »Bild«, nun ja, oft ein wenig experimenteller.

KAPITEL 39

SCHWEIZGELD

Willi Konrad hat kein Geld in die Schweiz überwiesen. Wie kommen Sie denn darauf? Schicken Sie mir den Chefredakteur!!!1!

Reporter von »Spiegel TV« leben gefährlich. Das sehen wir nahezu jede Woche, wenn wieder ein besonders wagemutiger Journalist bei einer Gerichtsverhandlung einer kriminellen Rockerbande, einer Neonazigruppe oder eines sogenannten arabischen Clans auftaucht und Interviews mit den Angeklagten und/oder deren Entourage führen möchte. Der gemeine »Spiegel TV«-Reporter erinnert dabei ein wenig an den Dokumentarfilmer Heinz Sielmann, der vor vielen Jahren mit seiner Kamera auf der Lauer lag: Expedition ins Gang-Reich. Er trifft Typen, die »Tyson-Ali«, »Imperator« oder »Thrombose-Paul« heißen. Mal wird der Reporter des Nachrichtenmagazins bedroht, mal wüst beschimpft, mal schütten ihm die zornigen Männer Wasser übers Aufnahmegerät.

Einer dieser Front-Reporter ist Thomas Heise, der exakt so aussieht, wie so ein Front-Reporter aussehen sollte: Halblange Haare, Mehrtagebart, die Mundwinkel meistens nach unten gezogen. Auf seinem Twitter-Profil trägt er einen Armeeparka und zeigt den Mittelfinger. Er ist eine Mischung aus dem Dude aus »The Big Lebowski« und einem Achtzigerjahre-Tatort-Kommissar. Geboren wurde er 1959 in Ostberlin. Seitdem war er, so seine Selbstbeschreibung, Telegrammbote, Heizer, Psychologiestudent, Stasiauflöser und Revolutionär. Bei »Spiegel TV« geht er dahin, wo's wehtut.

Einen seiner Aufträge hatte er am 20. Mai 1995 bei Dynamo Dresden. Er sollte über den Traditionsverein aus Sachsen einen Film machen – am Ende wurde Heise zu einem unfreiwilligen Protagonisten einer der absurdesten Interviews aller Zeiten. Auf YouTube ging es Jahrzehnte später unter dem Titel »Schweizgeld« viral.

»Eigentlich wollten wir nur den Präsidenten Rolf-Jürgen Otto begleiten. Das war ja auch eine schräge Figur«, sagt Heise heute. »Und der Verein öffnete uns die Türen, die mochten die Idee offenbar, ›Spiegel TV‹, ja, lass mal machen.« Otto, ein gebürtiger Frankfurter, war immer schon auf der Suche nach der schnellen Mark gewesen, und er fuhr dabei so ziemlich jedes Geschäft an die Wand. In jungen Jahren versuchte er sich erfolglos als Kneipenbesitzer und Boxveranstalter. Nach der Wende zog er in den Osten. Er gründete eine Fensterfirma in Gotha, übernahm zwei Bauunternehmen und zog für die FDP jubelnd in den Stadtrat ein.

Deutschlandweit bekannt wurde er 1993, als er mit überwältigender Mehrheit zum Präsidenten des Bundesligisten Dynamo Dresden gewählt wurde. Samstags thronte er nun mit Goldrandbrille und Jacketkronen auf der Tribüne des Rudolf-Harbig-Stadions. Sonntags ließ er seine eigenen Pferde auf der Rennbahn laufen. Und wenn zwischendurch noch Zeit war, verzockte er, der rustikale Heilsbringer aus dem Westen, große Summen im Casino des Bellevue-Hotels, wo er zeitweise in einer Suite residierte.

Schon während seiner Amtszeit prophezeiten die Spieler ein böses Erwachen. Ein Großmaul nannten ihn einige. Ein Blender, sagten andere. Dirk Zander, damals Stürmer bei Dynamo, fasste es mal so zusammen: »Wir wussten alle, dass Otto nicht koscher war. Der war ein Gangster!«

Auch Heise ahnte, dass Otto Dreck am Stecken hatte. Aber auch andere Leute schienen nicht ganz sauber zu sein. »Als wir in Dresden ankamen, raunte es überall: Schaut euch mal den Konrad an«, erinnert sich Heise. »Da wird Geld verschoben, sagten sie. Der macht sich die Taschen voll. Die örtlichen Sportreporter schienen das alle zu wissen, aber niemand hat sich getraut, die Sache anzusprechen. Die hatten Angst, dass sie dann nicht mehr berichten können.«

Willi Konrad, Jahrgang 1940, war ein Charakter wie aus einem Roman von Jörg Fauser. Halbseidener Geschäftsmann auf Durchreise. Er wuchs als Vollwaise im Haus des ehemaligen Kickers-Offenbach-Präsidenten Horst-Gregorio Canellas auf. Anfang der Siebziger arbeitete er selbst als Geschäftsführer und Manager bei den Kickers. Sein größter Coup war die Verpflichtung des damaligen Topstürmers Erwin Kostedde vor der Saison 1971/72. Wenige Monate später kam heraus, dass er in den Bundesligaskandal verwickelt war. Konrad war der Geldbote für den Kölner Torwart Manfred Manglitz gewesen. Juristisch wurde er dafür nicht belangt, er wurde sogar Nachfolger von Canellas als Kickers-Präsident.

Nachdem er sich einige Jahre später mit dem Verein überworfen hatte, gründete er die Spielervermittlung »ISV«, die sich auf Profis aus dem sozialistischen Osteuropa konzentrierte. Nach der Wende ging er mit seinem Freund Rolf-Jürgen Otto zu Dynamo Dresden, wo beide Beträge aus Spielertransfers in sechsstelliger Höhe veruntreuten. Allein im Zeitraum 1. Mai bis 15. August 1995 stellte Konrad dem Klub 86.250 Mark für Kost und Logis bei Spielerverpflichtungen in Rechnung.

Dabei hatte Konrad dem Klub anfangs das Blaue vom Himmel versprochen. Topspieler wie Rudi Völler, so sagte er, würden bald für Dynamo auflaufen. Am Ende kamen aber nur gealterte Ex-Stars wie Herbert Waas oder Andreas Sassen. Der »Spiegel« schrieb später, dass Otto und Konrad »im Osten so schnell und so viel Geld abzocken wollen wie eben möglich«.

Bei den ersten Recherchen in Dresden war »Spiegel«-Mann Heise aber noch recht unbedarft. Er hatte keine Spuren, keine Belege, nur das Geraune. Frag ihn mal nach dem Schweizgeld, stachelten ihn Fans und andere Journalisten an. »Ich habe die Sache gar nicht groß verfolgt«, sagt Heise, »aber dann lief er mir beim Heimspiel gegen Schalke über den Weg. Da dachte ich, jetzt sprech ihn wirklich an. Und dann tickt der komplett aus.«

Das Setting ist das Rudolf-Harbig-Stadion. Kalte Architektur, Laufbahn, nur ein paar verirrte Zuschauer. Heise steht nach dem Spiel am Rande des Spielertunnels, als Konrad auftaucht. Der Reporter fragt nach dem Verbleib von 1,6 Millionen Mark auf einem Zürcher Konto. Willi Konrad gefällt das nicht. Er schaut den Reporter abfällig an. Was fällt dieser dahergelaufenen Bazille ein, ihn, den Geschäftsmann von Welt, von der Seite anzusprechen? »Isch hab ka Geld überwiese, was soll denn die doofe Frage?«, blafft Konrad. Und dann dreht er auf. Eine Schimpfkaskade, die sich »Badesalz« nicht besser hätten ausdenken können. »Sind Sie in Ihrem Kopf ned normal oder was?«

Konrad trägt ein türkises Sakko und eine expressionistische Krawatte. Sein verbliebenes Resthaar steht zu einem grotesken

Kranz ab, der ein wenig an wild wachsendes Schilf an einem Seeufer erinnert. »Unverschämt, mir so a Frage zu stellen. Isch hau Ihnen in die Fress, mehr sind se ned wert.«

Im Hintergrund geiern Konrads Entourage und Leute vom Sicherheitsdienst herum, Vokuhila-Typen mit Sägewerk-Gesichtern in Lederjacken- und/oder Bomberjacken-Jeans-Krawatten-Kombination. Konrad schlägt auf das Mikrofon wie auf ein lästiges Insekt. »Weg!«, sagt er, und weil Heise nicht weg geht, auch Konrad selbst nicht, blökt der Dynamo-Mann weiter: »Schicken Sie mir den Chefredakteur, wie können Sie mich auf so etwas ansprechen? Hab in meinem ganzen Leben noch kein Geld in die Schweiz überwiesen. Dreckschwein!« Dann könnte es vorbei sein, aber Willi will's nun wissen. Der getroffene Köter bellt. Er bedrängt den Reporter, der irgendwann nur noch stammelt: »Es ist doch gut!«

Nach 39 Sekunden endet das Interview, zumindest auf YouTube, wo sich die Szene in den vergangenen Jahren, quasi posthum, zu einem Viralhit entwickelt hat. Ein User zieht unter dem Video dieses Fazit: »Aufgrund Konrads völlig nüchterner und sachlicher Reaktion auf die Frage muss man zweifellos davon ausgehen, dass die Beschuldigungen nicht der Wahrheit entsprechen.« Einige sind auch enttäuscht, denn sie haben noch Fragen: Vertragen sich die beiden? Holt Konrad doch noch zu einem Faustschlag aus? Verprügelt sich das Sicherheitspersonal selbst?

Tatsächlich sei es danach noch weitergegangen, sagt Heise. Die Hooligan-Ordner hätten ihn zwar aus dem Stadion geworfen, aber sein Kamerateam durfte zunächst weiterdrehen – bis die Hooligans, vermutlich im Auftrag von Konrad, die Herausgabe der Videobänder forderten. »Zum Glück kamen die Schalker zu Hilfe. Charly Neumann, Jens Lehmann und Uwe Scherr haben sich schützend vor das Kamerateam gestellt. Dann durfte es auch gehen. Jahre später, bei der WM 2006, habe ich Lehmann mal getroffen und mich bedankt. Er konnte sich sogar noch an die Szene erinnern.«

Heise selbst war auch nach dem Dreh noch mulmig zumute. Er wollte erst zurück nach Hamburg fliegen, aber als er am Flughafen in Dresden ankam, sah er ein paar Dynamo-Hools um die Eingangshalle herumschleichen. »Ich rief meinen Kameramann an und sagte: Bitte holt mich ab, ich muss mit dem Auto mitkommen.«

Das Spiel zwischen Dresden und Schalke endete übrigens 2:1. Es reichte den Sachsen aber nicht. Dynamo stieg im Mai 1995 aus der Bundesliga ab (und ist seitdem nicht zurückgekehrt). Weil der Verein zehn Millionen Mark Schulden hatte, wurde ihm außerdem die Lizenz verweigert, und er musste in der kommenden Saison in der Regionalliga starten.

Einige Monate später ging es auch Willi Konrad und Rolf-Jürgen Otto an den Kragen. Im Sommer 1996 wurden in Firmenräumen und den Privatwohnungen der beiden Funktionäre Razzien wegen des Verdachts der Veruntreuung von Vereinsgeldern durchgeführt. Die ach so unschuldigen und ehrenwerten Geschäftsmänner mussten sich nun vor Gericht verantworten. Dort gab Willi Konrad kleinlaut zu, dass »die Provisionen der Transfers mir 250.000 Mark im Jahr gebracht haben«. Kurzzeitig musste er ins Gefängnis. Zehn Jahre später starb er an Herzversagen. Auch sein Partner in Crime, Rolf-Jürgen Otto, ist mittlerweile verstorben. In seiner Traueranzeige schrieb seine Witwe: »Sein Leben war schön, aber teuer.« Was über Konrads Traueranzeige stand, ist nicht bekannt. Vermutlich dies: Willi hat ka Geld in die Schweiz überwiese.

KAPITEL 40

CUP-COUPS

Der Diebstahl des WM-Pokals ist legendär. Aber auch andere Trophäen verschwanden auf mysteriöse Weise.

William Shillcock wunderte sich, als er am Morgen des 12. September 1895 seinen Schuhladen im Zentrum von Birmingham aufschloss. Jemand hatte eingebrochen, das war ihm sofort klar, als er zur Decke blickte und dort ein großes Loch klaffte. Aber offenbar hatte der Täter kaum etwas mitgenommen, die Safes waren unversehrt, auch andere Wertsachen standen noch dort, wo sie am Abend zuvor gestanden hatten. Erst als sein Blick zum Schaufenster wanderte, sah er, was der Einbrecher gestohlen hatte: den FA Cup, die wertvollste Trophäe des englischen Fußballs.

Aston Villa hatte den Cup ein paar Wochen zuvor gewonnen und ihm, Villa-Edelfan und Schuhausstatter der Meisterelf von 1894, als Leihgabe vermacht. Und nun war er weg. Die Offiziellen des Klubs waren fassungslos, die Polizei rätselte. Über sechs Jahrzehnte blieb das Verschwinden des Pokals eines der großen Mysterien des englischen Fußballs. Bis im Frühjahr 1958 eine sensationelle Schlagzeile auf der Titelseite einer Boulevardzeitung prangte: »Ich stahl den FA Cup!«

In der Fußballgeschichte hat es einige kuriose Diebstähle von Pokalen, Medaillen oder anderen Memorabilia gegeben. Im frühen 20. Jahrhundert verschwand zum Beispiel der Siegerpokal der Sir Thomas Lipton Trophy, eines von vielen Vorläuferturnieren der Weltmeisterschaft. In den Kriegswirren von 1945 schnappte sich ein Fußballfan aus Ostberlin die deutsche

Meistertrophäe Viktoria, die der Dresdner SC ein Jahr zuvor gewonnen hatte. Als die sowjetische Armee die Stadt erreichte, versteckte der Anhänger sie in seinem Kohlenkeller, und dort blieb sie, bis die Mauer fiel. Den Portsmouth-Spielern Jamie Ashdown und Glen Johnson wurden 2008 die FA-Cup-Medaillen aus ihren Hotelzimmern geklaut. Und Ingolstädter Fans ließen im Oktober 2021 eine Kopie des DFB-Pokals aus der Kneipe von Kevin Großkreutz mitgehen. Sie wurden schnell gefasst, der Ex-Profi verzichtete auf eine Anzeige.

Filmreif waren aber vor allem die Diebstähle des FA Cups 1895, des WM-Pokals 1966 und des Europapokals 1982. Denn alle drei Fälle nahmen noch Jahrzehnte später ungeahnte Wendungen.

Also, zurück erst einmal ins späte 19. Jahrhundert, zum gestohlenen FA Cup. Damals war der englische Pokal der wichtigste Wettbewerb der Welt, wichtiger noch als die nationale Meisterschaft. Er wurde 1871 das erste Mal ausgetragen; der nationale Fußballverband mit Sitz in London erhoffte sich dadurch einen landesweiten Popularitätsschub. Die Trophäe sah bescheiden aus, sie wurde von den Sheffielder Silberschmieden Martin, Hall & Co hergestellt und kostete 20 Pfund (heute etwa 2000 Pfund). Ab 1890 wurde der FA Cup auch bei der breiten Masse beliebter, oft kamen nun mehr als 30.000 Zuschauer zu den Finalspielen. 1895 traf Aston Villa, die vielleicht beste Mannschaft jener Dekade, im Finale in London auf West Bromwich und gewann 1:0. Zurück in der Heimstadt Birmingham wurde das Team am Bahnhof feierlich empfangen. Die Fans applaudierten und bewunderten den Pokal, bevor ihn ein Offizieller an sich nahm und in einem Safe am Perry Barr Stadium einschloss.

Kurz darauf fragte der Schuhmacher William Shillcock, ob der den Pokal in seinem Schaufenster ausstellen könnte. Im Safe sei er doch nicht zu sehen. Den Vereinsoffiziellen gefiel die Idee.

Im Laufe der nächsten Wochen avancierte Shillcocks Geschäft zu einem Wallfahrtsort für Fußballfans; viele wollten den Pokal aus nächster Nähe sehen. Aber als sie am 12. September 1895 kamen, sahen sie nur die Polizei.

Die Beamten waren sich darüber einig, dass der oder die Täter jung und agil waren. Das verriet ihnen das Loch in der Decke. Denn um auf das Dach zu kommen, mussten sie eine gut drei Meter hohe Außenwand hochklettern. Auch Shillcock fand die Version der Polizisten plausibel, und so verteilte er in den kommenden Tagen Fahndungszettel mit dem Tathergang und dem Täterprofil; er setzte eine Belohnung von 10 Pfund aus. Aston Villa hingegen musste eine Strafe von 20 Pfund an die FA zahlen. Der Verband blieb aber optimistisch, in einer Pressemitteilung schrieb der Vorsitzende Frederick Joseph Wall: »Aston Villa wird alle Anstrengungen unternehmen, den Pokal wiederzufinden. Wir sind uns sicher, dass er bald wieder an seinem richtigen Ort steht.« Er sollte sich irren.

Im Frühjahr 1896, kurz vor den Halbfinalspielen der nächsten FA-Cup-Runde, gaben die Verbandsoffiziellen die Hoffnung auf und ließen eine neue Trophäe nach einem alten Muster anfertigen.

Erst 63 Jahre später, im Februar 1958, kam wieder Bewegung in den Fall. Ein gewisser Harry Burge behauptete in einem Interview mit der Zeitung »Sunday Pictorial« (heute »Sunday Mirror«), dass er damals der Dieb gewesen sei. »Ich möchte mein Gewissen entlasten«, sagte der Mann, der mittlerweile 80 Jahre alt war und in einem Altersheim lebte. Burge ließ sich für das Interview sogar am alten Tatort fotografieren, wo sich mittlerweile ein Getränkeshop befand.

Burge war kein Amateur, fast die Hälfte seines Lebens hatte er für verschiedene Verbrechen im Gefängnis verbracht. Und auch jetzt noch, im hohen Alter, war er auf Tour. Nur drei Monate nach seinem Zeitungsinterview stibitzte er Ledermäntel aus einem Lieferwagen. Aber hatte er die Wahrheit gesagt, oder war er nur ein Aufschneider? In den kommenden Jahrzehnten tauchten immer wieder angebliche Kinder und Enkel vom angeblich wahren Einbrecher oder seinen Komplizen auf. Einige von Burges Beschreibungen wichen außerdem von den Polizeiberichten und Zeitungsartikeln von 1895 ab. Übereinstimmend war damals die Rede davon, dass der oder die Einbrecher über das Dach gekommen waren, warum hätten sie sonst ein Loch in die Decke schlagen sollen? Burge aber erklärte, dass er und zwei Komplizen die Hintertür mit einem Stemmeisen aufgebrochen hätten. »Wir schnappten uns den Pokal und schmolzen ihn bei mir zu Hause in einem eisernen Krug ein. Dann produzieren wir Münzen, viele Münzen.« Burge wanderte trotzdem erneut ins Gefängnis und starb 1964 im Summerfield Hospital in Birmingham.

Den Titel »Größter Fußballtrophäendieb aller Zeiten« hatte er aber nur kurz inne, nämlich zwei Jahre, denn im März 1966 wurde der WM-Pokal geklaut. Er tauchte zwar eine Woche später wieder auf, aber auch hier tappten die Ermittler auf der Suche nach dem Täter Jahrzehnte im Dunkeln. Erst 2018, kurz vor der WM in Russland, brachte ein Mann namens Gary Cugullere Licht ins Dunkel. Er verriet der Zeitung »Mirror«, dass sein Vater Reg und sein Onkel Sidney, beide mittlerweile verstorben, hinter dem dreistesten Cup-Coup aller Zeiten steckten.

Seinen Anfang nahm die Geschichte auf einer Ausstellung in der Londoner Westminster Central Hall. Um mehr Leute anzulocken, fragten die Organisatoren wenige Monate vor WM-Beginn bei der FIFA an, ob sie den Weltpokal in ihren Räumen präsentieren dürften. Der Verband sagte unter der Voraussetzung zu, dass der Pokal rund um die Uhr bewacht würde. Was aber nicht der Fall war, wie der bekannte Londoner Kleinganove Sidney Cugullere herausfand.

Wenn die Wachleute Pausen machten, ließen sie den Pokal in einem abgeschlossenen Raum zurück, kein großes Hindernis für einen erfahrenen Langfinger. Mit allerhand Werkzeug in einem braunen weiten Mantel schlenderte Cugullere am 20. März 1966 um kurz nach elf Uhr zum Pokalraum, und als sich die beiden Wachleute zur Kantine aufmachten, trat er an die Tür. Er schraubte den Knauf, trat ein, knackte das Vorhängeschloss der Vitrine und steckte den Pokal ein. Ein Kinderspiel. Als er wieder draußen war, habe sein Bruder Reg überhaupt erst gemerkt, was Sidney auf der Ausstellung gemacht hatte.

»Schau dir das mal an«, sagte Sidney, und Reg war ganz schön baff, denn er erkannte in der Jacke sofort den WM-Pokal. In den zwanziger Jahren war die Trophäe von einem französischen Bildhauer zu Ehren des damaligen FIFA-Präsidenten Jules Rimet entworfen worden, und drei Monate später sollte Englands Nationalmannschaft diesen Cup zum ersten Mal gewinnen. »Aber nicht Bobby Moore war der erste Engländer, der den WM-Pokal in die Höhe hielt, sondern ich«, soll Sidney Cugullere seinem Neffen Gary später gerne gesagt haben.

Bloß, wie sollte es nun weitergehen? Als sie vor der Ausstellung standen und Reg sich wieder gesammelt hatte, fragten sich das auch die beiden Brüder: »Verdammte Scheiße, Sid! Was zur Hölle sollen wir jetzt mit dem Ding machen?« Sidney hatte keine gute Antwort parat, also fuhren sie einfach los und brachten die Trophäe zu Sidney. Bald aber kam ihm der Gedanke, dass seine Frau ihn entdecken und ziemlich wütend werden würde. Also bat er Reg, den Pokal abzuholen. Auf dem Rückweg wäre beinahe alles aufgeflogen, denn Reg kam in eine Polizeikontrolle. Das halbe Land war mittlerweile auf der Suche nach dem Pokal. Die Beamten durchsuchten das Auto, fanden den Cup aber nicht. Reg Cugullere hatte ihn unter dem Vordersitz versteckt.

Drei Tage später erhielt die FA ein kleines Paket, in dem sich Teile der Verkleidung des Pokals befanden. In einem beiliegenden Brief forderte ein gewisser »Jackson« 15.000 Pfund in Fünf- und Ein-Pfund-Noten. Die FA stimmte einer Geldübergabe zu und verhaftete dabei den Dockarbeiter Edward Betchley, der zu zwei Jahren Haft verurteilt wurde. Jahrelang galt er als der Dieb des WM-Pokals. Dabei war Betchley von den Cugullere-Brüdern nur als Bote eingesetzt worden. Zum Verbleib des Pokals hatte er daher nie etwas sagen können.

Wie durch ein Wunder tauchte der Pokal eine Woche später trotzdem wieder auf. David Corbett, ein Fährmann, ging mit seinem Hund Pickles Gassi, als dieser in einen Vorgarten unter einem Busch die Erde aufwühlte. Zum Vorschein kam ein mit Zeitungspapier verschnürtes Päckchen, darin befand sich der WM-Pokal. Corbett brachte die Trophäe zur nächsten Polizeidienststelle und erhielt 6000 Pfund Finderlohn. Fans und Presse machten aber die Promenadenmischung Pickles zum wahren Helden des Happy Ends. Er wurde mit Hundekuchen und Dosenfutter überhäuft, und beim WM-Eröffnungsspiel durfte er in einer VIP-Loge bellen, essen und schlafen.

Warum die Diebe den Pokal in dem Vorgarten vergruben, konnte sich auch Gary Cugullere nicht erklären. Er vermutete, dass sein Vater und sein Onkel ihn aus Respekt nicht einschmolzen. »Sie wussten, dass sie ihn zurückgeben mussten. Es war doch der WM-Pokal.« Sowieso, so glaubte Gary, hätten sie den Pokal nur zum Spaß geklaut. »Sie mochten den Thrill.« Als sein Vater Reg 2012 an Krebs starb, legten seine Verwandten einen Kranz in Form des Jules-Rimet-Trophäe ans Grab. Gary gab dafür der Floristin ein Bild des Pokals. »Sie hat nie gefragt, warum.«

Der WM-Pokal wurde seitdem besser bewacht, aber nicht immer gut genug. Am 20. Dezember 1983 konnten Diebe ihn erneut entwenden, diesmal aus dem Trophäenschrank des brasilianischen Fußballverbandes in Rio de Janeiro. Die Seleção hatte den »Coupe Jules Rimet« nach ihrem dritten WM-Sieg 1970 behalten dürfen. Als der Diebstahl bemerkt wurde, appellierte so ziemlich jeder Fußballer oder Ex-Fußballer an die Ganoven. »Wir hoffen, die Verbrecher kommen zu Bewusstsein, denn der ideelle Wert ist viel größer als der Goldwert des Pokals«, sagte Roberto Rivellino, und Hideraldo Bellini, Kapitän des WM-Teams von 1958, ergänzte: »Wir haben 28 Jahre lang gekämpft, um diesen Pokal zu gewinnen. War alles umsonst?«

Ja, es war umsonst, denn die Diebe schmolzen den Pokal umgehend ein. Mit Hilfe alter Gussformen ließ Brasiliens Verband eine detailgetreue Kopie des Pokals anfertigen. Am 10. Juni 1984 wurde sie vor einem Länderspiel im Maracaña präsentiert.

Am Ende müssen wir noch einmal zurück nach Birmingham, denn wie der WM-Pokal wurde auch Aston Villa ein zweites Mal Opfer eines sonderbaren Diebstahls, nämlich im Mai 1982. Die Mannschaft hatte gerade überraschend den Europapokal der Landesmeister gegen die Bayern gewonnen, 1:0 im Finale in Rotterdam. Am nächsten Tag ließen sich die Spieler von den Fans feiern, und zwei von ihnen, Linksverteidiger Colin Gibson und Mittelfeldspieler Gordon Cowans, machten sich mit den Anhängern auf den Weg ins Fox Inn, ein Pub, der auf halber Strecke zwischen Birmingham und Sheffield lag. Den Pokal hatten sie natürlich dabei. »Wir tranken ein paar Bier und spielten Darts, als plötzlich jemand rief: Der Cup ist weg!«, sagte Gibson.

Etwa 80 Meilen nördlich, im Zentrum von Sheffield, betrat ein paar Stunden später ein Mann die West Bar Police Station. Er stellte sich als Eric Sykes vor und sagte, in seinem Auto liege der Landesmeister-Pokal. Die Polizisten folgten ihm ungläubig nach draußen, und tatsächlich, da funkelte der Cup. Sofort rief ein Beamter bei der West Midlands Police in Birmingham an, aber dort legten sie direkt wieder auf: »Keine Zeit, wir haben gerade einen wichtigen Fall reinbekommen!« Der Polizist aus Sheffield versuchte es erneut, und diesmal sagte er zu Beginn: »Ich weiß, welchen Fall Sie meinen. Wir haben den Pokal hier.« Stille am anderen Ende der Leitung – und dann: »Wir sind in einer Stunde da.«

Zeit genug, um das Landesmeisterfinale noch einmal nachzuspielen, dachten sich die Polizisten der Sheffielder Wache. In Windeseile formten sie zwei Teams und kickten los. Am Rande des improvisierten Spielfeldes stand die bedeutendste Trophäe des europäischen Klubfußballs.

Viele Jahre war diese Geschichte nur ein paar Fans, dem Barbesitzer und den Polizeibeamten in Gänze bekannt. Sie wurde erst publik, als die Polizeistation in Sheffield im Jahr 2010 schließen musste und beim Auszug ein Foto dieser Nacht auftauchte. Darauf zu sehen sind die Polizisten mit dem Europapokal – und ein ominöser Mann, dessen Kopf ausradiert war, vermutlich »Eric Sykes«. Nachdem die BBC die Geschichte im Mai 2010 veröffentlichte, trudelten weitere Hinweise zu dem Täter ein. Eric Sykes würde in Wahrheit Adrian Reed heißen. Er sei ein Fan, der an jenem Abend im Mai 1982 ebenfalls im Fox Inn war und darum bat, den Pokal mit seinem Auto zu fotografieren. Er wuchtete den Pott raus – aber statt wieder reinzukommen, raste er davon. Zunächst fuhr er in seine WG, um den Pokal seinem ungläubigen Mitbewohner zu zeigen. »Habe ihn ja nur ausgeliehen«, lachte er. Dort sei ihm aber bewusst geworden, dass er gerade einer der meist gesuchten Menschen des Landes war. Also fuhr er zur Polizeistation nach Sheffield. Die Beamten drückten ein Auge zu, Reed kam ohne Strafe davon. Im Fox Inn waren sie nicht so gnädig. Er erhielt Hausverbot auf Lebenszeit.

KAPITEL 41

STEHEN BLEIBEN, POLIZEI!

Was tun nach der Karriere? Viele Fußballer wechseln auf die Trainerbank oder ins Management. Andere eröffnen Fußballschulen oder werden Dauertalkshowgäste. Und einige jagen Verbrecher.

Einmal wurde ich zum Gespött auf Twitter, und das kam so: Im Sommer 2014 traf ich den St.-Pauli-Spieler Fabian Boll zu einem Interview in Hamburg. Es sollte das große Abschiedsgespräch werden, denn Boll, eine echte Millerntor-Legende mit über 300 Profispielen, beendete seine Karriere. Wir spazierten über den Kiez, und Boll erzählte vom Weltpokalsiegerbesiegerspiel gegen die Bayern und von seinem Derbytor gegen den HSV. Das Interview erschien ein paar Wochen später in »11Freunde«, ich fand es gelungen, Boll war ein toller Erzähler. Ich schickte ihm eine Ausgabe.

Zwei Tage später sah ich auf Twitter, dass jemand das Bild eines Briefumschlags gepostet hatte. Darauf stand die Postadresse des FC St. Pauli und der Empfänger: Timo Boll. Der Absender hatte Fabian Boll offenbar mit dem ehemaligen Weltranglistenersten im Tischtennis verwechselt. Das Gelächter im Netz war groß. Erst twitterte jemand den (übrigens total blöden) Klassiker: »Welcher Praktikant war das?« Dann: »2 Feinde – das Tischtennismagazin.« Oder: »Boah, wie peinlich!« Und so ging es weiter. Hunderte höhnische Kommentare, Tausende Likes und Retweets. Für den Bruchteil einer Sekunde lachte ich auch, dann aber realisierte ich, dass dieser Brief von »11Freunde« kam, und ich erkannte auch meine Handschrift. Ja, ich hatte den

Briefumschlag beschriftet. Ich war der Absender. Ich entschuldigte mich prompt, suchte die Flucht in die Selbstironie, lachte ein bisschen mit, haha, aber die Schmach war natürlich groß. Noch heute werde ich darauf angesprochen. Ah, da kommt »Rückhand-Return Bock!« Der deutsche Tischtennisverband schickte mir sogar ein kleines Päckchen mit einem Aufnahmeantrag. (Kein Scherz!)

Ich weiß nicht, wie es dazu kam, dass ich den falschen Namen auf den Umschlag schrieb. Vielleicht hatte ich am Abend zuvor ein Tischtennis-Spiel oder eine Doku über Timo Boll im Fernsehen geschaut. Vielleicht war es nur ein kurzer Gedankenaussetzer. Vielleicht habe ich eine Fabian-/Timo-Schwäche, so wie andere eine Jens-/Sven-Schwäche haben. Vielleicht hatte ich in unserer Redaktionsküche, in der ein kleiner Tischtennistisch steht, ein Mittagspausenmatch gegen einen Kollegen gespielt. Es wird für immer ein Rätsel bleiben, das vermutlich nur Timo, äh, Fabian Boll selbst lösen kann. Denn in seinem zweiten Leben ist er Oberkommissar.

Dass Fußballer nach (oder sogar während) ihrer Karriere einen Beruf ausüben, der gar nichts mit Fußball zu tun, ist nicht der Normalfall, aber auch nicht total ungewöhnlich. Dortmunds Knut Reinhardt wurde Lehrer, Tim Wiese Wrestler. St. Paulis Volker Ippig arbeitet heute am Hafen, Éric Cantona ist Schauspieler, der ehemalige Frankfurter Torhüter Peter Kunter promovierte noch während seiner aktiven Zeit und arbeitete als Zahnarzt. Aber die wenigsten Spieler ergreifen Berufe, in denen es um Recht und Ordnung geht. Selbst Profis, die später Schiedsrichter werden, sind seltener als Meisterfeiern in Gelsenkirchen.

»Ich habe mich nie nur über Fußball definiert«, sagte Boll damals im Interview mit mir. »Ich bin da so in den Profibereich reingerutscht. Seit Beginn meiner Karriere wusste ich auch, dass ich im Fall der Fälle in meinen Job als Polizist zurückkehren kann. Ich war nie nervös, wenn sich Vertragsgespräche mal länger hingezogen haben oder wenn ein neuer Trainer kam, der mir meine Halbtagsstelle als Polizist hätte verbieten können. Ich dachte immer: Wenn der Verein mich nicht mehr will, dann ist das schade, aber ich habe ja noch meinen Job.«

Dieser Job war auch so außergewöhnlich, weil Fabian Boll für den FC St. Pauli spielte. Das Millerntor verwandelte sich ab Mitte der achtziger Jahre zu einem Sehnsuchtsort für Linke und Punks. Viele Fans kamen aus den besetzten Hafenstraßenhäusern, andere waren im Umfeld des linken Kulturzentrums Rote Flora aktiv. Polizisten, das war ein Grundverständnis der Szene, waren die Feinde. Auf Bannern stand: »All Cops are Bastards«. Als die »Mopo« zum ersten Mal im Dezember 2003 über Bolls Zweitjob berichtete, dürften einige Anhänger ganz schön irritiert gewesen sein. In dem Bericht (Titel: »Alles klar, Herr Kommissar?«) erklärte Boll dann, wie er beides unter einen Hut bekommt: Abwehrarbeit auf dem Rasen und Polizeiarbeit auf den Straßen. Außerdem wurde er nach Krimiserien gefragt. Er sagte: »›Alarm für Cobra 11‹ ist der größte Mist und hat mit der Realität nichts zu tun.« Besser gefiel ihm das »Großstadtrevier«.

In den Jahren danach schrieb quasi jedes deutsche Medium einmal über diesen etwas anderen Profi bei dem etwas anderen Klub. Boll erzählte von seinem Opa, der bei der Kripo war, von seinem Vater bei der Bundespolizei, von seiner Frau, die auch Polizistin ist. Und natürlich musste er nun allerhand Schenkelklopfer und Wortspiele über sich lesen: »Boller muss den Spielmacher des Gegners verhaften«, »Der Kommissar schießt scharf«, »Ein Fall für Boll«, »Ein Polizist sorgt für Ordnung im Mittelfeld«. Die Liste ließe sich endlos weiterführen. Dabei wussten die meisten lange gar nicht, was er genau tut. Fabian Boll war »der Polizist«, »der Kommissar« oder »der Bulle«. Als es vor der Roten Flora mal zu Auseinandersetzungen zwischen

Aktivisten und der Polizei kam, sagten Fans zu ihm, seine Kollegen sollten sich mal zügeln. Dabei hatte Boll mit dieser Polizeiarbeit überhaupt keine Berührungspunkte. Er begleitete nie eine Demo, er trug nie Schlagstock, er hatte nicht mal eine Uniform an. Er war beim Landeskriminalamt. Er ermittelte bei Betrügereien, Unterschlagungen, Raubüberfällen.

Vermutlich war es ein großer Traum viele Hamburger Boulevardjournalisten, einmal mit Boll auf Verbrecherjagd zu gehen. Diese würde dann, na klar, mit einer spektakulären Fluggrätsche gegen einen Drogenbaron enden. Aber es blieb ein Traum, und irgendwann gab es zu dem Thema nichts mehr zu sagen. Also zurück zum Fußball. Denn dort avancierte Fabian Boll zu einem der besten Spieler der Mannschaft. St. Pauli stieg ab und stieg auf, erreichte das Pokalhalbfinale, gewann gegen die Bayern, Werder und den HSV. Und eines Tages dachten die Fans, es ist Zeit, eine Ausnahme zu machen. Sie hängten ein neues Banner ans Millerntor: »All Cops are Bastards – außer Boll!« ACABAB.

In Deutschland finden sich nur wenige vergleichbare Biografien. Torhüter Gerhard Neef war in den sechziger Jahren Polizeischüler in Mönchengladbach, als die Glasgow Rangers ihn verpflichteten. Dann gibt es noch einige wenige Profis, die nach ihrer Karriere in den Polizeidienst wechselten. Sebastian Zielinsky, ehemals 1. FC Köln, schulte 2018 um. »Ich erfülle mir meinen zweiten Kindertraum – ich war Fußballprofi, jetzt werde ich Polizist, da fehlt nur noch Astronaut und Feuerwehrmann«, sagte er. Der ehemalige Bielefelder Torhüter Dennis Eilhoff studierte nach der aktiven Fußballzeit an der Fachhochschule für öffentliche Verwaltung Nordrhein-Westfalen (Titel der Bachelorarbeit: »Gefühlte (Un)sicherheit bei Fußballspielen«) und ist seit 2017 Polizeikommissar. Und dann ist da noch Jürgen »Kobra« Wegmann, der 2013 in der »Bild« eine Zweitkarriere als Privatdetektiv ankündigte. »So wie Columbo früher«, erklärte der ehemalige BVB-Stürmer. »Wie er in aller Ruhe seine Fälle gelöst hat, hat mir immer gefallen.« Von welchem Fall er träumte? »Wenn ich es mir aussuchen könnte, würde ich gern mal den Tod von Bruce Lee untersuchen.« Der Stürmer, der sich einst »giftiger als die giftigste Schlange« nannte und Dortmund in der Relegation 1986 mit seinem Tor rettete, findet den Mörder des Kampfkünstlers, der den Mann mit der Todeskralle besiegte. Klingt nach einem fantastischen Plot für eine Reality-Soap auf RTL2. Aber der Auftrag aus Fernost blieb aus.

In England scheint die Polizei unter Fußballern einen besseren Ruf zu haben. Zahlreiche Premier-League-Profis entschieden sich für eine Karriere als Ordnungshüter. Ein Beispiel: Der Holländer Arjan de Zeeuw, der für Portsmouth spielte und Wigan als Kapitän ins League-Cup-Finale 2006 führte, arbeitet heute als Kommissar in Alkmaar. Zu Beginn seiner aktiven Fußballzeit – de Zeeuw war noch beim SC Telstar in Holland – hatte er Medizin studiert. Als das Angebot aus England kam, wollte er das Studium für zwei, drei Jahre unterbrechen. Aber weil es ihm auf der Insel so gut gefiel, blieb er 13 Jahre. Bei Beendigung seiner Fußballkarriere war er fast 40, und das Medizinstudium schien zu weit weg. Zu dieser Zeit bot die niederländische Polizei verkürzte Ausbildungen zum Kommissar an. »Ich dachte, das versuche ich«, sagte de Zeeuw. »Es passte ja irgendwie.« Bei seinen Vereinen war er meistens einer der Führungsspieler gewesen, oft Kapitän. Sein Traum sei es immer gewesen, dass die Leute gut miteinander auskommen, er galt in seinen Mannschaften als Diplomat, er hatte sogar den Spitznamen »The Peacemaker«. So ungefähr stellte er sich auch die Polizei vor.

Arjan de Zeeuw ermittelt heute bei Einbrüchen, Menschenhandel, Überfällen, Mord und Entführungen. Seine Zeit als Profifußballer würde ihm in Drucksituationen helfen, gerade in Eins-zu-eins-Situationen mit Tätern. Einmal wurde er bei einem

Verhör von einem Verdächtigen erkannt. »Ich kenne dich!«, sagte der Mann. »Du bist doch der Fußballer, der in England gespielt hat.« De Zeeuw bejahte, und danach unterhielten sich die beiden ein wenig über Fußball, bevor die Befragung weiterging.

Auch Tommy Wright ist heute Polizist. Er spielte in den Nullerjahren für Leicester City, Blackpool, Barnsley und einige andere Klubs. Er war sogar U20-Nationalspieler Englands. Nach seiner aktiven Karriere versuchte er sich zunächst als Trainer. Seine letzte Station war 2020 beim semiprofessionellen Verein Corby Town. Seitdem arbeitet er bei der Leicestershire Police. »Ich hatte eine Anzeige gesehen und dachte: Im Fußball habe ich alles erreicht, warum versuche ich es nicht mal in einem ganz anderen Job?«

Die Polizei in Leicestershire war damals so stolz über ihren prominenten Neuzugang, dass sie ihn auf ihrer Homepage mit einem exklusiven Video vorstellte. Er war übrigens schon der dritte ehemalige Spieler von Leicester City, der das Trikot gegen eine Uniform ausgetauscht habe. Andy Peake, der in den Achtzigern für die Foxes spielte, war nach seiner Profizeit 22 Jahre Polizist, bevor er 2016 in Rente ging. Sein ehemaliger Mitspieler Tommy Williams arbeitete 24 Jahre bei der Polizei. Auch Colin Mackleworth, Torhüter bei Leicester City von 1967 bis 1971, ging später zur Polizei. Ebenso Frank Boy, Torhüter in den dreißiger Jahren bei Derby County, später Polizist, Sie ahnen es, in Leicester. Was ist los in dieser Stadt? Besonderes Wasser im Soar? Man müsste da mal ermitteln, Fabian Boll!

Apropos: Boll war zuletzt Co-Trainer bei Holstein Kiel, wohnt aber weiterhin in Hamburg. Selbst eine Teilzeitstelle als Polizist war nicht möglich. Aber natürlich kommt er immer wieder mit seinem alten Job in Berührung. Dazu erzählte er im Interview eine schöne Geschichte. Er war mit seiner Frau an der Alster spazieren, als ein Jugendlicher mit ACAB-Shirt auf sie zukam. Er habe ihn angeguckt und gedacht, das sei gar nicht seine politische Meinung, sondern eher ein rebellisches Statement. Wie mit einem Totenkopf in der Kirche sitzen. »Ich sagte zu ihm ›Super T-Shirt‹. Er lief an uns vorbei und drehte sich verdutzt ein paar Mal um. Ein paar Wochen danach war ich am Rothenbaum, Tennis gucken, da sagt einer plötzlich: ›Hallo, Sie sind doch Fabian Boll von St. Pauli.‹ Ich so: ›Ach, der Jogger von der Alster.‹ Er entschuldigte sich und sagte: ›Blödes T-Shirt. Ich hab's weggeworfen und wollte mich bei Ihnen und Ihrer Frau entschuldigen.‹«

KAPITEL 42

WILLI WILL'S WISSEN

Seine Mitspieler fuhren zum Training, Willi Kraus raubte auf dem Weg dorthin Banken und Supermärkte aus. Dabei hätte er bei Schalke 04 zum Star werden können.

Wenn er wenigstens fette Beute gemacht hätte. Aber so? Sieben Tafeln Schokolade und zwei Strickhemden hatte er im Supermarkt gestohlen. Die Polizei verhaftete ihn, als er kurz darauf in eine Routinekontrolle geriet. Im Kofferraum seines schneeweißen BMW 1800 fanden die Beamten Einbruchswerkzeug, Propangasflaschen, eine geladene Pistole und die mickrige Beute. Ein Ermittler vermutete, dass der Täter und seine zwei Komplizen eigentlich den Tresor des Supermarkts knacken wollten: »Aber irgendetwas muss sie gestört haben«, verriet er einer Zeitung. Und was weiß man über den Haupttäter? Name: Kraus, Willi. Alter 24. Gelernter Elektriker. Wohnhaft in Gelsenkirchen. Bis vor acht Tagen Stürmer von Schalke 04. Dann gefeuert wegen einer Kneipenschlägerei. Ende Februar 1968 war das.

Willi Kraus galt als einer der talentiertesten und besten Stürmer seiner Generation. Aber er war auch ein krimineller Allrounder. Er überfiel Banken, brach in Lebensmittelgeschäfte und Privatwohnungen ein, raubte Tabakläden und Geldtransporter aus, handelte mit Kokain. Er wanderte ins Gefängnis, brach aus und wurde geschnappt. Wenn ihm jemand krumm kam, schlug er zu. Einmal fand die Polizei in seinem Versteck Handgranaten, Plastiksprengstoff und Maschinenpistolen. Die Beamten nannten ihn deshalb den »Bomber«, ein Spitzname, den er gerne von Fußballfans bekommen hätte.

Mehr als zwei Jahrzehnte seines Lebens saß Kraus im Gefängnis. Er starb am 19. Oktober 2018 im Alter von 65 Jahren. Wenige Wochen später hätte er sich vor dem Landgericht Essen wieder mal wegen eines Waffendeliktes verantworten müssen. Warum nur, Willi?

Wenn man heute ehemalige Mitspieler und Weggefährten nach Willi Kraus fragt, erzählen sie viel Gutes. Er sei ein angenehmer Zeitgenosse gewesen, freundlich, lustig, verlässlich. »Er hatte eine soziale Ader, hat so manches Mal in der Kabine für wohltätige Organisationen gesammelt«, sagt Willi Koslowski, der mit Kraus zusammengespielt hat. Aber er sei auch jemand gewesen, der sich leicht überreden ließ. Der sich mit falschen Freunden umgab. Der den Exzess liebte. Andere beschrieben ihn als »Mann mit zwei Gesichtern«: Einerseits liebenswürdig, andererseits cholerisch.

Bei Schalke lagen sie ihm am Anfang zu Füßen. War ja einer von ihnen, immer schon. Hatte in der Jugend mit Stan Libuda gespielt. Später, Saison 1966/67, rettete er die Bundesligamannschaft mit seinen Toren vor dem Abstieg. 16-mal traf er in 36 Spielen. Datt is einer für die Nationalmannschaft, da waren sie sich an der Glückauf-Kampfbahn sicher. Das ist einer mit einer »hohen kriminellen Energie«, sagte ein Richter.

Die sechziger Jahre waren auch im Ruhrgebiet die Zeit der Hoffnung und des Aufbruchs. Die Region vollzog einen Strukturwandel von der Montanindustrie zu mehr Dienstleistungen, Bildung und Kultur. Das Leben wurde moderner, Arbeitslosigkeit und Wohnungsnot gingen zurück. Aber es entstand auch eine Halbwelt aus Luden, Zockern, Schlägern, Halbstarken und Ganzstarken. Sie nannten sich Hüpper, Papilein oder Coca. Willi Kraus verstand sich mit ihnen. Er verkehrte gerne im Parc Ferme, einer bekannten Spelunke in Essen. In der Dokumentation »Schwarze Kohle, rotes Licht« erzählt die Besitzerin Marlies Schepanski von ihren Begegnungen mit dem ehemaligen Schalke-Profi: »Ich habe ihn oft gefragt, warum er auf die schiefe Bahn geraten ist, er war doch so ein begnadeter Fußballer. Tja, sagte er da, andere sind zum Training, und ich habe vorher noch eine Bank ausgeraubt.« Auch mit Coca hing Kraus rum. Der Pate von Essen. Er heißt bis heute so, weil er als junger Mann mal einen Lkw voll mit Schnaps klauen wollte. Blöd nur, der Wagen hatte Coca-Cola geladen. »Willi hat gerne mit seinen Einbrüchen geprahlt«, sagt Coca. »Wenn er gerade einen Bruch gemacht hatte, kam er mit einer Tasche voll Geld rein. Wenn nicht, hat er geputzt. Da kann man mal sehen, wie schlecht die Fußballer damals bezahlt wurden. Der war echt oft hier. Obwohl, eigentlich war der mehr im Knast wie draußen!«

War es wirklich das schlechte Gehalt, das Kraus auf die Straße und in die Kriminalität trieb? Hatte er Geldsorgen? Auch andere Spieler jener Zeit waren nachtaktiv. Der Dortmunder Wolfgang »Sully« Peters soll mal in ein Sportgeschäft eingestiegen sein (er blieb dabei aber im Oberlicht stecken). Andererseits verdiente Kraus rund 2000 Mark pro Monat, dazu noch Prämien. So schlecht war dieser Verdienst für die damalige Zeit nicht.

1964 wurde er das erste Mal verhaftet, direkt auf dem Trainingsplatz. Und danach ging es los, danach verwandelte er sich immer häufiger in den wilden Willi. Einmal soll er mit einer Parkuhr in der Bar gestanden haben. Hatte er aus dem Gehweg gerissen. »Er hat immer Stunk gemacht. Und dann beim nächsten Training tat er, als wäre nichts passiert«, sagt sein ehemaliger Mitspieler Günter Herrmann. »Im Trainingslager versteckte er sogar eine Pistole unter dem Kopfkissen.«

In Herrmanns Kneipe schlug er einmal den Zapfer krankenhausreif. Er sei provoziert worden, sagte er später. Alle Zeugen widerlegten diese Aussage. Schalkes Präsident Günter »Oskar« Siebert drückte beide Augen zu und belegte ihn mit einer Geldbuße in Höhe von 250 Mark wegen »unsportlichem Lebenswandel«. Kraus versprach Besserung: »Ich hole alles mit Toren wieder rein.« Und ja, er traf wirklich, aber er schlug auch wieder zu. Am 14. Februar 1968 hatte Siebert genug. »Der Vorstand des FC Schalke 04 beschloss einstimmig, den 24-jährigen Lizenzspieler Willi Kraus mit sofortiger Wirkung aus dem Vertrag zu entlassen«, informierte der SID an jenem Tag. Offizieller Grund waren »vereinsschädigendes Verhalten« und »ein ständiger Umgang mit gewissen verdächtigen Elementen«. Das Fass zum Überlaufen hatte eine wiederholte Schlägerei in einer Kneipe gebracht. »Außerdem bekommen wir momentan massig Rechnungen, die Kraus auf den Namen Schalke gemacht hat«, sagte Siebert zur Entlassung.

Kraus war nun arbeitslos und offenbar extrem verzweifelt. Er hatte sogar seine Spielerlizenz verloren. Zwei Wochen nach seinem unrühmlichen Ende auf Schalke verübte er den Einbruch auf den Supermarkt und wurde im weißen BMW erwischt. »Ich verstehe mich selbst nicht mehr, ich hatte leicht einen geschickert, und dann habe ich zwei Typen kennengelernt«, sagte er. »Nach dem Rauswurf habe ich wohl die Nerven verloren. Aber was soll ich auch machen? Ich muss 400 Mark für die Wohnung zahlen, zwei Kinder und Abzahlungen. Ich werde wieder als Elektriker arbeiten müssen.

Was Ehrliches machen.« Das tat er aber nicht. Mithilfe eines Rechtanwalts erlangte er zwar die Spielerlizenz zurück und schloss sich dem Regionalligisten Eintracht Gelsenkirchen an, aber nach nur fünf Spielen wurde er wieder straffällig. Wegen einer angeblichen Knöchelverletzung ließ er sich vom Training befreien und stieg nachts mit zwei Komplizen in ein Lebensmittelgeschäft ein. Die Beute: 100 Mark, Zigaretten und Alkohol. Er wurde geschnappt. Die Fußballkarriere war endgültig vorbei.

Die Fans auf Schalke hielten ihm trotzdem die Treue. Noch Monate später hörte man »Willi, Willi«-Rufe auf den Tribünen der Glückauf-Kampfbahn. Ein Fan schrieb in einem Leserbrief im »Sport-Beobachter«: »Lieber ein schwarzes Schaf im Stall als nächstes Jahr Regionalliga.« Siebert und andere Vorstandsmitglieder hätten es hingegen am liebsten gehabt, wenn der Name Willi Schulz aus allen Geschichtsbüchern gelöscht worden wäre. »Wir kennen ihn nicht mehr, er hat quasi nie existiert«, sagte ein Schalke-Funktionär.

Seine ehemaligen Mitspieler versuchten sich oft an Erklärungen. Einige sagten, das Geld und der Ruhm seien ihm zu Kopf gestiegen, er hätte sich irgendwann unverwundbar gefühlt, einen Gottkomplex gehabt. Andere sagten, ihm fehlte schlichtweg der Respekt vor dem Eigentum anderer. Und dann gab es noch eine medizinische Erklärung. Kraus hatte zwischenzeitlich ein Jahr in Holland für die Go Ahead Eagles gespielt. Dort verursachte er einen schweren Verkehrsunfall. Die Folge: eine schwere Gehirnerschütterung und psychische Probleme. Er selbst glaubte: »Infolge eines Verkehrsunfalls verliere ich bei geringem Alkoholgenuss jegliche Kontrolle über mich selbst.« Tatsächlich wurde ihm vor Gericht einmal eine verminderte Zurechnungsfähigkeit bestätigt.

Viele Jahre später kam heraus, dass er schon zu Spielerzeiten hohe Schulden gehabt hatte. Als er eine Saison bei

Tennis Borussia Berlin spielte, musste der spätere Showmaster und damalige Tebe-Präsident Hans Rosenthal 25.000 Mark für Kraus begleichen. Schlidderte er also immer weiter rein in den Sumpf? Oder war alles ein Spiel für ihn? Räuber und Gendarm? Der Traum davon, dass irgendein Bruch mal erfolgreich ist?

Kraus blieb immer ein Suchender, und er blieb immer ein Schalker. Im Gefängnis las er die Berichte und trauerte seiner großen Chance hinterher. Er sah die Beinahe-Meisterschaft 1972, Klaus Fischer, Norbert Nigbur, Klaus Fichtel, was für eine Mannschaft. Er hätte dabei sein können. Wenn er draußen war, ging er als Zuschauer ins Stadion, und manchmal, so wie bei einem Spiel Mitte der Siebziger, stand er getarnt mit Schlapphut und Sonnenbrille in der Kurve. Aber er blieb nur eine Halbzeit. »Danach kriegte ich Muffensausen.« Er war gerade mal wieder auf der Flucht vor Kripo und Polizei.

Kraus war kein genialer Einbrecher. Im Gegenteil. Er wirkte wie ein Slapstick-Räuber, Harry und Marv aus »Kevin allein zu Haus« in Personalunion. Sein größter Coup sollte der Einbruch in eine Landesbank in Bramsche werden. Es geriet zum Desaster. Bis Dezember 1968 hatte er noch in Untersuchhaft gesessen, dann war er unter Auflagen auf freien Fuß gekommen. Er sollte eine regelmäßige Arbeit suchen und sich zweimal die Woche auf der Polizeidienststelle seines Bezirks melden. Das tat er – zunächst. In der letzten Januarwoche 1969 aber verschwand er. Und tauchte am 31. Januar in Bramsche wieder auf. Mit einem Komplizen stieg er durch ein Hinterfenster in die Bank ein. Sie kappten den Strom und die Telefone und fesselten den ersten Kassierer, der um 7:30 Uhr ahnungslos die Bank betrat. Das maskierte und bewaffnete Duo erbeutete 60.000 Mark und 3300 Gulden. Danach raste es in einem roten Alfa-Romeo mit Gelsenkirchener Kennzeichen davon. Das Auto gehörte einem dritten Mann im Bunde, der mit Kraus befreundet war. Schon am Nachmittag verfolgte die Polizei daher Spuren zu dem Ex-Fußballer, und am nächsten Morgen war die Presse voll mit Fahndungsaufrufen. Kraus, offenbar ahnungslos, dass ihm die Polizei schon auf den Fersen war, reiste am Tag darauf nach München, um Schalkes Auswärtsspiel beim FC Bayern zu sehen. Mehrere Schlachtenbummler erkannten ihn in der Goethestraße und sprachen ihn auf die Fahndung an. Kraus reagierte verdutzt, sagte, er würde in den nächsten Tagen mit seinem Anwalt sprechen. »Aber nicht weitersagen!«, rief er einem Fan zu, aber der tat genau das. Die Polizei wartete also in den kommenden Tagen vor der Kanzlei und nahm Kraus fest. Der mehrfach Vorbestrafte musste nun sieben Jahre in Haft. Die »Bild« fällte ihr Urteil: »Der Fußballspieler Willi Kraus war ein hochbegabtes Talent, der Mensch Willi Kraus eine Niete.«

Im Januar 1996 besuchte ihn ein »Bild«-Reporter, es war das letzte Mal, dass Kraus sich in der Presse äußerte. Er saß damals wieder im Gefängnis und erzählte von seinen Ängsten. »Manchmal willst du hier schreien, weil es so in dir pocht. Ich habe an Selbstmord gedacht. Ohne den Fußball wäre ich kaputtgegangen. Ich habe immer in Knast-Mannschaften gespielt. Du rennst dir alles aus dem Leib. Ich war mal in einer Kirche. Das war nach einem Ausbruch aus dem Knast. Ich saß da und habe geweint. Weil ich mein Leben so versaut habe.« Aber Kraus war damals auch guter Dinge, denn seine Entlassung stand bevor. Danach sollte alles anders werden. Er hätte von einem Schalke-Fan sogar einen Job als Elektriker bekommen. 3000 Mark im Monat.

Zwei Jahre später, Januar 1998, konnte man lesen: »Der ehemalige Stürmerstar von Schalke 04, Willi Kraus (54), wurde wegen Kokainhandels zu fünf Jahren Haftstrafe verurteilt.« Es war nur noch eine kleine Meldung in einer Lokalzeitung.

KAPITEL 43

MORD UND TOTSCHLAG

Der ehemalige kroatische Nationaltrainer Miroslav Blažević sagte: »Fußball ist wie Krieg, und manchmal stirbt auch einer.« Übertrieben klingt das nicht.

Aktenzeichen Werner ungelöst

Der Schiedsrichter **Heinz Werner** leitete in den achtziger Jahren über 130 Profispiele in der 1. und 2. Bundesliga sowie im DFB-Pokal. Am 31. Oktober 2009 wollte Werner, mittlerweile 63 Jahre alt und Inhaber eines Unternehmens, von Auersmacher nach Bliesransbach fahren, »bin in einer halben Stunde zurück«, sagte er einem Mitarbeiter seiner Firma. Dann stieg er zu zwei unbekannten Männern in einen blauen VW-Bus ein. Es war das letzte Mal, dass er lebend gesehen wurde. Später am Tag wurde auf seinem Hof ein Futterbehälter gestohlen, wobei Blutspuren an einer Holzkiste zurückblieben; sie stammten, so stellte sich heraus, von Heinz Werner. Am 25. Dezember 2009 wurde in der Saar seine Leiche entdeckt. Sie steckte in einem Chemikalien-Behälter. Eine Obduktion ergab Kopfverletzungen. Die Polizei geht bis heute von Mord aus, über das Motiv rätselt sie aber weiterhin. Eine öffentliche Fahndung in der Fernsehsendung »Aktenzeichen XY... Ungelöst« brachte zwar einige Hinweise, aber keine Spur zum Täter.

Mit bloßen Händen

»Dic Hände sind mein größtes Kapital«, sagte Torhüter **Werner Lihsa** zu seiner aktiven Zeit gerne. 110-mal lief er für den BFC Dynamo auf, für die Nationalelf der DDR spielte er einmal. In der Vereinschronik des BFC heißt es anerkennend, dass er »seine Klasse mehrfach aufblitzen« ließ. Aber nach der Wende ging's bergab. Seine Frau Christina und sein bester Freund starben an Krebs. Lihsa fing an zu trinken, arbeitete als Pförtner und später als Platzwart im Sportforum Hohenschönhausen. Irgendwann ein kleines neues Glück. Lihsa lernte Gudrun kennen, eine Verkäuferin. Aber es ging nicht gut. Der Ex-Torhüter trank immer mehr und schlug zu. Ein Freund sagte später der »B.Z.«: »Der hat das Glück mit der Gudrun kaputtgemacht. Dann wollte Gudrun endgültig von ihm weg – ohne Zurück. Da hat er sie erwürgt.« Mit seinen Händen, seinem einstigen Kapital. Das war im April 2004.

Nach der Tat tauchte Lihsa für zwei Tage unter. Dann gestand er einem Freund: »Ich habe etwas Schlimmes getan.« Lihsa wurde festgenommen, konnte aber zunächst nicht verhört werden. Sein Gesundheitszustand ließ es nicht zu. Vor Gericht erzählte Lihsa Geschichten aus einem kaputten Leben. Alkohol, Geldsorgen, Streit, Gewalt. Schuld an allem hätte natürlich nicht er gehabt, sondern seine Frau. Die hätte ihn nicht zur Hochzeit seines Sohnes begleitet und auch nicht zum 50. Jubiläum des BFC, zürnte Lihsa. An die Mordnacht konnte er sich kaum erinnern. Sie hätte ihn geschlagen, sagte er. Dass er sie danach mit einer Sektflasche k. o. schlug und erwürgte? »Ich weiß das alles nicht mehr.« Der Richter verurteilte ihn zu sieben Jahren Haft wegen Totschlags in einem minderschweren Fall – Lihsa hatte während der Tat unter erheblichem Alkoholeinfluss gestanden.

Achtung: Es wird verstörend!

Am 30. Juni 2013, ein Jahr vor der WM, spielten sich auf einem Amateurplatz in Centro do Meio, einer Siedlung im heißen Nordosten Brasiliens, barbarische Szenen ab. Der 19-jährige Schiedsrichter **Otávio Jordão da Silva**, Viehtreiber von Beruf, stellte den 30-jährigen Spieler Josemir Santos Abreu vom Platz. Abreu weigerte sich aber, die Rote Karte zu akzeptieren, und schlug auf den Unparteiischen ein, der wiederum ein Messer aus seinem Hosenbund zog und zweimal zustach, in Brust und Schulter. Abreu starb auf dem Weg ins Krankenhaus. Seine Freunde hatten in der Zwischenzeit den Platz gestürmt und den Schiedsrichter gefesselt. Er lag im Gras neben dem Tor und wimmerte: »Ich wollte ihn nicht töten!« Aber die Freunde des Verstorbenen kannten keine Gnade, sie schlugen den Schiedsrichter mit einem Stein k. o., danach fuhr ein Mann mit seinem Motorrad zweimal über ihn. Am Ende enthaupteten sie ihn und spießten seinen Kopf auf einen Zaunpfahl. Ein Mann säbelte mit einer Sense noch die Beine des Toten ab und zerstückelte die Arme. Einer der Täter sagte kurz darauf in einem Interview mit dem »Spiegel«, er hätte gedacht, die Leute aus dem Dorf zu repräsentieren. »Ich wollte für Gerechtigkeit sorgen.«

Hetzjagd

Der Niederländer **Ignace van Swieten** war in den Achtzigern ein angesehener FIFA-Schiedsrichter, mehrmals kam er in WM-Qualifikationsspielen zum Einsatz, 1984 wurde er in seiner Heimat zum »Schiedsrichter des Jahres« gekürt. Er war außerdem eine der wenigen Personen im Profifußball, die offen homosexuell lebten. 1990 wurde er, im Hauptberuf Bewährungshelfer, von einem Drogenabhängigen in seiner Wohnung mit einem Hammer niedergeschlagen. Mit Glück überlebte er, aber seine Karriere war vorbei. Auch weil der Täter behauptete, dass der Schiedsrichter ihn sexuell belästigt hätte. Die Polizei verhaftete ihn, und es begann eine mediale Hetzjagd. Während Swieten in Untersuchungshaft saß, knickte der Täter ein, er hätte sich alles ausgedacht, es sei nur um Geld gegangen. Aber zu spät, Swietens Ruf war beschädigt. Da half es auch nicht, dass der Niederländische Fußballbund ihn ein Jahr später zum Ehrenmitglied ernannte. Am 4. Mai 2005 starb Ignace van Swieten im Alter von 62 Jahren an den Spätfolgen seiner Verletzung.

Tod eines Reporters

Cavid Hüseynov ist aserbaidschanischer Nationalspieler – und ließ einen Journalisten totschlagen. Im August 2015 spielte er mit FK Qäbälä in der Europa League gegen Apollon Limassol, ein Verein aus dem griechisch geprägten Süden Zyperns. Nach dem 1:0-Sieg, der das Weiterkommen für Qäbälä bedeutete, lief Hüseynov provokativ mit einer türkischen Flagge über den Platz. Im Anschluss daran fragte ihn der aserbaidschanische Reporter Rasim Alijew: »Was sollte das mit der türkischen Fahne?« Hüseynov reagierte mit einer obszönen Geste und sagte: »Die Türken sind meine Freunde!« Alijew teilte bei Facebook das Video, in dem Hüseynovs Geste zu sehen war. Dazu schrieb er: »Ich möchte nicht, dass ein so unverschämter und schlecht erzogener Fußballer mich auf den Fußballplätzen Europas repräsentiert.« Hüseynov setzte sich mit dem Journalisten über seinen Cousin Elshan Ismayilov, ebenfalls Fußballer bei Qäbälä, in Verbindung. Sie verabredeten sich für eine Aussprache in einem Café. Dort aber erschien Hüsejnov gar nicht, dafür aber Ismayilov mit vier Männern, die Alijew brutal zusammenschlugen. Der Journalist starb in der Nacht auf den 9. August 2015 im Krankenhaus. Hüseynov wurde zu vier Jahren Gefängnis verurteilt, später setzte das Gericht die Strafe auf 14 Monate herab. Wegen guter Führung kam er sogar schon nach neun Monaten frei. Sein Comeback in der Nationalelf gab Hüseynov am 26. März 2017 in einem WM-Qualifikationsspiel gegen Deutschland.

Auf der Flucht

Schon mit Ende 20 hatte der in Velbert geborene **Sezer Öztürk** eine stabile Crime-Vita vorzuweisen. 2011 saß er in Istanbul wegen eines Manipulationsvorwurfs drei Tage in U-Haft, 2013 wurde er bei Beşiktaş wegen einer Schlägerei mit Kapitän Ibrahim Toraman suspendiert. 2014 landete er mit Stichverletzungen an der Hand und der Wange im Krankenhaus, angeblich Folgen eines Messerkampfes im Rocker-Umfeld. Einer seiner Freunde ist Necati Arabaci, Schwerstkrimineller und Funktionär der Hells Angels. Nebenbei spielte Öztürk übrigens auch Fußball. Anfangs bei Bayer Leverkusen und dem 1. FC Nürnberg, später für verschiedene Klubs in der Türkei, die meisten Spiele machte er für Manisaspor und Eskişehirspor. 2010 wurde er von Guus Hiddink sogar für die A-Nationalmannschaft nominiert, er bestritt aber kein Spiel. Dann, im September 2021, tauchte Öztürk plötzlich in der Türkei unter. Laut der Zeitung »Hürriyet« war es auf einer Straße im Nordosten Istanbuls zu einem Streit gekommen, als der Profi zu einer Waffe griff und einen jungen Mann erschoss. Knapp einen Monat später versuchte er sich, versteckt auf einem Lastwagen, nach Georgien abzusetzen, aber er wurde geschnappt. Im Mai 2022 fiel in der Türkei das Urteil: 14 Jahre Haft.

Mord vor der Disko

»Hauen Sie ab! Scheiß Ausländer!«, rief der Polizist Bernard C., als er in der Nacht des 20. Juni 1972 auf **Vladimir Durković** und **Ilija Pantelić** traf. Die beiden Fußballer des FC Sion hatten bis etwa zwei Uhr in einer Disko gefeiert und waren gerade auf dem Heimweg. Nun aber stand dort dieser Polizist und richtete nach einem Wortgefecht sogar seine Waffe auf Pantelić. Es kam zu einem Gerangel, ein Schuss löste sich und traf Durković, der zu Boden ging und dabei gesagt haben soll: »Mich wegen so etwas zu töten. Mich deshalb zu ermorden.« Im Krankenhaus stellten Ärzte fest, dass der Schuss die Hauptarterie des Dünndarms zerfetzt hatte. Bei einer Notoperation verlor er so viel Blut, dass er zwei Tage später verstarb. C., der zur Tatzeit laut Polizeibericht 1,4 Promille Alkohol im Blut hatte, plädierte vor Gericht auf Notwehr; angeblich hätten ihn

»zwei Ausländer« angegriffen. Er wurde zu neun Jahren Haft verurteilt.

Vladimir Durković war 34 Jahre alt, als er starb. Er hinterließ eine Frau und ein 15 Monate altes Kind. In seiner Heimat war er einer der besten Spieler der fünfziger und sechziger Jahre, mit Roter Stern Belgrad gewann er fünf Meisterschaften und dreimal den Pokal. 1966/67 spielte er eine Saison für Borussia Mönchengladbach, ehe er nach Saint-Étienne wechselte. Dort ist heute eine Straße am Stadion nach ihm benannt, die »Allée Vladimir Durkovic« am Stade Geoffroy-Guichard.

KAPITEL 44

DER PATE VON NEURUPPIN

Olaf Kamrath floh aus der DDR, machte einen Imbiss auf – und wurde zum Kokskönig von Neuruppin. Ach ja, Präsident des lokalen Fußballvereins war er natürlich auch. Ein Spaziergang durch die brandenburgische Provinz.

Der Titel »Pate« hat einen mächtigen Klang. Al Capone, der Mafiapate. Pablo Escobar, der Drogenpate. »Pate von Neuruppin« macht, nun ja, immerhin in der örtlichen Diskothek noch etwas her. Olaf Kamrath war genau das: der Pate von Neuruppin, ein Strippenzieher in der brandenburgischen Provinz. In den neunziger Jahren mauserte er sich vom Imbissverkäufer zu einem berüchtigten Schwerkriminellen. Seine Gruppe hieß in der Presse »XY-Bande«, weil jedes Mitglied das Kennzeichen

OPR-XY am Auto hatte. Sie handelten im großen Stil mit Koks, betrieben illegales Glücksspiel, schmierten Polizisten und ließen Frauen aus Osteuropa für sich anschaffen. Rund 1,4 Millionen Euro Gewinn sollen sie mit illegalen Geschäften erwirtschaftet haben. Neuruppin trug in den überregionalen Medien damals den Namen »Klein-Palermo« und »Korruppin«. Was das alles mit Fußball zu tun hat? Nun, Olaf Kamrath übte natürlich allerhand legale Tätigkeiten aus, er engagierte sich in der Politik, handelte mit Immobilien – und er war Präsident und Stürmer des SV Union Neuruppin in Personalunion. Ein Pate eben. Und das hier ist seine Geschichte.

Sie beginnt, wo alles endete: in einem schmucken Stadthaus in der Nähe des Neuruppiner Marktplatzes. Der Pate a.D., Mitte 50, enganliegender Strickpullover, beigefarbene Chino, Glatze, lebt hier auf drei Etagen mit seiner Frau und einem seiner Söhne. Er winkt herein und schlägt für den Anfang einen kleinen Rundgang durchs traute Heim vor. »Sie haben doch Zeit, oder?« Natürlich.

Los geht's unten im Büro der Immobilienfirma, die er seit einigen Jahren führt. An der Wand hängt ein verziertes Firmenwappen mit einem Löwen, daneben Urkunden, Fotos. »Das mit den Immobilien läuft gut«, sagt Kamrath. Nur manchmal sei es ein wenig kurios. Neulich rief ein potenzieller Käufer an. Er hatte Kamraths Nummer verlegt und ihn deshalb gegoogelt. »Und dann«, sagte der Mann am Telefon, »musste ich mich erst mal hinsetzen.« Kamrath grinst. »Ich konnte ihn ja ein bisschen verstehen.« Also, weiter geht's nach oben. Unter dem Dach wohnt der Sohn. Auch hier Dekoratives und Trophäen an den Wänden, zum Beispiel das berüchtigte XY-Autokennzeichen. Als wäre der eigene Vater eine Art True-Crime-Popstar. Protagonist einer Netflix-Serie. Bloß das hier war real.

Schon bei dieser ersten Begegnung ahnt man, wie Olaf Kamrath ein so engmaschiges Netzwerk aufbauen konnte.

Der Mann hat eine sanftmütige und friedliche Stimme, die verschreckt, wenn man die Geschichten aus der Presse über ihn gelesen hat. Er spricht im breiten Brandenburgisch, aber zurückhaltend, beinahe nach innen. Er schaut einigen Sätzen hinterher, als sei er unsicher, ob er zu viel verraten oder zu wenig gesagt hat. Joa, hm, jenau, so ist ditt. Aber eigentlich ist er wach und klar, und wenn er durch den Ort flaniert, wirkt es, man kann es nicht anders sagen, als schlüpfte Ben Kingsley wieder in seine Rolle des Mobsters Meyer Lansky. Jeder hier kennt Kamrath, und er kennt jeden. Sie grüßen freundlich, einige würden vermutlich einen Knicks machen, wenn diese Geschichte 200 Jahre früher spielen würde. Wäre er nicht der ehemalige Pate von Neuruppin, wäre er hier Bürgermeister auf Lebenszeit.

Kleiner Kaffee am Marktplatz. Heute Abend spielt Kamrath mit der Seniorenmannschaft des MSV Neuruppin gegen eine Mannschaft aus dem nahegelegenen Dabergotz. Bei seinem alten Verein, Union Neuruppin, wollten sie ihn nicht mehr haben. Ein ehemaliger Drogendealer mit Knastvergangenheit, was sollte man den Kindern sagen? »Im Vorstand haben die sich ins Knie geschissen«, sagt Kamrath. Andere, etwa der ehemalige Oberbürgermeister Neuruppins, sehen das anders: Das Image des Vereins und der Stadt sei von Kamrath und seinen Freunden über die Jahre massiv ramponiert worden. In den Auswärtsblöcken hallte es oft: »Bestechung, Schutzgeld, Kokain, ja so schreibt man Neuruppin.«

Also ging Kamrath nach seiner Entlassung zum MSV, eh der erfolgreichere Klub der Stadt. Die erste Mannschaft spielt in der Oberliga, 2005 schaffte es das Team sogar in den DFB-Pokal und verlor dort 0:4 gegen den FC Bayern. Für Kamrath begann in jener Zeit der Prozess vor dem Landgericht Neuruppin. Zwölf Jahre bekam er, nach fünf Jahren war er Freigänger. »Der erste Geruch draußen, das war Wahnsinn. Weiß ich noch genau. War in einer Tankstelle. Ich weiß nicht, wieso, aber es roch plötzlich nach Intershop. Eine Erinnerung aus meiner Jugend«, sagt er.

Die DDR erlebte Kamrath als Teenager. Seine Mutter war Kindergärtnerin, sein Vater führte eine Kneipe in Neuruppin, die »Ruppiner Bierstube«, im Volksmund »Zur Tonne«, denn sie saßen dort auf großen Bierfässern. Die Gaststätte war ein Treffpunkt für die ganze Stadt, der Oberbürgermeister schunkelte dort neben dem Kohleträger. Schon früh hatte Kamrath ein Faible fürs Geschäft. Er half hinter der Theke aus, brachte die Flaschen weg, führte Buch über Einnahmen und Ausgaben. »Ich war wie ein Junior-Kaufmann«, sagt er. »Aber in der DDR kannst du ja nur bis zu einem gewissen Maße Geld verdienen. Irgendwann wurde es mir zu eng.«

Andere Orte der Gegend haben seit der Wende mit massiver Landflucht zu kämpfen, ihre einstmals malerischen Altstadtkerne verfallen, oft stehen ganze Straßenzüge leer. Das heutige Neuruppin hingegen sieht aus wie eine Stadt aus einem Prospekt für Modelleisenbahnen. Die Gehwege sind sauber, die Fassaden geputzt, in den Lädchen herrscht reges Treiben. In einem Immobilienprospekt von Kamrath könnte stehen: »Ein Ort, der zum Verweilen einlädt.« Andererseits, wenn man hier entlangläuft, muss man auch an Filme von David Lynch denken. Das Böse hinterm weißen Gartenzaun, der Abgrund nach dem Idyll. Die Hotspots von Kamraths krimineller Vergangenheit liegen oft nur ein paar Meter neben seinem bürgerlichen Leben. Von seinem Stadthaus biegt man in die Schäferstraße, wo früher »Franky's Bar« (später »Blue Banana«) beheimatet war. Die Kneipe war ihr Domizil, hier versteckten sie das Kokain im Spülkasten der Damentoilette. Ein paar Straßen weiter trifft man auf andere Kamraths, Verwandte, Angeheiratete, eine Nichte arbeitet beim Gericht, eine andere als Lehrerin. Der Name Kamrath wurde hier aber nie zum Stigma wie etwa bei den Remmos oder den Abou-Chakers in Berlin. »Er verschaffte uns Ruhe. Einige Zeit gab es sogar einen kleinen Hype. Es war cool, Kamrath zu heißen«, sagt Kamrath.

Unweit des Marktplatzes wohnt Kamraths Vater. Kurzer Besuch. Zur kriminellen Vergangenheit seines Sohnes sagt der Senior: »Man hat schon geahnt, dass da was läuft. Die Leute sagen aber, er hat sich heute wieder gut gefangen.« Und die Zeit davor? »Der Olaf war immer schon ein Macher und Organisator. In der Kneipe, aber auch mit seinen Freunden. Hat ja den zweitältesten Fanklub von Union Berlin gegründet.« Panik 82 heißt er, und er existiert noch heute. Dabei schielten die beiden, Vater und Sohn, auch ein bisschen zum Stadtrivalen BFC Dynamo, denn sie wollten gerne internationale Spiele sehen. Oft fuhren sie Mittwochabend zum Europapokal in den Ostberliner Jahnsportpark, sahen dort Aston Villa, Liverpool, Saint-Étienne oder Werder Bremen.

Als die Mauer fiel, gingen langsam die Lichter aus. Der BFC und Union dümpelten die nächsten Jahre in den ostdeutschen Ober- und Regionalligen herum, und die Kneipe musste 1992 schließen. Unter vielen Wendeverlierern in Neuruppin gab es aber einen Gewinner: Olaf Kamrath.

Schon wenige Monate vor dem Mauerfall hatte er sich auf den Weg gemacht, raus aus der Enge, rein ins Leben. Über die deutsche Botschaft in Prag floh er in den Westen und landete in Schweinfurt. Über den Dächern der Stadt arbeitete Kamrath, der bei der Reichsbahn Elektriker gelernt hatte, als Blitzschutzmonteur. Aber er wollte noch höher hinaus. Ein Arbeitskollege gab ihm drei Tipps: Gastro, Glückspiel, Immobilien. Kamrath setzte alles in die Tat um. Am Anfang kaufte er sich einen Imbisswagen und parkte ihn mitten in Neuruppin. Amerikanische Cheeseburger und heiße Pommes, für die Kleinen eine Kinderüberraschung – so etwas kannten die Leute nicht. Die

Kasse klingelte. Von dem Gewinn kaufte er Spielautomaten und montierte sie in die Kneipen. Danach eröffnete er eine Diskothek und ein Fitnessstudio. Er kaufte baufällige Häuser und brachte sie auf Vordermann. Es lief alles wie von alleine, Aufschwung Ost, Aufwind Kamrath. »Und dann kam das Koks«, sagt er.

Das erste Mal kam er 1997 oder 1998 in Kontakt mit Drogen. Ein Bekannter sagte, er würde häufiger nach Holland fahren und könne etwas mitbringen, das sei eine lukrative Sache. So fingen sie an, zunächst ganz klein und überschaubar, bisschen Gras, ein paar Pillen. Sie fuhren in weiten Hosen und Mänteln nach Berlin und vertickten den Stoff. Es schien ganz einfach, und bald zogen sie es größer auf. Kauften und verkauften Kokain. Mischten es mit Milchpulver. Nur die obere Schicht war guter Stoff, zum Abschmecken für den Kunden, der Rest gestreckt. Sie selbst koksten auch, und zwar nicht zu knapp. »Wie die Wahnsinnigen, oft zehn Gramm pro Tag«, sagt Kamrath. »Auch wenn am anderen Tag Fußball war. Hab halt in der Halbzeitpause gekotzt, und dann ging's weiter.« Vor Gericht beschrieb er seinen Konsum so: »Die Linie wurde stärker, dicker und länger. Ich habe so lange gezogen, bis nichts mehr in die Nase passte.«

In der Stadt trat Kamrath als großer Gönner auf. Er war gern gesehen bei Empfängen und Spendenaktionen, beim Fußball sowieso. Dabei war es »ein offenes Geheimnis, dass der Olaf und seine Jungs überall ihre Finger im Spiel hatten«, sagte eine Lokalreporterin in der »FAZ«. Der Richter Gert Wegner nannte Kamrath im Prozess »charismatisch«. Die Krönung seiner kriminellen Karriere sei die Mitgliedschaft in der CDU und der Einzug ins Stadtparlament gewesen, »obwohl es offen Gerüchte gab, dass er sein Geld nicht nur mit Spielhallen, sondern auch mit Bordellen und Drogen verdiente«. Kamrath hatte sich unverzichtbar gemacht, denn er war, trotz der illegalen Geschäfte, mit seinen Unternehmungen ein wichtiger lokaler Wirtschaftsfaktor. Und er war tatkräftig. Er sanierte Häuser, und bei seinem Verein war er nicht nur Stürmer und Präsident, sondern auch Mäzen. Seine Spielothekenkette »Monte Carlo« prangte als Hauptsponsor sogar auf den Trikots der Union-Knirpse. 15.000 Euro steckte Kamrath jährlich in den Verein. Er sponserte Trainingslager in Schweden, bezahlte Trainer und Spieler, kaufte Schuhe und Bälle.

Bald wusste die halbe Region vom Kamrath-Clan, und natürlich gab's manchmal Stress, vor den Diskotheken, dem Fitnessstudio oder beim Fußball. »Mit den Albanern, mit den Türken«, sagt Kamrath. »Hab mich oft geprügelt. Aber wir regelten das alles. Hatten ja in kürzester Zeit 100 Leute zusammen. In Neuruppin wollten deshalb nicht mal die Bandidos oder Hells Angels Chapter aufmachen.« Nicht so gern erzählt er von den rauen Umgangsformen mit Geschäftspartnern. Dealer, die nicht pünktlich zahlten, sollen erpresst und misshandelt worden sein. Ein Tankstellenpächter wurde angeblich bedroht, weil dessen Sohn offene Rechnungen hatte. »Eine Explosion der Benzin-Depots konnte nur verhindert werden, weil der Vater mehrere 10.000 Euro zahlte«, heißt es in der »Märkischen Oderzeitung«.

Kamrath und seine Freunde fühlten sich unverwundbar, niemand schien ihnen etwas anhaben zu können. Ein Zeuge sagte im Prozess: »Olaf litt irgendwann unter Größenwahn und Allmachtgefühlen. Das kam auch durch das Koks.« Und vielleicht auch, weil die Ermittler sich oft ungeschickt anstellten. Einmal tauchte in ihrer kleinen Kneipe ein Mann auf, den sie noch nie zuvor gesehen hatten. Er sei neu in der Stadt und wollte Drogen kaufen. »Angeblich war er Weinhändler, aber als ein befreundeter Sommelier ihn dann ein paar Sachen fragte, wusste er kaum eine Antwort«, sagt Kamrath. »Wir ahnten recht früh, dass der ein V-Mann ist. Aber wir dachten, lass ihn doch hier rumsitzen, dann kommt wenigstens kein anderer.«

Am 18. August 2004 flog trotzdem alles auf. Ein ehemaliges Mitglied der XY-Bande hatte ausgepackt. Die Großrazzia fand in den frühen Morgenstunden statt, rund 400 Polizisten waren an verschiedenen Orten in Brandenburg im Einsatz. Auch bei Olaf Kamrath. »Die Beamten waren aber nett«, sagt Vater Kamrath. »Haben mich angerufen, und ich durfte dann noch Brötchen vorbeibringen. Olaf ist auch gut weggekommen, die hätten ja mit dem Rammbock reingehen können.«

Nun sitzt Kamrath am Steuer seines Autos und fährt durch Neuruppin, vorbei an einem Achterbahnleben. Dort die schmucke Uferpromenade und ein Waldstück, hier ein Drogenumschlagsplatz und das Landgericht, das sie für den Prozess erweitern mussten. Es war ein Verfahren, das zu Beginn alle brandenburgischen Größenordnungen sprengte. Journalisten aus ganz Europa waren vor Ort, und schon mehrere Stunden vor Beginn standen die Zuschauer für eine der 40 Platzkarten an. Auf sechs Anklagebänken saßen neun Mitglieder der sogenannten XY-Bande, um sie herum ihre 18 Verteidiger. In der 8635 Seiten langen Anklageschrift wurden der Bande zwischen Februar 1998 und August 2004 insgesamt 251 Einzelhandlungen zur Last gelegt. Die Vorwürfe waren: Bandenbildung nach Mafia-Art, verbotenes Glücksspiel, Nötigung, Rauschgifthandel, Steuerhinterziehung, Beamtenbestechung, Körperverletzung, illegaler Waffenbesitz. Der Prozess dauerte 17 Monate, in denen rund 150 Zeugen gehört wurden.

Die Öffentlichkeit erfuhr von einem straff hierarchischen Verbund, der sich von der Außenwelt abgeschottet hatte. Die Männer schmierten einen Polizisten, der über Razzien informierte. Dazu sollen noch ein Rechtsanwalt und ein Versicherungsmakler auf ihrer Lohnliste gestanden haben. Und ein Liegenschaftsamtsleiter hatte stets gute Tipps für Immobiliengeschäfte. Kamrath gab vor Gericht den Unwissenden. Die sogenannte Bande sei einfach ein Freundeskreis gewesen, »wie eine Familie«. In die Drogenszene sei er durch einen Zufall reingeraten. Und die Sache mit dem Schutzgeld? Noch heute behauptet er, nie jemanden erpresst zu haben. Erst als das Urteil gesprochen wurde, saß Kamrath schockiert vor dem Richter. Mit zwölf Jahren hatte er nicht gerechnet.

Aber der Verurteilte schmiedete direkt neue Pläne. Im Gefängnis wollte er eine Ausbildung als Immobilienfachwirt machen. Der Richter fragte: »An wen wollen Sie denn Immobilien verkaufen? An Ihre Mitgefangenen?« Kamrath sagt heute: »Alle haben gelacht im Saal. Ditt hat mich richtig motiviert.« Er machte seinen Abschluss zum Immobilienfachwirt, Note 1. Außerdem trieb er viel Sport, spielte vor allem Fußball. Er kickte auch in einer JVA-Elf, in seinem Vollzugsplan stand ausdrücklich, dass er sich nach der Haftzeit wieder einem Verein anschließen sollte. Zur Resozialisierung.

Kamrath lenkt seinen Wagen nun in Richtung Neuruppiner Volksparkstadion, fünf Autominuten nördlich vom Zentrum, zur Partie gegen Dabergotz. Ein knappes Dutzend Fans steht mit einem Kasten Bier am Spielfeldrand, das Vereinsheim ist geschlossen. Kamrath klatscht mit seinen Mitspielern ab, dann rennt er los. Er ist ein schneller Offensiv-Allrounder, ein Antreiber, bei dem alles zusammenläuft. Ein Pate auf dem Platz. Das 1:0 bereitet er vor, das 2:0 schießt er selbst. Die Mannschaft bleibt Erster der Ü50 Kreisliga A.

Kamrath geht in die Kabine. Ja, natürlich, das mit den Drogen und den Prostituierten sei ein Fehler gewesen. »Hätte einfach nur legale Sachen machen sollen«, sagt er. »Jeder, der ein guter Drogenhändler ist, ist auch ein guter Unternehmer. Der einzige Unterschied: Das kriminelle Leben bedeutet viel mehr Stress.« Heute führe er ein entspanntes Leben. Weil er nie gegen einen Mitangeklagten ausgesagt hatte, habe er auch nichts zu befürchten, keine Drohbriefe, keine Rache. Selbst mit seinen juristischen Gegnern von einst hat er seinen Frieden gemacht. Vor kurzem hätte sogar ein hoher Mitarbeiter des Landgerichts bei ihm in der Immobilienfirma angerufen. Er suchte ein Haus in der Stadt.